IMPRENDITORI

CHE HANNO CAMBIATO LA STORIA

GRIBAUDO

DK Penguin Random House

SENIOR EDITOR: Victoria Heyworth-Dunne
SENIOR ART EDITOR: Stephen Bere
LEAD ILLUSTRATOR: Phil Gamble
EDITORS: Anna Cheifetz, Hannah Dolan, Joanna Edwards, Kathryn Hill, Helen Ridge, Alison Sturgeon
DESIGNER: Daksheeta Pattni
EDITORIAL ASSISTANT: Maisie Peppitt
SENIOR PICTURE RESEARCHER: Surya Sankash Sarangi
JACKET DESIGNERS: Priyanka Bansal, Surabhi Wadhwa-Gandhi
JACKET DESIGN DEVELOPMENT MANAGER: Sophia MTT
PRODUCTION EDITORS: Robert Dunn, Jacqueline Street-Elkayam
SENIOR PRODUCTION CONTROLLOR: Rachel Ng
MANAGING EDITOR: Gareth Jones
ASSOCIATE PUBLISHING DIRECTOR: Liz Wheeler
ART DIRECTOR: Karen Self
DESIGN DIRECTOR: Philip Ormerod
PUBLISHING DIRECTOR: Jonathan Metcalf
CONTRIBUTORS: Philippa Anderson, Jacob Field, Tim Harris, Ben Hubbard, Yuka Maeno, Robert Snedden

Prima pubblicazione in Gran Bretagna nel 2020 by Dorling Kindersley Limited, One Embassy Gardens, 8 Viaduct Gardens, London SW11 7BW

Imprenditori che hanno cambiato la storia
Titolo originale: Entrepreneurs Who Changed History
Traduzione: Martina Dominici

PER L'EDIZIONE ITALIANA
© 2022 Dorling Kindersley Limited
in collaborazione con

Gribaudo - IF - Idee editoriali Feltrinelli Srl
Socio unico: Giangiacomo Feltrinelli Editore Srl
via Andegari, 6 - 20121 Milano
www.gribaudo.it info@gribaudo.it

Prima edizione: 2022 [1(D)]

Stampato in Lettonia

For the curious
www.dk.com

SOMMARIO

INTRODUZIONE

Gli imprenditori sono persone che hanno il coraggio di perseguire la loro visione per creare imprese, prodotti o servizi, spesso con grande rischio personale. Le loro innovazioni guidano il progresso, creano opportunità, e hanno un impatto duraturo e indelebile sulla società.

Le idee nuove sono sempre state un ingrediente essenziale della crescita e dello sviluppo economici. Senza imprenditori, non avremmo compiuto molti passi in avanti, e l'imprenditorialità - il fondamento del mondo moderno - è uno degli strumenti principali per accrescere i livelli di produzione, oltre al capitale di investimento, alla manodopera e alle risorse naturali.

Tuttavia, nonostante il contributo cruciale degli imprenditori alla società e al più ampio ambito economico, le loro iniziative non sono sempre state ben accolte. Per sfruttare un'opportunità del mercato, introdurre una tecnologia audace e innovativa o semplicemente seguire un'intuizione, spesso vanno controcorrente minacciando lo *status quo*. Sono persone che amano il rischio, disposte a mettere a repentaglio la propria reputazione per una visione che potrebbe richiedere un salto nel buio. Ambiziosi, creativi, adattabili e determinati, sono pronti ad affrontare qualsiasi ostacolo per realizzare un'idea, talvolta a costo di grandi sacrifici. Il fallimento può essere pagato a caro prezzo, ma il successo garantisce grandi ricompense finanziarie e personali, e un retaggio duraturo.

Le ruote del cambiamento

La storia è piena di esempi di spirito imprenditoriale, ma sappiamo poco sulla vita degli innovatori economici del mondo antico, mentre siamo più documentati sui pionieri del Medioevo e degli inizi dell'età moderna.

Quando in Europa, e successivamente in Nord America, cominciava a emergere il capitalismo, i metodi tradizionali di gestione delle imprese furono sostituiti dalla sperimentazione di idee nuove, dando vita a sviluppi come il sistema bancario internazionale e il torchio tipografico di Johannes Gutenberg.

All'inizio del XIX secolo, la rivoluzione industriale aveva trasformato il mondo. Grazie a invenzioni come il motore a vapore, l'automazione delle manifatture accelerò il ritmo della crescita economica e della produzione; la modernizzazione dei trasporti diede grande impulso alla globalizzazione, consentendo agli imprenditori di operare in Paesi e perfino continenti diversi e a industriali come Andrew Carnegie e Cornelius Vanderbilt di accumulare enormi fortune.

Nel corso del secolo, l'innovazione si intensificò. Thomas Edison portò l'energia elettrica e la luce in tutto il mondo. Nel frattempo fu inventata l'automobile, e l'introduzione della catena di montaggio ne consentì la produzione di massa.

Nella prima metà del XX secolo, gli imprenditori dovettero far fronte alle sfide delle due guerre mondiali e della Grande depressione. Visionari come Coco Chanel, Walt Disney e Clarence Saunders eressero imperi rispettivamente della moda, del cinema e del commercio al dettaglio.

Nei decenni successivi alla Seconda guerra mondiale, opportunità e rischi si moltiplicarono. I trasporti e le comunicazioni si velocizzarono, globalizzando l'economia. Oprah Winfrey e Richard Branson costruirono imperi economici che abbracciavano settori diversi, mentre pionieri come Bill Gates e Steve Jobs portarono la tecnologia informatica nelle case.

Impatto imprenditoriale

Negli anni '90, Internet si era imposto come forza economica rivoluzionaria, ribaltando una volta per tutte i metodi tradizionali di fare business. Cercando di cogliere le opportunità che offre l'economia digitale, gli imprenditori di oggi, come Jack Ma e Mark Zuckerberg, riescono a catturare l'attenzione di milioni di consumatori, raccogliendo informazioni e influenzando gusti e preferenze.

Nel frattempo, l'imprenditoria sociale sta aumentando la sua capacità di risolvere problemi sul lungo termine con la creazione di istituzioni nuove, come il concetto di "microcredito", sviluppato da Muhammad Yunus per aiutare gli imprenditori in difficoltà. Sulla scia della pandemia di COVID-19 e della conseguente crisi economica globale, è probabile che il settore continuerà a espandersi, poiché per salvare le imprese sono necessarie idee innovative.

Ancora oggi, se vogliono catturare l'attenzione e l'immaginazione dei consumatori, gli imprenditori devono lanciare sul mercato qualcosa di nuovo, e spesso i migliori sono quelli che emergono in epoche di grave crisi e instabilità economica.

«Molti fallimenti nella vita sono di persone che, quando hanno rinunciato, non si sono rese conto di **quanto fossero vicine al successo.»**

Thomas Edison, 1877

1

COMMERCIO ED ESPLORAZIONE

1360-1780

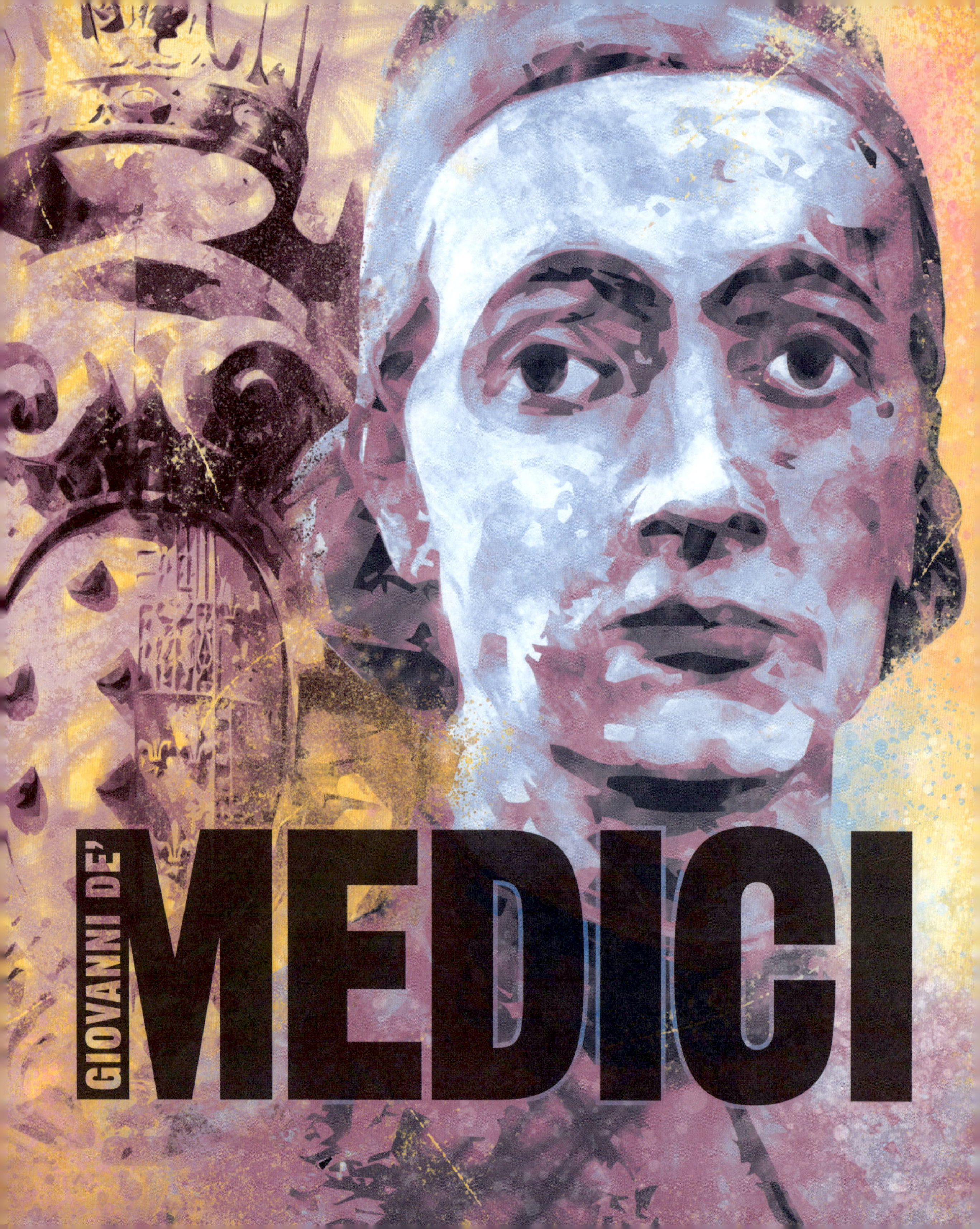
GIOVANNI DE’
MEDICI

Fondatore del Banco dei Medici, l'istituto finanziario più grande dell'Europa del XV secolo, Giovanni de' Medici creò una base di potere per la casata. I membri della famiglia acquisirono ricchezza e influenza politica, diventando governatori ereditari di Firenze e mecenati delle arti, dell'architettura e delle scienze.

I Medici erano originari del Mugello, una regione della Toscana settentrionale. Nel XIV secolo, molti membri della casata si erano spostati a Firenze, dedicandosi al fiorente settore bancario. Tuttavia, non erano certo la famiglia più facoltosa della città, che si stava affermando come il principale centro finanziario d'Europa. Giovanni di Bicci de' Medici nacque attorno al 1360. Il padre non ebbe molto successo e nel 1363, quando morì di peste, il patrimonio ammontava a soli 6 fiorini, da ripartire tra i cinque figli.

Banco de' Medici

Giovanni avviò la carriera nel 1382 come apprendista dello zio Vieri di Cambio de' Medici, che possedeva una banca a Firenze. Fu mandato a lavorare nella filiale di Roma, al servizio dei vescovi e dei cardinali della corte papale. Il successo fu tale che dopo tre anni divenne amministratore della succursale, poi socio minoritario, e infine rilevò l'istituto usando la dote della moglie per acquisire la quota di Vieri. Nel 1393 lo rese indipendente in società con Benedetto di Lippaccio de' Bardi, membro

EVENTI PRINCIPALI

AVVIA LA CARRIERA
Nel 1382 è apprendista del banchiere Vieri di Cambio de' Medici e si trasferisce a Roma per lavorare nella filiale locale.

FONDA IL BANCO
Nel 1397 sposta la sede principale, già sotto il suo controllo, da Roma a Firenze, e la rende indipendente.

INFLUENZA A CORTE
Nel 1410 appoggia l'ascesa al potere di Baldassarre Cossa, avviando un rapporto proficuo con il papato.

GARANTISCE LA STABILITÀ
Nel 1420 si ritira formalmente dagli affari, affidando il potere ai figli Cosimo e Lorenzo.

«Morì **ricchissimo** di tesoro, ma **più** di **buona fama** e di **benevolenza.**»

Niccolò Machiavelli, 1526

«Con queste arti io ho non solamente **mantenuta**, ma **accresciuta** la reputazione mia.»

Giovanni de' Medici, 1429

***Cosimo e Lorenzo, figli di Giovanni**, proseguirono l'attività bancaria del padre, facendo dei Medici la famiglia più potente d'Europa, con un'influenza politica, economica e culturale senza pari.*

CASATA DEI MEDICI

RICEVE UN'EREDITÀ PATERNA DI SOLI **1,2 FIORINI**

ALLA MORTE IL PATRIMONIO AMMONTA A **180.000 FIORINI**

di un'altra influente famiglia fiorentina di banchieri. Quattro anni dopo, spostò la sede centrale a Firenze, fondando di fatto il Banco de' Medici.

La filiale di Roma continuava a operare e fu presto seguita dai nuovi banchi di Napoli e Venezia. Adottando una strategia imprenditoriale cauta, più che alla crescita rapida Giovanni puntò al consolidamento. Oltre all'attività bancaria, acquistò proprietà a Firenze, un terreno agricolo in Toscana, miniere e due botteghe di tessuti di lana.

Politica e potere

Giovanni era amato dai fiorentini e si tenne alla larga dagli intrighi politici. Servì con riluttanza come priore nel 1402, nel 1408 e nel 1411, e assunse il prestigioso incarico di gonfaloniere (capo nominale del governo di Firenze) una solo volta, nel 1421.

Nel 1420, papa Martino V affidò ai Medici la gestione dei conti della Curia, accrescendo la prosperità e il potere della casata. Lo stesso anno, Giovanni si ritirò formalmente dall'attività, ma garantì una transizione fluida, fungendo da consulente per i figli Cosimo e Lorenzo, che cominciavano a sottoscrivere i contratti. Li esortò a stare lontano dalla vita politica della città, limitando il coinvolgimento allo stretto necessario.

Uomo modesto, nel 1422 fu nominato conte di Monteverde da Martino V, ma respinse il titolo, preferendo rimanere un cittadino comune.

Retaggio dei Medici

Giovanni diede un contributo importante al miglioramento di Firenze con varie iniziative caritatevoli, tra cui un ospedale per orfani. All'epoca della morte, sopravvenuta nel 1429, gli accurati piani di successione garantirono la continuità alle attività bancarie familiari, che proseguirono l'espansione in Italia e all'estero sotto l'abile guida di Cosimo.

AMADEO P. **GIANNINI**

Fondatore della Bank of Italy, poi della Bank of America, costruisce un impero finanziario che con le filiali locali serve la gente comune, accrescendo la prosperità economica degli Stati Uniti.

Nato in California da immigrati italiani, nel 1904 Giannini (1870-1949) fonda a San Francisco la Bank of Italy, cercando nuovi clienti tra la classe operaia. L'istituto prospera, e dal 1909 Giannini acquisisce altre banche californiane. Nel 1918 la Bank of Italy ha filiali in tutto lo Stato e continua a espandersi, cambiando nel 1930 il nome in Bank of America. Al tempo della morte, risalente al 1949, le succursali sono oltre 500.

Nel XV secolo, grazie all'invenzione di un torchio tipografico che usava caratteri mobili di metallo, Johannes Gutenberg inaugurò un'epoca di alfabetizzazione e istruzione di massa. L'innovazione rivoluzionaria democratizzò il sapere, consentendo a un pubblico più ampio la diffusione rapida ed economica delle conoscenze.

EVENTI PRINCIPALI

INVENTA IL TORCHIO
Dopo anni di lavoro ed esperimenti, nel 1450 completa il torchio tipografico.

REPERISCE CAPITALI
Nel 1452 si unisce a lui Johann Fust, concedendogli ampie somme per finanziare la ricerca.

STAMPA LA PRIMA BIBBIA
Nel 1455 stampa una versione in 2 volumi della Bibbia in latino, con oltre 1.280 pagine di 42 righe ognuna.

RIVOLUZIONA LA STAMPA
Il torchio di Gutenberg giunge in Italia nel 1465, in Francia nel 1470, in Spagna nel 1473 e in Inghilterra nel 1476.

Figlio di un mercante, Johannes Gutenberg nacque nella città tedesca di Magonza attorno al 1400 e si formò come orafo. Nel 1430, le dispute tra le fazioni commerciali della città costrinsero la famiglia a trasferirsi a Strasburgo. Qui avviò una serie di attività lucrative, tra cui un progetto che tentò di mantenere segreto: il torchio tipografico. Tornato a Magonza nel 1448, ottenne un prestito per finanziare la ricerca.

La stampa era stata inventata in Cina nel III secolo d.C., ma la riproduzione dei testi richiedeva tempo e denaro. Nell'Europa del XV secolo, i libri si copiavano perlopiù ancora a mano, e il torchio di Gutenberg, ultimato attorno al 1450, avrebbe rivoluzionato la tecnica di stampa. La macchina, modellata sul torchio vinario, esercitava una pressione uniforme su carta o pergamena, migliorando la leggibilità del prodotto finale. Gutenberg combinò l'invenzione con caratteri mobili di metallo. Mentre i primi stampatori asiatici incidevano le lettere su

«... di **scrittura** molto **chiara** e **corretta**, **senza errori.**»

Enea Silvio Piccolomini, futuro papa Pio II, sulla Bibbia di Gutenberg, 1454

La stampa *raffigura Johannes Gutenberg nella sua tipografia, mentre esamina una pagina di prova appena uscita dal torchio.*

JOHANNES
GUTENBERG
1400-1468

IL TORCHIO STAMPAVA 3.600 PAGINE AL GIORNO

NEL 1500 IL TORCHIO AVEVA STAMPATO OLTRE 20 MILIONI DI LIBRI

blocchi di legno o argilla, la nuova tecnica usava una lega fusa (piombo, stagno e antimonio) da versare su stampi di ottone, garantendo costi bassi e una lunga durata. I blocchi erano poi sistemati secondo l'ordine desiderato per la stampa. Gutenberg ideò anche un inchiostro denso, a base di olio, che aderiva al metallo trasferendosi sulla carta senza sbavature.

Primi libri

Adeguare la tecnica alla produzione commerciale richiedeva un capitale ingente, che Gutenberg chiese in prestito a un finanziatore locale: Johann Fust. Nel 1455, il torchio di Gutenberg fu usato per stampare una serie di documenti brevi e una copia della Bibbia in latino.

Ironia della sorte, quello stesso anno il suo inventore fu rovinato: Fust, stanco di attendere un ritorno sull'investimento, citò il socio in giudizio chiedendo la restituzione del prestito. La corte gli ordinò di cedere gran parte dell'attrezzatura come risarcimento e Fust, aiutato dal cognato Peter Schöffer, calligrafo e tipografo che aveva collaborato con Gutenberg, continuò a usare il torchio, stampando copie della Bibbia, insieme a un *Libro dei Salmi* pubblicato nel 1457.

Nonostante le perdite, Gutenberg continuò a gestire una tipografia, dove

forse stampò un dizionario bretone-francese-latino. Tuttavia, sembra che il suo lavoro fosse in declino, probabilmente a causa di problemi alla vista. Nel 1462, quando la disputa per il controllo di Magonza culminò nella violenza, fu costretto a fuggire nella vicina Eltville.

La nuova tecnica di stampa si diffuse in tutta la Germania, senza mai decretare la sua fortuna. Nel 1465, in riconoscimento dei risultati ottenuti, l'arcivescovo di Magonza gli assegnò una pensione annuale. Gutenberg morì tre anni dopo.

Il torchio tipografico segnò l'inizio dell'era delle comunicazioni di massa, ma l'impatto più immediato fu spirituale. Per la prima volta, le Sacre Scritture e altri testi religiosi potevano essere riprodotti velocemente e diffusi a un ampio pubblico, ispirando la Riforma protestante che nel XVI secolo avrebbe dilagato in tutta Europa.

CHARLES W. **HULL**

Inventore della stampa 3D nato in Colorado, ha forse lanciato una delle tecnologie più rivoluzionarie degli ultimi 500 anni, con applicazioni in ogni settore.

Mentre lavora per un'azienda che riveste mobili di plastica usando la luce ultravioletta, Charles "Chuck" Hull (1939-) ha l'idea di stratificare la plastica per produrre oggetti tridimensionali. Nel 1983 inizia a sperimentare con una sorgente UV controllata da un computer, usandola per solidificare la resina liquida nelle forme desiderate, un processo che chiama stereolitografia. Brevetta l'invenzione nel 1986, l'anno in cui fonda 3D Systems. Nel 1987 l'azienda lancia sul mercato la prima stampante 3D.

«L'invenzione di **Gutenberg** è l'**evento più grandioso** che la **storia** ricordi.»

Mark Twain, 1900

I caratteri mobili *furono usati per la prima volta in Corea nel XIV secolo, ma il metodo rivoluzionario di Gutenberg, che usava blocchi di metallo forgiati a mano, consentiva una produzione rapida e in grandi quantità.*

Nel corso dei secoli XV e XVI, Jacob Fugger contribuì in modo cruciale al dominio della famiglia sul sistema bancario e sul commercio europei. Finanziere di successo e tra i primi a concedere prestiti in cambio di una partecipazione agli utili, esercitò un'influenza e un potere superiori ad alcuni monarchi e a buona ragione fu soprannominato "il Ricco".

EVENTI PRINCIPALI

SPOSA UNA DONNA FACOLTOSA
Nel 1498 sposa Sibylla Artzt della ricca famiglia degli Asburgo, la cui dote accresce le finanze famigliari.

DIVENTA NOBILE
Nel 1514 riceve da Massimiliano I il titolo nobiliare di conte del Sacro Romano Impero.

COSTRUISCE CASE POPOLARI
Nel 1516 fonda ad Augusta la Fuggerei, un complesso di case popolari ancora in uso.

ESERCITA IL POTERE
Nel 1519 raccoglie fondi per corrompere gli elettori e favorire l'ascesa al trono imperiale dell'alleato Carlo d'Asburgo.

Decimo di 11 figli, Jacob Fugger nacque ad Augusta, Germania, dove la famiglia si era affermata nel commercio di tessuti. Da giovane, si trasferì a Venezia per lavorare e apprendere le arti contabili. Rimase in Italia sette anni, poi si spostò a Innsbruck per occuparsi degli affari di famiglia. Dimostrò subito il suo acume imprenditoriale, negoziando un accordo redditizio con gli Asburgo, influente dinastia reale dell'Europa centrale. Concesse loro prestiti a lungo termine, in cambio di una quota sui profitti delle miniere di argento e rame situate nella regione alpina del Tirolo.

Gli accordi creditizi consentirono ai Fugger di espandere gli interessi minerari in Slesia (attuale Polonia) e a Neusohl (attuale Slovacchia), dove presto imposero un monopolio sul rame, ottenendo ingenti guadagni con la distribuzione del metallo in tutta Europa. Dopo la morte del fratello maggiore Ulrich nel 1510, Jacob assunse il controllo delle attività commerciali di famiglia. Leader scaltro e instancabile, si lanciò in svariati progetti imprenditoriali, tra cui il commercio di spezie, l'acquisto di terreni e il prestito di denaro, concedendo somme cospicue alle corone di tutta Europa.

All'epoca della morte, sopraggiunta nel 1525, i Fugger erano i finanzieri più potenti del vecchio continente. Non avendo figli, Jacob lasciò le redini del business famigliare al nipote Anton, una guida altrettanto sapiente che, verso la metà del XVI secolo, accumulò una ricchezza straordinaria.

«Secondo a nessuno per acquisizione di una **fortuna straordinaria,** per **purezza di vita** e **grandezza d'animo...»**

Epitaffio di Jacob Fugger, scritto da lui stesso, 1525

JACOB
FUGGER
1459-1525

JOHN LAW

1671-1729

Ambizioso riformatore finanziario ed economista scozzese, John Law persuase il governo francese a istituire una banca centrale che, invece di oro e argento, emetteva cartamoneta. Anche se il sistema fallì, le innovazioni introdotte ebbero lunga vita.

EVENTI PRINCIPALI

IN FUGA
Dopo l'uccisione di un rivale in duello, nel 1694 fugge ad Amsterdam, dove studia i sistemi bancari.

PUBBLICA UNA PROPOSTA
Il libro del 1705 propone riforme bancarie, tra cui una banca centrale, la cartamoneta e un nuovo sistema creditizio.

FONDA UNA BANCA
Nel 1716 istituisce la prima banca centrale francese, che emette banconote per milioni di lire.

DALLE STELLE ALLE STALLE
Dopo l'emissione di milioni di azioni che svalutano la lira e alimentano l'inflazione, nel 1720 la banca centrale fallisce.

John Law trascorse i primi anni lavorando per la sua famiglia di banchieri e orafi di Edimburgo. Si spostò a Londra per studiare, ma dedicò gran parte del tempo alle donne e al gioco d'azzardo. La sua vita cambiò nel 1694, quando uccise un rivale in duello. Condannato a morte, fuggì ad Amsterdam, dove maturò un interesse crescente per la finanza. Dopo una decina di anni, tornò a Edimburgo e nel 1705 pubblicò *Considerazioni sulla moneta e il commercio*, proponendo l'introduzione nel sistema bancario nazionale della cartamoneta garantita dalla terra, non dai metalli preziosi.

Prima banca nazionale

Si trasferì in Francia, dove l'economia stagnava e il debito nazionale aumentava. Il reggente si dichiarò aperto alle riforme di Law e nel 1716 fu istituita la Banque Générale Privée, poi nazionalizzata come Banque Royale. L'istituto era legato alla Compagnia del Mississippi, avviata da Law per sfruttare il commercio nelle colonie francesi. La domanda pubblica di azioni salì alle stelle, ma nel 1720 la bolla scoppiò, causando il caos finanziario e il fallimento della Banque Royale. Ritenuto responsabile, Law lasciò Parigi e morì in povertà in Italia.

1785-1870

Tra i fondatori del settore assicurativo francese, Charles Xavier Thomas de Colmar progettò e costruì il primo calcolatore meccanico di successo al mondo.

Charles Xavier Thomas (a cui aggiunse "de Colmar") concepì l'idea di una calcolatrice mentre era ispettore alle forniture per l'esercito francese, un ruolo che richiedeva calcoli ripetitivi. Tornato alla vita civile, nel 1819 fu cofondatore di una compagnia assicurativa, un settore basato sull'aritmetica. L'anno seguente brevettò l'aritmometro, una macchina in grado di eseguire addizioni, sottrazioni, moltiplicazioni e divisioni. Nel 1822 fu avviata una produzione su piccola scala, poi estesa nel 1851. Fino al 1878, il dispositivo fu l'unico calcolatore meccanico in commercio. Accrebbe l'efficienza e la redditività della sua compagnia assicurativa, mentre la vendita a banche, assicurazioni ed enti in Francia e all'estero lo resero ricco. I proventi furono investiti nel miglioramento del dispositivo, che fu in produzione fino al 1914, 44 anni dopo la sua morte.

EVENTI PRINCIPALI

OTTIENE IL BREVETTO
Nel 1820 il primo modello dell'aritmometro ottiene un brevetto di 5 anni.

RICONOSCIMENTO
L'anno seguente è nominato Cavaliere della Legion d'onore per l'invenzione.

AVVIA LA PRODUZIONE
La produzione è avviata a Parigi nel 1822; nel 1851 è lanciata una versione radicalmente migliorata.

MIGLIORA IL PROGETTO
Il terzo modello viene prodotto nel 1858, semplificando la moltiplicazione e la divisione.

«La macchina di Thomas de Colmar... **dà risultati** immediati, **senza armeggiare...»**

Professore Louis-Benjamin Francoeur, 1822

CHARLES XAVIER THOMAS DE COLMAR

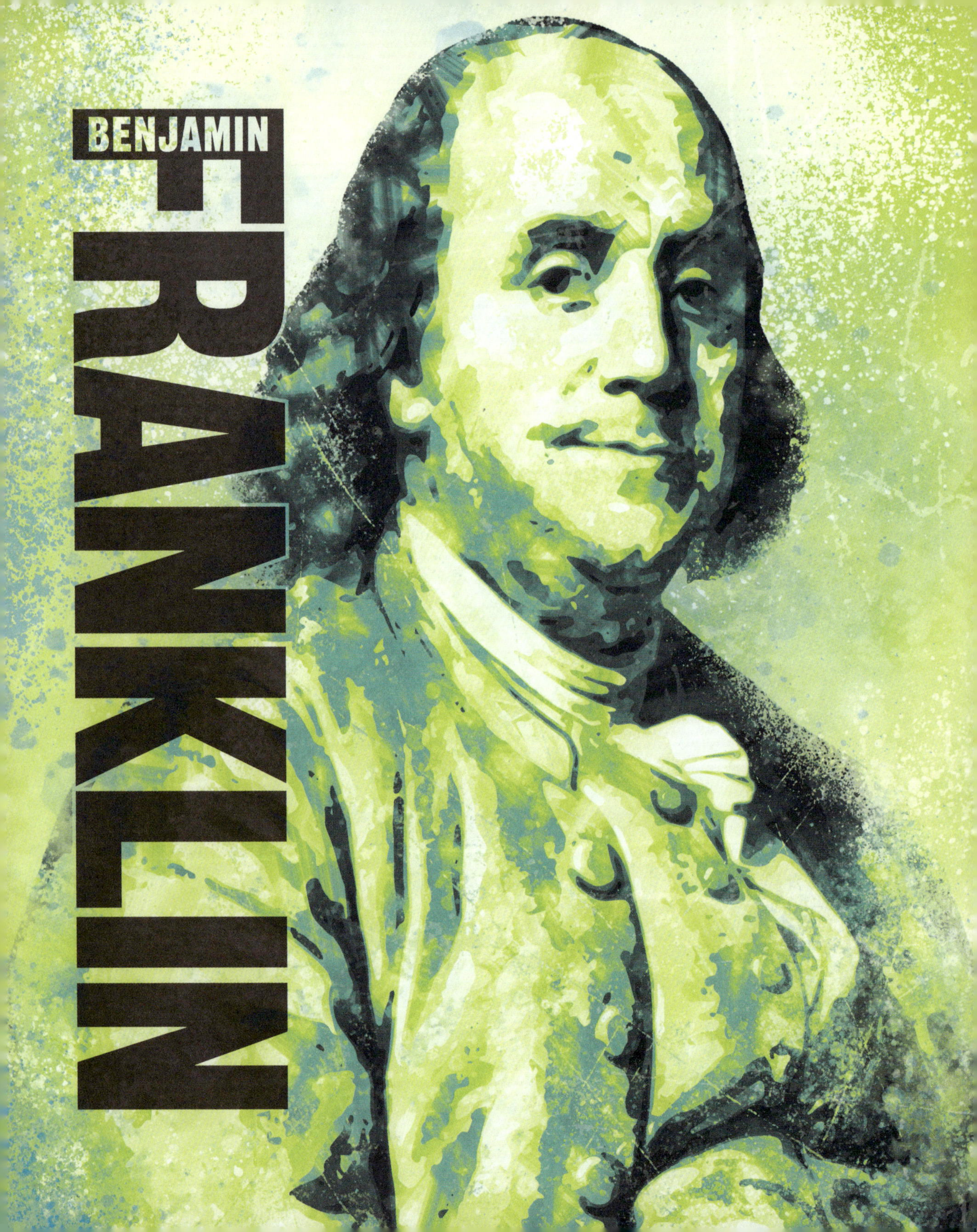
BENJAMIN
FRANKLIN

Di umili origini, Benjamin Franklin divenne una delle figure di spicco del Nord America coloniale. Spesso ricordato per l'attività politica e scientifica, è stato anche un imprenditore di enorme successo, che si arricchì grazie alle iniziative in ambito tipografico ed editoriale.

Quindicesimo di 17 figli di un mercante di candele di Boston, Benjamin Franklin cominciò a lavorare per il padre a dieci anni. Con soli due anni di istruzione, investì gran parte degli esigui guadagni in libri. La carriera di tipografo ebbe inizio all'età di 12 anni, come apprendista del fratello. Nel 1723 si trasferì a Filadelfia, continuando a lavorare nella stampa, poi si recò a Londra, dove si stabilì dal 1724 al 1726. Di ritorno a Filadelfia, lavorò brevemente al servizio di un mercante, per poi dedicarsi di nuovo alla tipografia.

Nel 1728 aveva accumulato capitali sufficienti per aprire un'attività propria insieme all'amico Hugh Meredith, acquistando la sua quota due anni dopo. Il lavoro non gli mancò mai. Ottenne un contratto per stampare cartamoneta per la Pennsylvania, oltre al Delaware, al New Jersey e al Maryland. Nel 1729 acquistò un giornale, dove scriveva di frequente. La *Pennsylvania Gazette* fu tra i quotidiani più venduti e venne stampata fino al 1800.

Franchising

Sempre orientato all'innovazione, introdusse il primo sistema di franchising della storia americana. Dal 1731 strinse collaborazioni in varie colonie: affittava un locale e comprava l'attrezzatura per la stampa, ricevendo un terzo degli utili per sei anni, trascorsi i quali gli affiliati avevano diritto all'acquisto. L'iniziativa più redditizia fu tuttavia

EVENTI PRINCIPALI

ENTRA IN ATTIVITÀ
Nel 1728, a 22 anni, avvia una tipografia usando macchinari nuovi, importati dall'Inghilterra.

PUBBLICA UN ALMANACCO
Nel 1732 inizia a stampare l'*Almanacco del Povero Richard*, vendendo fino a 10.000 copie l'anno per 26 anni.

ABBANDONA LA STAMPA
Nel 1748 si ritira dall'attività di tipografo per dedicarsi alla politica e alla scienza.

CONTRIBUTO SOCIALE
Nel 1751 contribuisce a fondare l'Academy for Education of Youth e il Philadelphia City Hospital.

«Il **guadagno** è una cosa temporanea e **incerta**, ma le **spese** sono **costanti e certe.**»

Benjamin Franklin, 1757

«**Non sprecare né tempo** né **denaro,** ma fai il **miglior uso** di **entrambi.**»

Benjamin Franklin, 1758

l'*Almanacco del Povero Richard*. Edito nel 1732, conteneva informazioni meteorologiche e astronomiche, un calendario e consigli arguti di suo pugno.

Nel 1748 era abbastanza ricco da potersi ritirare dall'attività e assunse come socio David Hall, a cui affidò la gestione quotidiana degli affari. Sempre più coinvolto in politica, rivestì vari ruoli pubblici. Condusse inoltre ricerche scientifiche, tra cui i celebri esperimenti sull'elettricità. Tra le invenzioni spiccano il parafulmine, un catetere flessibile, le pinne, le lenti bifocali, uno strumento

Benjamin Franklin *da giovane, mentre aziona una macchina da stampa del XVIII secolo, in quest'immagine della sua tipografia di Filadelfia.*

musicale – l'armonica a bicchieri – e un nuovo modello di stufa.

Nel 1757 tornò a Londra, dove trascorse gran parte dei successivi diciotto anni. Divenne una figura rispettabile e di spicco della società londinese, ma nel 1775 i crescenti attriti tra il governo britannico e le colonie americane lo costrinsero a tornare in patria. Da realista britannico, diventò un paladino dell'indipendenza americana, contribuendo alla fondazione degli Stati Uniti e alla stesura dei princìpi guida del Paese nascente. Fu l'unico padre fondatore a firmare tutti e tre i documenti che liberavano l'America dal giogo britannico: la Dichiarazione d'indipendenza, la Costituzione e il Trattato di Parigi. In qualità di diplomatico, nel 1776 si recò in Francia, dove sancì un'alleanza cruciale per il successo americano nella guerra d'indipendenza. Tornato in patria nel 1785, fu nominato presidente della Pennsylvania.

Retaggio finanziario

Alla morte, avvenuta nel 1790, lasciò 1.000 sterline (al tempo 4.400 dollari) alle città di Boston e Filadelfia per la creazione di un fondo fiduciario con cui concedere piccoli prestiti agli imprenditori locali. Dopo 200 anni, le città avrebbero assunto il pieno controllo sul lascito. Nel 1990 il fondo accresciuto è stato investito da Filadelfia in borse di studio e nel museo di scienze Franklin Museum, mentre Boston lo ha usato per finanziare il Benjamin Franklin Institute of Technology.

CARL **BERTELSMANN**

Editore tedesco, fonda uno dei conglomerati mediatici più grandi al mondo.

Nel 1835, Carl Bertelsmann (1791-1850) fonda la casa editrice omonima, che pubblica testi religiosi e libri di inni. Rilevata prima dal figlio, poi dal nipote acquisito, l'impresa estende l'attività ai romanzi, alle opere storiche e ai testi scolastici, acquisendo case editrici rivali. Verso la metà del XX secolo diventa un conglomerato mediatico globale, abbracciando musica, stampa, trasmissioni TV e radio.

NON **BREVETTA** NESSUNA INVENZIONE

ALLA MORTE, IL PATRIMONIO AMMONTA A **43,5 MILIONI DI DOLLARI**

DAL **1928** COMPARE SULLE BANCONOTE DA **100 DOLLARI**

ELIZA LUCAS
PINCKNEY

Nel XVIII secolo, Eliza Lucas Pinckney fu la prima agronoma dell'America coloniale a coltivare su larga scala la pianta tropicale dell'indaco. Ne ricavò un colorante blu di alta qualità in un'epoca di fioritura mondiale dell'industria tessile, le cui esportazioni garantirono prosperità alla Carolina del Sud.

Eliza Lucas Pinckney nacque ad Antigua, nelle Indie Occidentali, dove il padre era ufficiale dell'esercito britannico. Fu mandata dai genitori a studiare in Inghilterra, dove sviluppò un interesse per la botanica. Nel 1738, a 16 anni, si trasferì con la famiglia nella Carolina del Sud, allora una colonia britannica, dove possedeva tre piantagioni. La madre morì poco dopo, e l'anno seguente il padre fu costretto da impegni militari a tornare ad Antigua. Maggiore di quattro figli, Pinckney amministrò la piantagione Wappoo, dove vivevano la famiglia e 20 schiavi, e supervisionò la gestione delle altre due: una era coltivata a riso, l'altra ad alberi da catrame e legna.

Mantenne una corrispondenza con il padre che, con l'intento di integrare le entrate delle piantagioni, dai Caraibi le inviava semi per i suoi esperimenti con colture nuove, come fichi, zenzero, erba medica, cotone e indaco. Nel 1744 riuscì a coltivare con successo l'indaco, usandolo per produrre colorante di alta qualità, che veniva esportato in Inghilterra per l'industria tessile. Scambiandosi conoscenze con altri coltivatori, nel 1745 inaugurò la cosiddetta "Indigo Bonanza", la coltivazione su larga scala dell'indaco nella Carolina del Sud. Nel 1765, quando iniziò la rivoluzione americana, la pianta rappresentava un terzo delle esportazioni della colonia.

«Non ho dubbi che l'**indaco** si dimostrerà un **bene di grande valore.**»

Eliza Lucas Pinckney, 1741

EVENTI PRINCIPALI

SI TRASFERISCE IN CAROLINA
Nel 1738 si trasferisce nella piantagione Wappoo, Carolina del Sud, allora una colonia britannica.

COLTIVA L'INDACO
Dal 1739 al 1744, per non indebitare le piantagioni di famiglia, conduce esperimenti con l'indaco.

SPERIMENTA LA SETA
Nel 1744 sposa l'avvocato e coltivatore Charles Pinckney, sperimentando la coltivazione della seta.

SCAMBIA CONOSCENZE
Nel 1745 dà inizio all'"Indigo Bonanza", condividendo le conoscenze sulla coltivazione dell'indaco.

ASSUME IL CONTROLLO
Nel 1758, quando il marito muore di malaria, gestisce le coltivazioni estensive della famiglia.

ALTRI IMPRENDITORI

Con le loro ardite attività, gli imprenditori dell'antichità, del Medioevo e della prima epoca moderna hanno gettato le basi del capitalismo e del commercio globale. Benché non sempre con successo, hanno spianato la strada ai successori in campi come la finanza e il commercio internazionale.

PASIONE
(ca. 430-370 a.C.)

Forse originario della Siria, Pasione fu venduto al mercato ateniese degli schiavi a due banchieri del Pireo, la città portuale greca che riforniva Atene. Amministratore scaltro, arrivò a gestire l'attività di cambio dei padroni e riuscì infine a ottenere la libertà, acquisendo lo status di residente straniero. Poi rilevò la loro attività, e in seguito si dedicò al commercio di armi. Dopo aver donato 1.000 scudi e una nave alle forze armate, divenne cittadino ateniese. Si occupò anche di immobili, accrescendo la sua fortuna e diventando uno degli uomini più ricchi di Atene.

IBN AL-SAL'US
(?-1294)

Nato in una famiglia araba in Palestina, Ibn al-Sal'us crebbe a Damasco, in Siria. Divenne un mercante affermato e rispettato e un importante ufficiale locale. Ottenuta l'attenzione dei sultani mamelucchi, sovrani dell'Egitto, parte dell'Arabia e del Levante, nel 1290 fu nominato *wazir* (primo consigliere) di al-Ashraf Khalil e condusse varie campagne di successo in Palestina e Armenia. Tuttavia nel 1293, quando fu assassinato il sultano, cadde in disgrazia a causa di disaccordi con altri ufficiali. L'anno seguente fu arrestato per crimini finanziari, torturato e ucciso.

GIOVANNI VILLANI
(ca. 1280-1348)

Nato a Firenze, Giovanni Villani era un banchiere, uno storico e un cronista. Nel 1300 divenne socio dei Peruzzi e trascorse i successivi sette anni a viaggiare in Europa in qualità di agente. Nel 1308 fece ritorno a Firenze e si occupò di politica. Quello stesso anno iniziò a scrivere la *Nuova Cronica*, un'opera rivoluzionaria in 12 volumi sulla storia di Firenze. Fu vittima dell'epidemia di peste nera.

RICHARD WHITTINGTON
(ca. 1354-1423)

Noto come "Dick", Richard Whittington ispirò un racconto popolare inglese su un orfano che fece fortuna a Londra. Richard in realtà proveniva da un'importante famiglia di piccoli proprietari terrieri del Gloucestershire ma, non essendo il primogenito, non beneficiò dell'eredità paterna. Si trasferì a Londra, dove commerciò in tessuti pregiati, spesso realizzati oltreoceano. Ebbe grande successo, si occupò anche di prestiti e politica, e fu nominato tre volte Lord Mayor di Londra. Investì gran parte della fortuna in opere pie e infrastrutture pubbliche.

KATERINA LEMMEL
(1466-1533)

Nata a Norimberga in una famiglia di mercanti, nel 1484 Katerina Imhoff sposò l'imprenditore Michael Lemmel. Fu lei stessa un'imprenditrice di successo, investendo in proprietà, lavorazione dei metalli e produzione di vino. Nel 1516, divenuta vedova, prese i voti nel monastero di Maria Mai, che finanziò con i suoi investimenti. Tuttavia, nel 1525 un'insurrezione la costrinse a fuggire e, al ritorno, trovò il monastero saccheggiato e danneggiato. Morì otto anni dopo.

ROSE LOK
(1526-1613)

Figlia di un ricco mercante e funzionario pubblico londinese, Rose Lok e la famiglia erano importanti sostenitori della Riforma protestante. Una di 19 figli, lavorava la seta fino al prodotto finito, che vendeva a una clientela facoltosa, tra cui i membri della corte. Nel 1543 sposò un mercante e armatore protestante. Nel 1553, quando salì al trono Maria la Cattolica, fuggì ad Anversa, in Belgio. Tornata dall'esilio dopo la morte della sovrana, avvenuta nel 1558, si risposò (il primo marito era morto) e scrisse memorie sugli eventi della sua gioventù. Morì a 86 anni.

ISAAC LE MAIRE
(ca. 1558-1624)

Di origine belga, Isaac Le Maire era un droghiere di Anversa, che nel 1585 fu costretto a fuggire dall'invasione spagnola. Si stabilì ad Amsterdam dedicandosi al commercio d'oltremare. Nel 1602, quando fu costituita la Compagnia olandese delle Indie Orientali (VOC), divenne il suo più importante azionista e amministratore fino al 1605, anno in cui abbandonò l'impresa a causa di contrasti. Fece parte di molte compagnie concorrenti. Tra queste la Società australiana, che nel 1615 scoprì una rotta alternativa che dall'Atlantico raggiungeva il Pacifico passando per il Sud America, ma per Le Maire i benefici finanziari furono esigui.

LUZON SUKEZAEMON
(1565-?)

Luzon Sukezaemon nacque nella città portuale di Sakai, Giappone. Il nome originario era Naya, ma lo modificò attorno al 1593 dopo un viaggio commerciale a Luzon, l'isola più grande delle Filippine. Divenne un commerciante di ceramiche locali, molto apprezzate in Giappone, e con i proventi costruì un lussuoso palazzo. La stravaganza dell'edificio provocò l'invidia di un samurai locale, che confiscò l'immobile. Sukezaemon reagì donandolo a un tempio locale e fuggì in Cambogia, dove continuò l'attività commerciale.

LOUIS DE GEER
(1587-1652)

Nato in Belgio, Louis De Geer si trasferì nei Paesi Bassi formandosi come calderaio, poi passò alla lavorazione dei metalli e all'attività bancaria. Durante la guerra dei Trent'anni (1618-1648), che vide crescere la domanda di metallo per forgiare armi, strinse relazioni con la corona svedese. Conseguì il monopolio per il commercio di rame e ferro nel regno e fondò un'industria per la lavorazione dei metalli. Ottenne il titolo nobiliare e fu una figura chiave per l'istituzione della Compagnia dell'Africa svedese, attiva nel commercio di schiavi tra il 1648 e il 1663.

JOHAN PALMSTRUCH
(1611-1671)

Johan Wittmacher nacque nella città lettone di Riga e si trasferì in Svezia nel 1647. Qui fondò una banca e ottenne il titolo di nobile, acquisendo il cognome svedese di Palmstruch. Il Banco di Stoccolma usava i depositi di contanti per finanziare i prestiti, e fu il primo istituto europeo a emettere cartamoneta da scambiare con oro o argento. Nel 1668, quando il valore delle banconote superò le attività, il banco fallì e Palmstruch fu condannato a morte, pena poi convertita in reclusione.

WILLIAM PATERSON
(1658-1719)

Nativo scozzese, William Paterson lavorò a Bristol, alle Bahamas e in Europa, per poi stabilirsi a Londra come ricco mercante internazionale. Nel 1692 propose l'istituzione di una banca per la concessione di prestiti al governo, gettando le basi per la Banca d'Inghilterra, creata nel 1694. Pur essendo tra i fondatori, lasciò l'istituto l'anno seguente a causa di dissidi con i colleghi. Promosse la fondazione di una colonia scozzese a Panama, ma la spedizione del 1698 si concluse con un fallimento. Nel 1707 fu un ardente sostenitore dell'unione di Scozia e Inghilterra.

MARY KATHERINE GODDARD
(1738-1816)

Nata nel Connecticut, Stati Uniti, Mary Katherine Goddard aiutò il fratello a pubblicare un quotidiano a Baltimora, Providence e Filadelfia. Nel 1774 diventò redattrice ed editrice del *Maryland Journal* e gestì una tipografia e una libreria. Nel 1775 fu nominata tipografa dell'ufficio postale di Baltimora, la prima donna americana a rivestire il ruolo. Sostenitrice della rivoluzione contro il dominio britannico, nel 1777 la sua tipografia produsse la seconda copia della Dichiarazione d'indipendenza (la prima a includere i nomi dei firmatari). In seguito fu rimossa dai suoi incarichi più importanti, ma continuò a gestire la libreria fino al 1810.

MAYER AMSCHEL ROTHSCHILD
(1744-1812)

Nato in una famiglia di ebrei di Francoforte, Mayer Amschel Rothschild lavorò come apprendista in una banca, per poi mettersi in proprio. Commerciò in monete rare e beni di lusso, quindi passò ai servizi bancari. Uno dei suoi primi clienti fu Wilhelm IX von Hessen-Kassel, un ricco governante locale, di cui Rothschild amministrò abilmente la fortuna. Con la crescita degli affari a Francoforte, decise di espandersi: nel 1804 i figli aprirono una filiale della banca a Londra e nel 1811 un'altra a Parigi. Morì l'anno seguente, dopo aver gettato le basi di un impero bancario internazionale.

2

INDUSTRIA E INNOVAZIONE

1780-1890

MATTHEW BOULTON

1728-1809

Uno dei primi industriali d'Inghilterra, attivo nel settore metallurgico, Matthew Boulton rivoluzionò le tecniche di produzione insieme all'ingegnere James Watt, introducendo il motore a vapore.

Matthew Boulton abbandonò la scuola nel 1743 per lavorare nella ditta paterna, che produceva fibbie e altri oggetti metallici. Ricco di inventiva e ambizione, dopo la morte del padre rilevò ed espanse l'impresa, aprendo nel 1765 la prima grande fonderia della Gran Bretagna: la Soho Manufactory. Desideroso di aumentare l'apporto di energia allo stabilimento (le ruote idrauliche erano efficienti solo con il fiume in piena), si interessò al lavoro di James Watt, l'ingegnere scozzese che aveva inventato una nuova macchina a vapore. Nel 1775 unirono le forze e Boulton divenne il paladino dei motori di Watt, fornendoli ad altre industrie, tra cui la Zecca reale, che lo incaricò di coniare milioni di monete nella sua fabbrica alimentata a vapore.

«Sto vendendo, sir, ciò che tutto il mondo desidera: **ENERGIA.»**

Matthew Boulton, 1776

EVENTI PRINCIPALI

APRE UNA FONDERIA
Nel 1762 avvia la costruzione della Soho Manufactory, che occupa 13 acri vicino Birmingham, Regno Unito.

AUMENTA LA POTENZA
Nel 1768 incontra James Watt, il cui motore a vapore migliora l'apporto e l'efficienza energetici.

INFLUENZA IL PARLAMENTO
Nel 1775 persuade il parlamento a estendere il brevetto di Watt per altri 17 anni.

ROYAL SOCIETY
Insieme a Watt, nel 1785 è nominato membro della Royal Society di Londra.

1736-1819

EVENTI PRINCIPALI

FABBRICA STRUMENTI
Nel 1757 apre un laboratorio all'università di Glasgow per realizzare strumenti scientifici.

RIVOLUZIONE DEL VAPORE
Attorno al 1764 migliora l'efficienza del motore di Newcomen aggiungendo un condensatore separato.

COLLABORAZIONE
Insieme a Matthew Boulton, nel 1775 fonda la Boulton & Watt per vendere le nuove macchine a vapore.

CONTINUA A INNOVARE
Nel 1800 va in pensione, ma prosegue le ricerche, brevettando varie invenzioni importanti.

Ingegnere e fabbricante di strumenti scientifici scozzese, James Watt migliorò il motore a vapore rendendolo la principale fonte di energia della rivoluzione industriale.

Figlio di un armatore, James Watt nacque nel 1736 e si formò come fabbricante di strumenti scientifici. Cominciò a interessarsi ai motori a vapore attorno al 1764, quando fu incaricato di riparare la macchina di Thomas Newcomen e scoprì come migliorarla aumentando la potenza e riducendo il consumo di combustibile.
Insieme all'industriale Matthew Boulton, suo socio e finanziatore, nel 1775 avviò la produzione delle nuove macchine che ben presto vennero adottate in miniere, fabbriche e opifici. Proseguendo gli esperimenti sulla termodinamica, migliorò il modello originario, e nel 1790 registrò tre nuovi brevetti, guadagnando 70.000 sterline in royalties e diventando membro della Royal Society.

«Sono un grande **fautore dell'esperimento...** non posso **affidarmi** alla **teoria.**»

James Watt, 1794

JAMES WATT

ALIMENTA LA PRODUZIONE DI COTONE, FARINA, FERRO, CARTA, MONETA, TESSUTI, BIRRA...

I MOTORI DELLA **BOULTON & WATT** CONSUMANO IL **75%** **DI COMBUSTIBILE IN MENO** DEI MODELLI PRECEDENTI

DAL 1775 AL 1800 REALIZZA QUASI 1/3 **DEI MOTORI A VAPORE** PRODOTTI AL MONDO

NEL **1808** CONIA **90.000.000 DI MONETE** PER LA **COMPAGNIA** BRITANNICA DELLE **INDIE ORIENTALI**

I motori a vapore della Boulton & Watt erano all'avanguardia della rivoluzione industriale. Migliorando i modelli precedenti e soppiantando i metodi tradizionali di produrre energia con l'acqua o la forza dei cavalli, erano un mezzo efficiente ed efficace per azionare le nuove macchine che stavano trasformando fabbriche, opifici, miniere, agricoltura e trasporti.

Prime macchine

La prima macchina a vapore fu ideata da Thomas Savery nel 1698 e migliorata da Thomas Newcomen nel 1711. Usata perlopiù per pompare acqua, era azionata riscaldando, raffreddando e riscaldando di nuovo il vapore, un procedimento molto inefficiente. Nel 1764, mentre riparava la macchina di Newcomen all'università di Glasgow, Watt si rese conto che l'aggiunta di un condensatore separato avrebbe aumentato drasticamente il rendimento.

Invece di riscaldare e raffreddare un solo cilindro, il modello di Watt usava due camere: il cilindro riceveva il vapore da una caldaia rimanendo caldo, mentre la seconda a temperatura bassa ne permetteva la condensazione; poi, l'acqua tornava nella caldaia per avviare un nuovo ciclo.

***Il motore a vapore** di Boulton e Watt poteva essere collocato ovunque, al contrario delle fonti tradizionali di energia, come le ruote idrauliche.*

La questione era come rendere l'innovazione un prodotto commerciale. Nel 1768, Watt avviò una collaborazione con il medico e inventore John Roebuck, brevettando il modello l'anno seguente. Tuttavia, tre anni dopo il socio dichiarò bancarotta e la sua quota fu rilevata da Matthew Boulton, interessato a una macchina efficiente che, sostituendo la ruota idraulica, garantisse una fornitura di energia alla sua fabbrica.

GEORGE **STEPHENSON**

Soprannominato "padre delle ferrovie", sviluppa la prima locomotiva a vapore commerciale, la prima ferrovia per il trasporto di persone e il cosiddetto "scartamento Stephenson".

Ingegnere autodidatta, nel 1814 George Stephenson (1781-1848) passa dalla riparazione dei motori a vapore allo sviluppo di una locomotiva. Nel 1823, nel Newcastle apre una fabbrica che produce le prime locomotive commerciali al mondo, inclusa la premiata Rocket. Ingaggiato dalle compagnie ferroviarie come ingegnere capo, sovrintende alla costruzione di gran parte della rete britannica per il trasporto di passeggeri, collegando i nuovi centri industriali come Manchester e Birmingham.

Collaborazione cruciale

Watt si trasferì a Birmingham nel 1774 per sviluppare i progetti dei motori. La collaborazione con Boulton fu un successo immediato. Per molti versi opposti, i soci erano uniti da una stima reciproca: Boulton era un imprenditore che assumeva tecnici e operai altamente qualificati per sviluppare prodotti commerciali per la Gran Bretagna e l'Europa; Watt era un ingegnere zelante, abile nel sistemare i difetti dei macchinari per renderli leader del

«Non riesco a **pensare** ad **altro** che alla **macchina.»**

James Watt, 1765

«Conierà **più velocemente** e con maggior facilità, con **meno persone, meno spese,** e un **risultato migliore** di qualsiasi altra **pressa** da conio mai prodotta.»

Matthew Boulton, 1789

mercato. Nella fonderia di Boulton, Watt aveva a disposizione abbondanti risorse e alcuni dei migliori operai siderurgici d'Inghilterra, ed era libero di lavorare ad altre innovazioni.

Boulton riuscì a estendere il brevetto di Watt e iniziò a fabbricare macchine a vapore per le miniere di stagno e rame della Cornovaglia che, fino ad allora, pompavano acqua con il motore poco efficiente di Newcomen.

Rivoluzione energetica

Partendo dal primo successo, Boulton esortò Watt a ideare un motore a vapore che, per pompare acqua, usasse un movimento rotatorio invece che alternato. Nel 1781 Watt lanciò il meccanismo del "rotismo planetario", seguito dal "doppio effetto" (l'azionamento dei pistoni nelle corse di andata e ritorno), dal collegamento meccanico del "parallelogramma" e dal regolatore centrifugo che controllava la velocità. Il progetto fu ultimato nel 1790 con l'aggiunta di un indicatore di pressione. Gli ordini si moltiplicarono: fabbriche di farina, cotonifici, cartiere, ferriere, tutti volevano la nuova tecnologia. Nel 1800, Boulton e Watt avevano prodotto 450 delle 1.500 macchine a vapore in uso in tutto il mondo, ognuna in grado di alimentare un'intera fabbrica.

Nuove opportunità

Desideroso di ampliare i settori di applicazione, nel 1788 Boulton fondò una zecca chiamata Soho Mint, rivoluzionando la coniazione delle monete, molte delle quali contraffatte. Le nuove presse erano in grado di produrre monete di dimensioni, forma e peso uniformi, con bordi incisi. Nel 1797 la Zecca reale gli commissionò la produzione di 45 milioni di pezzi da 1 e 2 penny. La tecnica di iscrizione di Boulton è ancora in uso per le monete da 1 e 2 sterline.

Nel 1800 si ritirarono entrambi dall'attività e la società passò ai figli. Grazie allo sviluppo e alla vendita della macchina a vapore, Boulton e Watt diedero grande impulso alla rivoluzione industriale, inaugurando l'era moderna della produzione di massa.

***James Watt e il socio in affari Matthew Boulton produssero** motori a vapore nella Soho Manufactury, Birmingham, Regno Unito, dal 1775 al 1800.* ▶

Il magnate dei trasporti marittimi e ferroviari Cornelius Vanderbilt è stato un imprenditore spietato, scaltro e competitivo. Offrendo servizi affidabili e tariffe ridotte senza penalizzare il comfort, superò la concorrenza abbattendo il monopolio sui piroscafi. Introdusse tecnologie di trasporto nuove, occupandosi prima di navigazione, poi di ferrovia.

EVENTI PRINCIPALI

BATTELLI A VAPORE
Nel 1818 lavora per l'armatore Thomas Gibbons, gestendo grosse operazioni commerciali.

GUADAGNA IL PRIMO MILIONE
Nel 1846 ottiene il controllo di quasi tutti i trasporti sul fiume Hudson, diventando milionario.

FONDA UNA SOCIETÀ
Nel 1870 accorpa le sue ferrovie, creando una delle prime società per azioni statunitensi.

SUDDIVIDE L'EREDITÀ
Muore nel 1877, lasciando il 90% del patrimonio di 100 milioni di dollari al figlio William e somme simboliche agli altri.

Cornelius Vanderbilt nacque il 27 maggio 1794 a Staten Island, New York, da genitori poveri. Dal padre traghettatore imparò a trattare le persone in maniera brusca e senza mezzi termini, mentre la madre gli insegnò i vantaggi della parsimonia e del duro lavoro.

A 11 anni lasciò la scuola per lavorare con il padre, che trasportava passeggeri tra Staten Island e Manhattan. Nel 1810 colse la prima occasione di guadagno: convinse i genitori a concedergli 100 dollari in prestito per acquistare una barca a vela e mettersi in proprio. I genitori acconsentirono, a condizione che riservasse loro parte dei profitti fino all'estinzione del debito.

L'impresa ebbe un successo immediato, e nell'arco di un anno Vanderbilt fu in grado di ripagare il prestito e consegnare ai genitori altri 1.000 dollari come quota sugli utili. Inoltre comprese che, offrendo prezzi inferiori alla concorrenza e adottando strategie imprenditoriali aggressive, in poco tempo avrebbe potuto creare una clientela ampia, tecnica che avrebbe utilizzato nei progetti successivi.

Il successo dei piroscafi

Nei seguenti due anni accumulò un capitale di esercizio di varie migliaia di dollari e una flotta cospicua. Durante la guerra del 1812-1815 tra Stati Uniti e Gran Bretagna, firmò un contratto con il governo americano per fornire

Vanderbilt guadagnò gran parte della fortuna *nel settore dei trasporti su battello a New York e nel New Jersey. All'epoca della morte, la famiglia era una delle più ricche degli Stati Uniti.*

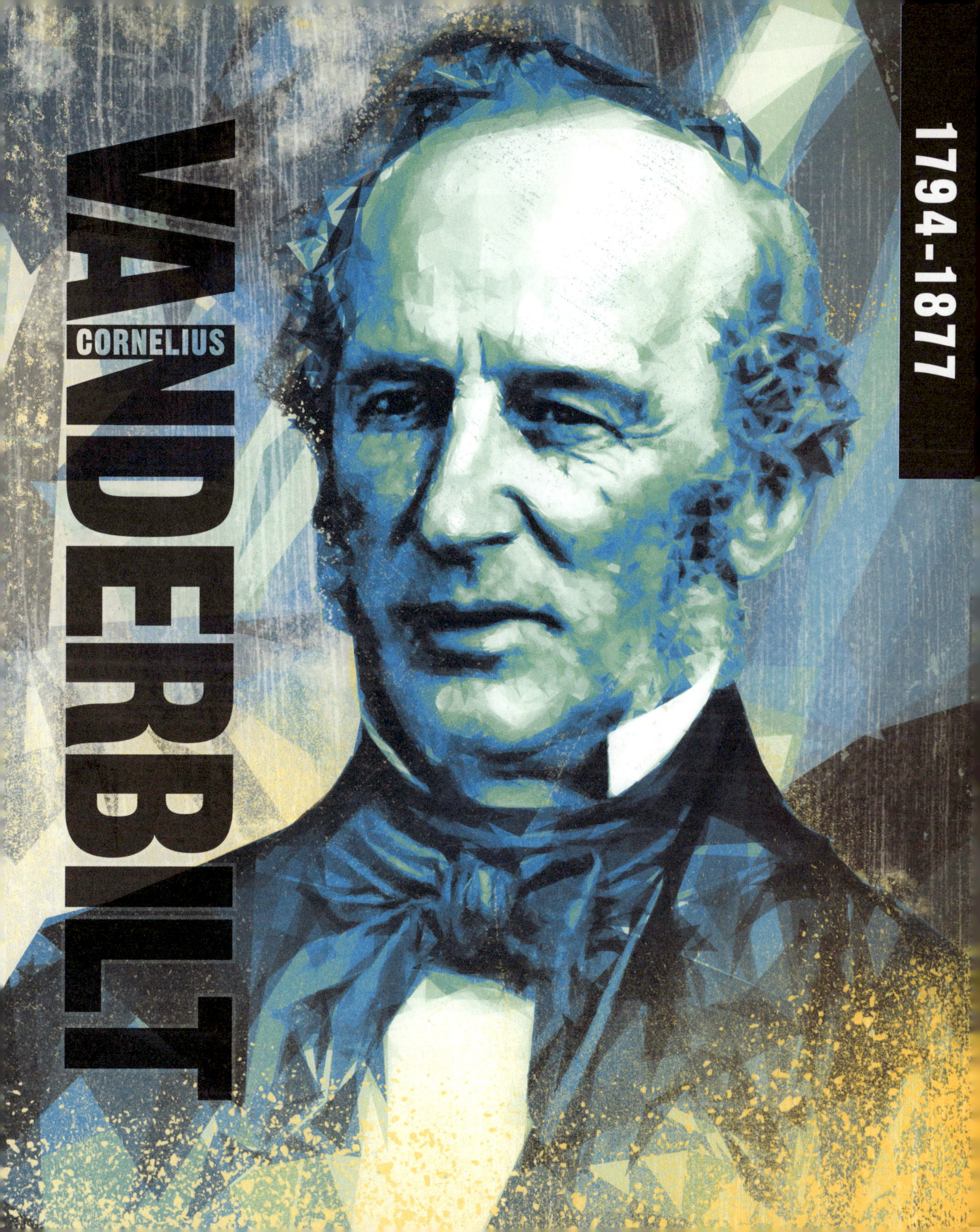
CORNELIUS
VANDERBILT
1794-1877

LA GRANDE GARA PER IL WESTERN

«Nel **commercio** **non** esiste **amicizia**.»

Cornelius Vanderbilt, 1765

Vanderbilt acquistò varie linee ferroviarie *che collegavano New York a Chicago. Celebre è il suo coinvolgimento nella battaglia tra il finanziere Jim Fisk (a destra) e i soci Daniel Drew e Jay Gould per il controllo della Erie Railroad Company.*

imbarcazioni alla costa orientale. Il successo nella navigazione gli valse il soprannome di "Commodoro", di cui andava molto fiero.

Era attratto da uomini d'affari da cui poteva imparare. Uno di loro era Thomas Gibbons, che nel 1818 gli affidò la gestione dei battelli a vapore. L'imprenditore era impegnato in una battaglia legale per interrompere il monopolio su una rotta tra New York e il New Jersey. Vinse la causa e fece del suo meglio per gettare sul lastrico il rivale offrendo prezzi concorrenziali.

Attraverso l'oceano
Imparando dall'esperienza con Gibbons, Vanderbilt decise di offrire prezzi imbattibili, annullando i monopoli e costringendo la concorrenza a rilevare la sua quota. Già milionario, nel 1849 sfruttò la corsa all'oro californiana ed espanse le operazioni ai piroscafi d'alto mare per il trasporto di cercatori e altri passeggeri da New York City e New Orleans a San Francisco, passando per il Nicaragua. Durante la guerra di secessione americana (1861-1865) vendette o concesse in leasing l'intera flotta, diventando l'uomo più ricco degli Stati Uniti.

Abbandonando la navigazione, nel 1864 si dedicò al settore ferroviario, acquistando quasi tutte le azioni delle New York and Harlem Railways. Continuò a comprare

STAKES 1870

ferrovie, fino a controllare ogni linea tra New York e Chicago.

Standardizzando orari e tariffe, contribuì a rivoluzionare i trasporti ferroviari degli Stati Uniti. Ordinò la costruzione a New York della stazione terminale Grand Central Depot (oggi Station), creando migliaia di posti di lavoro in un'epoca di crisi finanziaria. Nel 1870 fuse due linee, formando la New York Central and Hudson River Railroad.

Retaggio universitario
Nonostante l'enorme ricchezza personale, non aveva alcun interesse per la beneficienza, ma fu persuaso dalla seconda moglie a donare 1 milione di dollari (il contributo filantropico più ingente della storia americana) per la costruzione di un'università a Nashville, Tennessee, la futura Vanderbilt University. Morì il 4 gennaio 1877, all'età di 82 anni.

J.P. **MORGAN**

Finanziere, banchiere e industriale, avvia la creazione di varie società multinazionali.

Dopo aver lavorato come contabile, nel 1895 John Pierpoint Morgan (1837-1913) fonda la J.P. Morgan, che diventa una delle principali banche al mondo. Nel 1902 si interessa al settore ferroviario, fondendo varie aziende per creare la più grande società per azioni statunitense, che include la United States Steel Corporation e la General Electric. È dirigente di varie banche e compagnie assicurative ed esercita una grande influenza.

DURANTE LA **GUERRA DI SECESSIONE** DONA IL **MIGLIOR PIROSCAFO** AGLI UNIONISTI

ENTRA NEL BUSINESS DELLE FERROVIE **NEL 1864,** A **70** ANNI

ACCUMULA UN **PATRIMONIO** DI QUASI **100 MILIONI DI DOLLARI**

P.T. Barnum è stato un promotore, filantropo, editore e imprenditore americano che diffuse tra il grande pubblico il circo a tre piste, i fenomeni da baraccone e il museo pubblico. Impresario con fama di imbroglione, è ricordato per il circo itinerante *The Greatest Show on Earth*, che rivoluzionò l'intrattenimento popolare.

EVENTI PRINCIPALI

APRE UN MUSEO
Nel 1842 inaugura l'American Museum, che accoglie oltre 30 milioni di visitatori, ma nel 1865 è distrutto da un incendio.

PROMUOVE LA CULTURA
Nel 1850 organizza la tournée statunitense del soprano Jenny Lind, che ottiene il tutto esaurito e gli garantisce guadagni e rispettabilità.

VA IN BANCAROTTA
Negli anni '50 va in perdita tentando di sviluppare Bridgeport e si reca in Europa per risollevare le finanze.

SUCCESSO DEL CIRCO
Unisce le forze con James A. Bailey, creando nel 1881 la Barnum & Bailey, il primo circo a tre piste.

Nato nel 1810 a Bethel, Connecticut, Phineas Taylor Barnum avvia la carriera imprenditoriale a 12 anni vendendo rum alla ciliegia durante gli eventi locali. A 20 anni aveva accumulato denaro sufficiente a lanciare un giornale, l'*Herald of Freedom*, ma il suo talento di impresario gli aprì presto le porte del mondo dello spettacolo. Portò tra il grande pubblico i freak show (fenomeni da baraccone umani) e altre curiosità. Per esempio, "affittò" un'anziana afroamericana di nome Joyce Heth che presentò come "la nutrice 161enne di George Washington".

Nel 1841 acquistò l'American Museum di New York, riaprendolo con spettacoli teatrali, animali esotici e fenomeni insoliti come la sirena delle Figi (una creatura con la testa di donna e il corpo di pesce) e il generale Tom Thumb (un nano alto 63 cm). Ansioso di guadagnarsi rispettabilità e mettere a tacere le accuse di essere un ciarlatano, rischiò la sua fortuna nell'organizzazione di una tournée statunitense per il soprano svedese Jenny Lind, quasi sconosciuta in America, ottenendo il tutto esaurito per i 9 mesi dell'evento. Nel 1870, a 60 anni, partecipò a un nuovo progetto, *The Greatest Show on Earth*, un circo itinerante che organizzava spettacoli in tutti gli Stati Uniti. Nel 1874 costruì a New York una sede permanente, l'Hippodrome, in seguito noto come Madison Square Garden. Dotato di un grande spirito imprenditoriale, nel 1881 fuse il suo circo con il rinomato Great London Show di James A. Bailey, che continuò a operare anche dopo la morte di Barnum, nel 1891.

«Qualsiasi cosa tu faccia, falla **con tutto te stesso.»**

P.T. Barnum, 1880

***Il circo di Barnum** includeva fenomeni come Jumbo l'elefante, il cui scheletro continuò ad attirare visitatori anche dopo la morte dell'animale, avvenuta nel 1885.*

P.T.
BARNUM
1810-1891

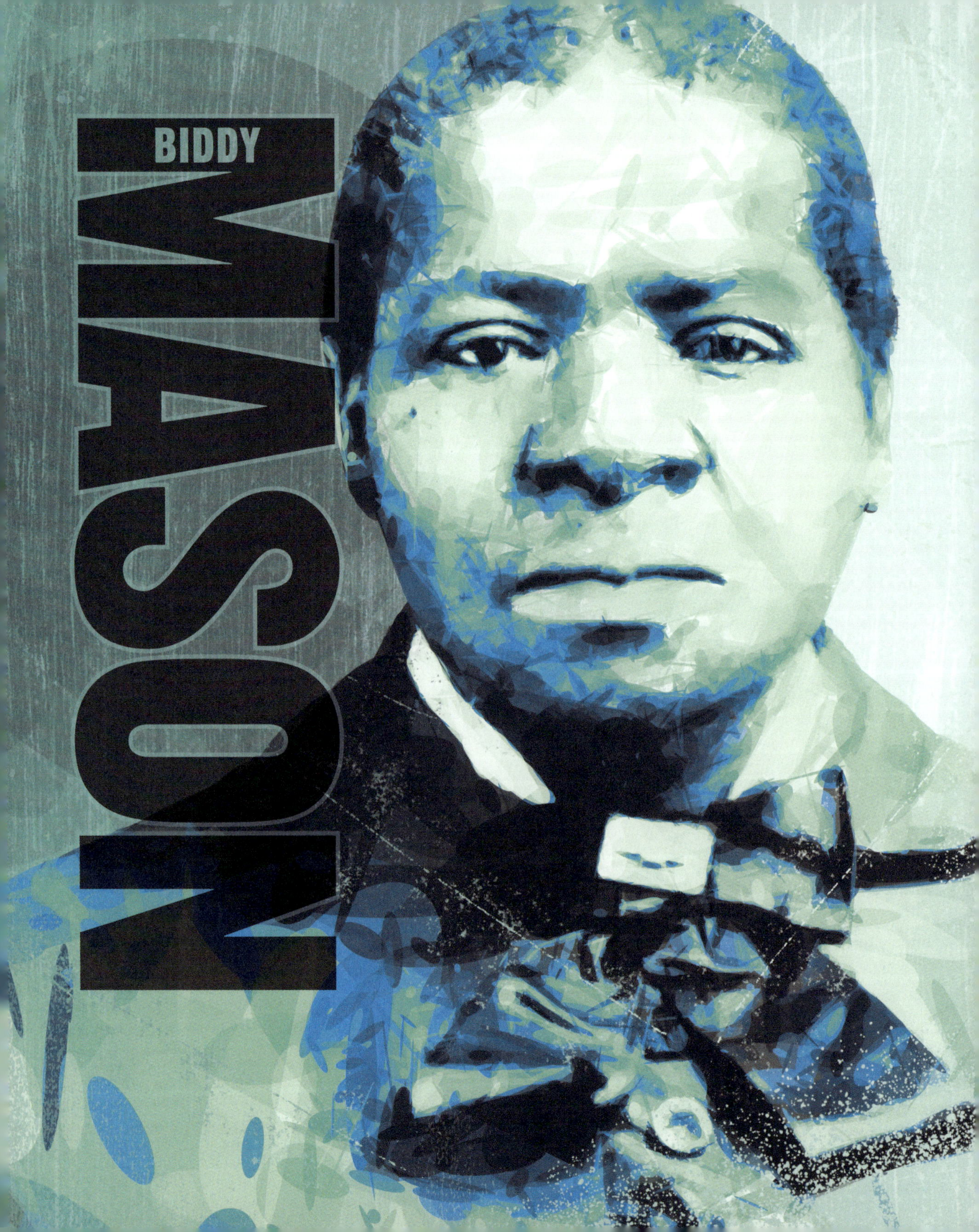
BIDDY
MASON

Dopo la liberazione, Biddy Mason usò le competenze acquisite da schiava per lavorare come ostetrica e infermiera. Accumulò denaro sufficiente ad acquistare un terreno a Los Angeles, diventando un'imprenditrice immobiliare di successo. Una delle donne più ricche della città, investì la sua fortuna per sostenere la comunità locale.

Bridget "Biddy" Mason nacque in schiavitù nel 1818 nel Mississippi. Nel 1836 fu ceduta al proprietario di piantagioni Robert Smith che, divenuto mormone nel 1847, decise di trasferirsi in una nascente comunità dello Utah, con la famiglia e gli schiavi, tra cui Biddy, che all'epoca aveva tre figlie. Quattro anni dopo, gli Smith si spostarono in un avamposto missionario, stabilendosi a San Bernardino, California, dove la schiavitù era proibita. Aiutata da amici ex schiavi, nel 1856 Biddy riuscì a ottenere da un giudice locale la liberazione per lei e gli altri schiavi degli Smith, assumendo il cognome Mason dal secondo nome del sindaco della città.

Si trasferì insieme alle figlie a Los Angeles e, sfruttando l'esperienza acquisita da schiava come infermiera e ostetrica e le conoscenze sull'uso delle erbe medicinali, si mise in proprio. Le sue competenze mediche erano molto richieste. Accantonò i guadagni e, intuendo l'importanza di possedere terre e proprietà, li investì in vari appezzamenti nel centro di Los Angeles. Grazie ad abili transazioni immobiliari, accumulò una fortuna cospicua che, da generosa filantropa, usò per istituire vari enti di beneficienza. Fu membro fondatore della prima chiesa episcopale metodista africana, la più antica chiesa afroamericana di Los Angeles.

EVENTI PRINCIPALI

OTTIENE LA LIBERTÀ
Nel gennaio 1856 ottiene la libertà dal giudice distrettuale della California Benjamin Hayes.

RISPARMIA
Tra il 1856 e il 1866 diventa nota come infermiera e risparmia i guadagni di 2,50 dollari al giorno.

INVESTE
Nel 1866 investe 250 dollari in proprietà, diventando una delle prime afroamericane a possedere terre a Los Angeles.

DIVENTA UNA MAGNATE
I terreni acquistano valore, e attorno al 1880 è una delle donne più ricche di Los Angeles.

ATTIVITÀ FILANTROPICA
Nel 1891 possiede 300.000 dollari, usati perlopiù per aiutare familiari e cittadini.

«Se tieni le mani chiuse, **non può entrarci nulla di buono.»**

Biddy Mason

LYDIA PINKHAM

1819-1883

L'americana Lydia Pinkham è celebre per aver sviluppato un tonico per donne che, da rimedio fatto in casa, fu prodotto in laboratorio e divenne un business di grande successo.

Nata come Lydia Estes a Lynn, Massachusetts, crebbe in una famiglia quacchera. Nel 1843 sposò Isaac Pinkham e, mentre si occupava della famiglia, preparava in casa rimedi fatti con erbe e radici, che distribuiva ai vicini, gettando le basi del suo successo. Nel 1873, dopo la rovina finanziaria del marito, decise di commercializzare i tonici. Il "composto vegetale", con un contenuto alcolico del 18%, fu lanciato sul mercato nel 1875. Benché l'efficacia medica non sia mai stata dimostrata e fosse contestata dagli scettici, divenne un trattamento molto richiesto per i dolori mestruali e i disturbi legati alla menopausa. Abile nel marketing, usò un suo ritratto nelle pubblicità e rispondeva personalmente alle clienti che le chiedevano consigli. Inoltre, scrisse un manuale di "fatti della vita" per donne, che distribuiva gratuitamente.

«Il suo volto, usato in pubblicità, **fu la sua fortuna.»**

Editore del *New Haven Register*, 1883

EVENTI PRINCIPALI

AVVIA IL BUSINESS
Quando una crisi economica globale porta la famiglia sul lastrico, nel 1873 commercializza il tonico.

MARKETING DI MASSA
Brevettato nel 1876, il "Composto vegetale di Lydia E. Pinkham" è venduto in tutta l'America.

DISPENSA CONSIGLI
Attorno al 1880 istituisce un dipartimento con personale solo femminile per rispondere alle lettere.

LEVI STRAUSS

1829-1902

Quando il rivenditore di tessuti Levi Strauss acquistò un brevetto per rafforzare le tasche dei pantaloni da lavoro con rivetti di metallo, creò uno dei brand di blue jeans in denim più iconici del mondo.

Da Buttenheim, Germania, a 18 anni Levi Strauss (alla nascita Löb Strauss) emigrò a New York per lavorare nella ditta di commercio all'ingrosso dei fratelli. Nel 1853 la corsa all'oro lo portò a San Francisco, dove avviò una filiale dell'azienda di famiglia – la Levi Strauss & Co. – per la vendita dei tessuti forniti dai fratelli, tra cui denim, tele per tende, lenzuola e vestiti.

Gli affari prosperavano, e in pochi anni riuscì a mandare oltre 4 milioni di dollari a New York. Nel 1873, insieme al sarto e cliente Jacob Davis, registrò un brevetto per un nuovo tipo di pantaloni da lavoro, rafforzati con rivetti metallici: gli ormai onnipresenti jeans in denim blu. Attorno al 1880, le vendite dei jeans salirono alle stelle e Strauss aprì una fabbrica per produrli in proprio. Generoso filantropo, finanziò orfanotrofi, istituì borse di studio universitarie e contribuì a costruire una nuova linea ferroviaria tra San Francisco e la valle di San Joaquin.

EVENTI PRINCIPALI

VERSO OCCIDENTE
Nel 1853 raggiunge la California via Panama, per sfruttare l'afflusso di minatori attirati dalla corsa all'oro.

REGISTRA UN BREVETTO
Insieme al sarto Jacob Davis, nel 1873 brevetta l'uso di rivetti metallici sulle cuciture dei jeans.

OPERE FILANTROPICHE
Tra altre iniziative, nel 1897 finanzia 28 borse di studio all'università della California, Berkeley.

***Le prime pubblicità** dei jeans Levi Strauss con rivetti di rame si rivolgevano a minatori, lavoratori agricoli e cowboy.*

«Non credo che **un uomo** abituato a **essere impegnato** possa andare in **pensione contento.»**

Levi Strauss, 1895

Nativo dell'Africa occidentale, Mbanaso Okwaraozurumba, noto come Jaja di Opobo, fu venduto come schiavo a 12 anni. Da vogatore di canoe divenne capo di una delle case reali del regno di Bonny, fino ad ascendere al trono della città-Stato di Opobo, un centro del commercio internazionale di prodotti a base di olio di palma.

EVENTI PRINCIPALI

VENDUTO COME SCHIAVO
Nel 1833 è trascinato via dalla casa nell'Igboland, Nigeria, e venduto come schiavo nel regno di Bonny.

CAPO DELLA CASA REALE
Nel 1862 è a capo del clan Anna Pepple, rafforzando il controllo sul commercio del regno.

FONDA UNA CITTÀ-STATO
Nel 1869 rende Opobo il principale centro del commercio di olio di palma e rileva altre unità commerciali.

ESILIO SU UN'ISOLA
Nel 1887 è arrestato ed esiliato a Saint Vincent per aver intralciato gli interessi britannici a Opobo.

Gli schiavisti portarono Jaja a Bonny, un regno nella Nigeria meridionale organizzato in "case di canoe", unità commerciali indipendenti, ognuna gestita da un ricco mercante. Jaja fu venduto a una casa e dato in dono a Chief Alali, del clan Anna Pepple. Fu impiegato come vogatore e viaggiò nei mercati della regione fluviale, dove incontrò imprenditori locali e commercianti di olio di palma europei. Pur lavorando per il capo, avviò un commercio di olio di palma in proprio, accumulando una somma sufficiente a comprare la libertà. Quando il leader del clan Anna Pepple morì, l'ambizioso Jaja prese il suo posto e, da imprenditore astuto, incorporò altre case di canoe della zona, aumentando il numero di contratti con la Gran Bretagna. Dopo una disputa con una casa rivale, nel 1869 fondò la città-Stato di Opobo. Grazie all'acquisto di altre unità e al controllo delle rotte commerciali dei mercanti britannici, rese la città stato la più prospera dell'area e ottenne il monopolio sul commercio di olio di palma.

Nemici ed esilio

Contro gli interessi imperiali, iniziò a gestire direttamente le esportazioni di olio di palma senza avvalersi dei mercanti britannici, consolidando la sua situazione finanziaria. Tuttavia, durante la conferenza di Berlino del 1884, l'incontro delle potenze europee sul controllo del commercio nelle colonie africane, la Gran Bretagna rivendicò Opobo come territorio proprio, accusando Jaja di attività illegali ed esiliandolo nel 1887 sull'isola caraibica di Saint Vincent. Pochi anni dopo gli fu permesso di tornare, ma morì nel viaggio. Secondo molti, fu avvelenato.

«In **breve tempo** [Jaja] sarebbe stato **ucciso** o avrebbe **schiacciato** tutti i **rivali.**»

Sir Richard Burton, console britannico, 1867

Nel 1887 la regina Vittoria accolse Jaja *a Buckingham Palace, Londra, dove venne invitato a negoziare prima dell'arresto.*

JAJA DI
OPOBO
1821-1891

L'imprenditore tedesco Friedrich Bayer (alla nascita Beyer) iniziò la carriera come apprendista venditore di coloranti naturali per l'industria tessile. Dopo aver scoperto come produrre tinte sintetiche, avviò un'azienda propria, che sarebbe diventata la Bayer AG, una delle cause farmaceutiche e chimiche più grandi del mondo.

EVENTI PRINCIPALI

ABILE NELLA TINTURA
Nel 1839 è apprendista alla Wesenfeld & Co. e accumula esperienze nel commercio di coloranti.

FORNISCE COLORANTI
Nel 1848 avvia un'impresa per la distribuzione di coloranti, creandosi un'ampia rete commerciale.

CAMBIA COGNOME
Nel 1849 cambia il cognome in Bayer per non essere confuso con il truffatore Friedrich Beyer.

FONDA UNA SOCIETÀ
Insieme all'amico e tintore Johann Weskott, nel 1863 avvia l'impresa per la produzione di coloranti Friedrich Bayer & Co.

SI ESPANDE IN RUSSIA
Nel 1876 apre una fabbrica a Mosca, estendendo la produzione.

Mentre lavorava come apprendista per la Wesenfeld & Co. a Wuppertal, Germania, il quattordicenne Friedrich Bayer accumulò esperienze sul funzionamento del commercio di coloranti, diventando un venditore di successo. Nel 1848, a 23 anni, aprì una ditta propria, creando una rete di distribuzione in tutta Europa.

Fino alla metà del XIX secolo, i coloranti erano ricavati da piante, minerali e animali, ma a partire dal 1850, combinando estratti chimici derivanti dal catrame di carbon fossile con altri composti, si cominciarono a produrre tinte artificiali in una gamma di colori più ampia. Bayer decise di avviare la produzione di coloranti sintetici e, insieme all'amico e tintore Johann Friedrich Weskott, sperimentò combinazioni chimiche nuove, ottenendo una qualità superiore alla concorrenza. Nel 1863, i due fondarono la società che sarebbe diventata la Bayer AG. Con soli 12 dipendenti, l'azienda crebbe rapidamente, e nel 1880 raggiunse un organico di 300 persone. Quello stesso anno, mentre la società vendeva coloranti e prodotti chimici alle aziende tessili di tutto il mondo, Bayer morì. Non visse abbastanza per assistere al lancio dell'articolo più famoso: l'antidolorifico aspirina, un sottoprodotto farmaceutico dell'industria dei coloranti, commercializzato per la prima volta nel 1899.

«Durante gli **anni** di **apprendistato...** ho **capito** che **preferivo** avere un'**azienda mia** che **lavorare** per **qualcun altro.»**

Friedrich Bayer

I primi jigger *usati dalla Friedrich Bayer & Co. per la tintura passavano il tessuto attraverso rotoli per immergerli e sollevarli da grandi vasche di colorante.*

FRIEDRICH
BAYER
1825-1880

ANDREW
CARNEGIE

Di origine scozzese, Andrew Carnegie guidò l'espansione dell'industria siderurgica statunitense, adottando processi innovativi e introducendo l'integrazione verticale per aumentare l'efficienza. Divenne uno degli uomini più ricchi dell'America del tempo e un importante filantropo che incoraggiò altri imprenditori facoltosi a donare le loro ricchezze.

Andrew Carnegie era determinato a sfuggire alla povertà che, quando aveva 13 anni, aveva costretto i genitori a emigrare da Dunfermline in America. Anche qui, il padre riusciva a stento a mantenere la famiglia e Carnegie fu costretto a dare il suo contributo. Iniziò a lavorare in un cotonificio della Pennsylvania e, nonostante le 12 ore di lavoro al giorno, trovò il tempo per imparare a leggere e a scrivere. A 14 anni diventò corriere dell'ufficio telegrafico di Pittsburgh, ma fu ben presto promosso telegrafista. Lettore avido, desiderava accrescere la sua istruzione e approfittò della generosità del colonnello Anderson, che apriva la sua biblioteca ai ragazzi lavoratori. Immensamente grato per la possibilità di crescita personale, «decisi, se mai fossi diventato ricco, [di fare in modo] che altri ragazzi poveri ricevessero opportunità simili a quelle per le quali dovevamo riconoscenza al nobiluomo.» Nel 1853 fu notato da Thomas Scott della società ferroviaria Pennsylvania Railroad Company, che lo assunse come segretario e telegrafista. Lavorando in un'azienda in rapida crescita, fece esperienze fondamentali sul management, e in dieci anni divenne sovrintendente. Scott lo aiutò a investire in settori industriali fiorenti, tra cui la siderurgia,

«La virtù è la sola e unica... grande ricompensa.»

Andrew Carnegie, 1902

EVENTI PRINCIPALI

PRODUCE ACCIAIO
Nel 1872 fonda la Edgar Thomson Steel Works, rivoluzionando la produzione dell'acciaio con il processo Bessemer.

AUMENTA L'EFFICIENZA
Attorno al 1890 acquista giacimenti di carbone, navi e ferrovie, controllando la produzione con l'integrazione verticale.

DIVENTA MILIONARIO
Nel 1901, a 66 anni, vende la società alla United States Steel Corporation per 480 milioni di dollari e va in pensione.

ATTI FILANTROPICI
Tra il 1901 e il 1919 dona circa il 90% del patrimonio a progetti sociali ed educativi.

Costruita nel 1870, nel 1874 la fornace Lucy *produceva 91 tonnellate di ferro al giorno, segnando un record nella produzione di ferro.*

IL PRIMO STIPENDIO È **DI 1,20** DOLLARI LA SETTIMANA

AFFERMA CHE LA VITA VA VISSUTA IN **TRE STADI:** **ISTRUIRSI** GUADAGNARE **SOLDI** DONARE **SOLDI**

MUORE DOPO **AVER DATO 350 MILIONI** DI DOLLARI IN BENEFICIENZA

la ferrovia e il petrolio. Durante la guerra di secessione americana, constatando un interesse crescente per l'acciaio e un aumento della domanda, si incontrò con gli industriali delle acciaierie britanniche. In previsione del ruolo cruciale che l'acciaio e il ferro avrebbero svolto nell'industrializzazione statunitense, nel 1865 abbandonò le ferrovie per gestire la Keystone Bridge Company. Nel 1872, a 37 anni, fondò la Edgar Thomson Steel Works, che sarebbe diventata la Carnegie Steel Company.

Il successo era dovuto alla ricerca e all'adozione di qualsiasi innovazione che riducesse i costi di produzione dell'acciaio su larga scala. Dopo aver osservato il processo Bessemer nel Regno Unito, fu tra i primi a introdurlo negli Stati Uniti: attorno al 1890 l'efficiente fornace a cielo aperto consentì all'America di superare per la prima volta la produzione britannica di acciaio. Inoltre, per migliorare il rendimento, sviluppò il concetto di integrazione verticale, controllando ogni aspetto del processo produttivo. Acquistò giacimenti di carbone per accedere alle materie prime, e ferrovie e piroscafi per il trasporto dei beni. Nel 1901, quando la società fu venduta per 480 milioni di dollari (oltre 16 miliardi di euro attuali),

GEORGE **PEABODY**

Nato nel Massachusetts, è stato un finanziere americano e pioniere del credito internazionale, famoso per le grandi iniziative filantropiche negli Stati Uniti e nel Regno Unito.

George Peabody (1795-1869) abbandona gli studi a 11 anni, avviando un commercio di lana, lino e stoffe. Poi, si sposta nel settore delle banche d'affari e nel 1827 si reca per la prima volta nel Regno Unito, trasferendosi a Londra dieci anni dopo. Diventa il più noto banchiere americano della città, contribuendo a diffondere il credito internazionale degli Stati Uniti. Fonda la banca Peabody, Morgan & Co., la futura J.P. Morgan. Usa oltre metà del suo patrimonio per finanziare biblioteche, scuole e cooperative edili per i più svantaggiati.

si dedicò ad attività filantropiche negli Stati Uniti e nel resto del mondo anglofono.

Il retaggio della filantropia

Secondo Carnegie, i ricchi erano amministratori della ricchezza e dovevano usarla per promuovere la felicità e il benessere di tutti. Scrisse su questioni sociali, affermando in *Il vangelo della ricchezza* che «chi muore ricco, muore in disgrazia». Non dimenticò mai la generosità del colonnello Anderson e rispettò la promessa, donando oltre 55 milioni di dollari per la costruzione di 2.509 biblioteche negli Stati Uniti e all'estero. Istituì università, scuole, organizzazioni e fondi fiduciari tuttora attivi, come il Carnegie Endowment for International Peace, il Carnegie Trust for the Universities of Scotland e il Carnegie Museum of Pittsburgh.

***La Keystone Bridge Company** ottenne l'appalto per la costruzione della sovrastruttura dell'Eads Bridge a Saint Louis. Eretta nel 1874 con ferro e acciaio, esiste tuttora.*

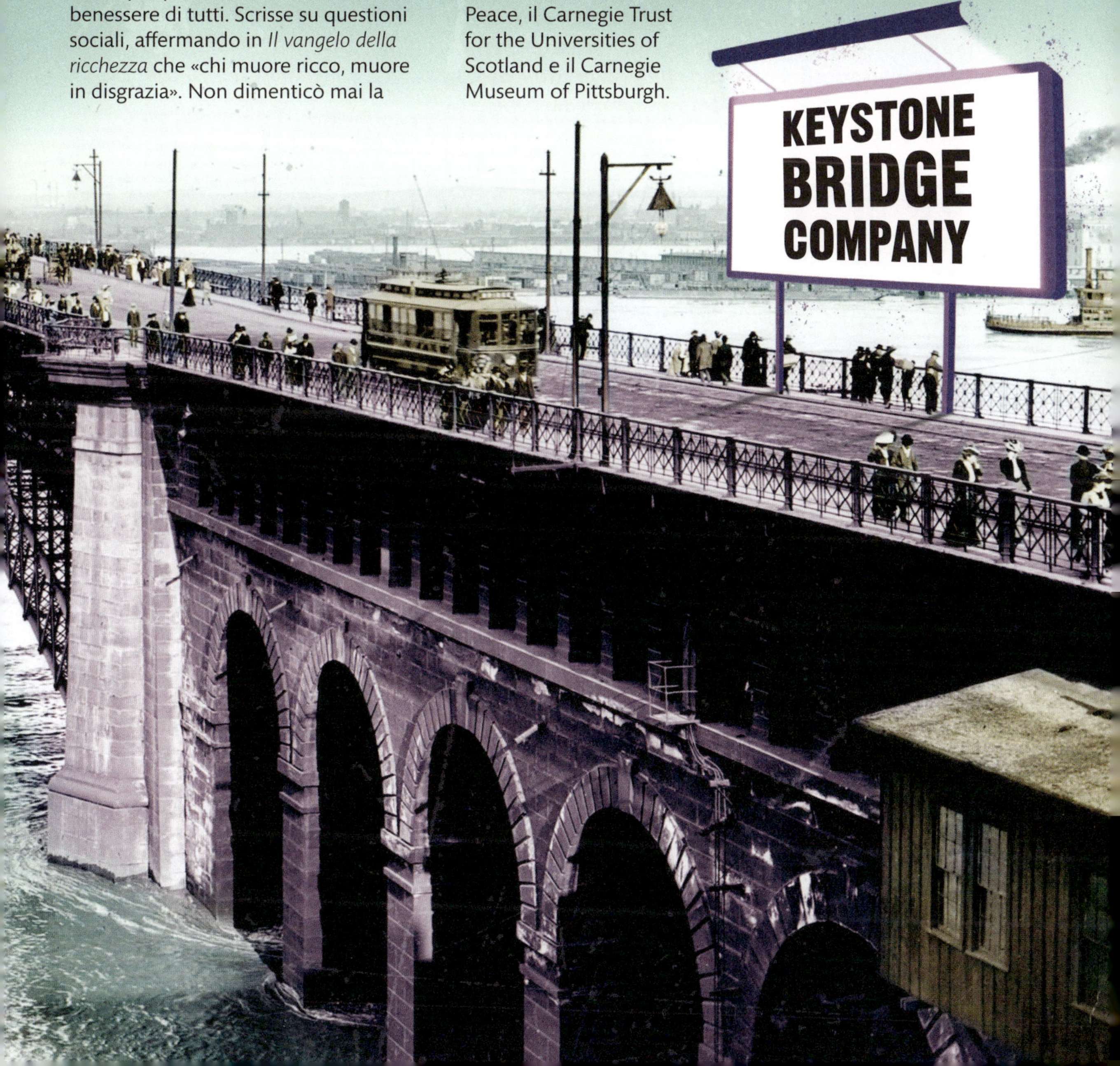

ALTRI IMPRENDITORI

L'industrializzazione ebbe inizio a metà del XVIII secolo e si diffuse in tutto il mondo. Emersero società di respiro internazionale, mentre la produzione di massa consentì la vendita di più prodotti su mercati che non erano mai stati così vasti. Per gli imprenditori determinati, il successo era di ampia portata.

REBECCA LUKENS
(1794-1854)

Figlia istruita di un produttore di ferro della Pennsylvania, nel 1813 Rebecca Webb Pennock sposò Charles Lukens. Lo esortò a investire nel ferro, affittando uno stabilimento siderurgico e chiedendo prestiti ingenti per convertirlo e produrre piastre per le caldaie dei piroscafi. Dopo la morte del marito e del figlio, nel 1825 assunse da sola il controllo del business, che prosperò nonostante la recessione, i debiti e un'inondazione, diventando nel 1847 la principale fabbrica statunitense di piastre per caldaie.

EBERHARD ANHEUSER
(1806-1880)

Nato in Germania, nel 1843 Eberhard Anheuser emigrò negli Stati Uniti, stabilendosi a Saint Louis e affermandosi come produttore di sapone e candele. Investì in un'impresa locale, la Bavarian Brewing Company. Nel 1860, quando il birrificio sfiorò la bancarotta, liquidò i creditori e ne assunse il controllo, cambiando il nome in E. Anheuser & Co. L'anno seguente la figlia sposò Adolphus Busch, un immigrato tedesco che diventò suo socio in affari. Nel 1879 l'azienda fu ribattezzata Anheuser-Busch, e oggi è uno dei principali produttori di birra degli Stati Uniti.

CYRUS MCCORMICK
(1809-1884)

Figlio di un agricoltore della Virginia, Stati Uniti, Cyrus McCormick fu il primo a costruire una mietitrice meccanica, aumentando l'efficienza della mietitura. Sviluppò un prototipo nel 1831, ottenendo un brevetto tre anni dopo. Negli anni '40 lo lanciò sul mercato e costruì una fabbrica a Chicago per rifornire i coltivatori del Midwest. Dopo la scadenza del brevetto, gli affari continuarono a prosperare grazie alle tecniche di produzione e al marketing innovativi. Alla morte, l'azienda era conosciuta in tutto il mondo e nel 1902 si fuse per formare l'International Harvester Company.

SAMUEL COLT
(1814-1862)

Nel 1830, durante un viaggio in mare, l'americano Samuel Colt costruì un meccanismo a tamburo rotante, che consentiva di sparare 6 colpi senza ricaricare la pistola. Brevettò l'invenzione nel 1835, avviando la produzione della "rivoltella" e di altre armi. Nel 1842, i primi insuccessi lo costrinsero a chiudere, ma nel 1847 ricevette un ordine di 1.000 pistole e riprese l'attività. Nel 1855 aprì uno stabilimento all'avanguardia che consentiva una produzione in serie, e sette anni più tardi era uno dei fabbricanti di armi da fuoco più importanti del mondo.

HENRI NESTLÉ
(1814-1890)

Nato a Francoforte, Germania, Henri Nestlé lavorava come apprendista in una farmacia, poi si trasferì in Svizzera. Condusse ricerche in vari ambiti, ma l'invenzione che decretò la sua fortuna fu la *farine lactée*, un alimento per neonati contenente latte in polvere e una farina senza acido né amido, poco digeribili. Nel 1869 il prodotto fu commercializzato in Europa e negli Stati Uniti, e nel 1874 Nestlé vendette l'azienda alimentare, oggi la più grande al mondo.

THOMAS ADAMS
(1818-1905)

Di origine statunitense, Thomas Adams è noto per aver reso la gomma da masticare un prodotto di massa. Mentre cercava un'alternativa economica per i pneumatici, scoprì il potenziale di una gomma naturale chiamata *chicle*, usandola per produrre gomma da masticare e migliore della resina di abete o della paraffina dolcificata. Nel 1869 la lanciò sul mercato, due anni dopo la brevettò e, aggiungendo sapori, fece del *chicle* la gomma da masticare più venduta negli Stati Uniti.

ELIZABETH HOBBS KECKLEY
(1818-1907)

Elizabeth Hobbs Keckley nacque in schiavitù in Virginia. Imparò a cucire dalla madre sarta, realizzando abiti per clienti bianche e afroamericane liberate, alcune delle quali la aiutarono a comprare la libertà e a crearsi una clientela. Dopo il trasferimento a Washington, avviò un'impresa di 20 sarte per il confezionamento di abiti. Le voci sul suo talento arrivarono alla first lady Mary Todd Lincoln, di cui divenne amica e stilista. Inoltre, fondò un ente di beneficienza per sostenere gli schiavi liberati e i soldati neri feriti, e pubblicò un libro.

CHARLES T. HINDE
(1832-1915)

Lavorando sui battelli del fiume Mississippi, Stati Uniti, Charles T. Hinde, nato in Ohio, divenne capitano e avviò un'impresa di navigazione. Intuendo il potenziale commerciale delle ferrovie, nel 1870 vendette le quote nel trasporto fluviale e divenne agente per società ferroviarie. Nel 1879 si trasferì in California, lavorando negli ambiti immobiliare e alberghiero. Investì inoltre in miniere e imbarcazioni e promosse cause filantropiche.

GOTTLIEB DAIMLER
(1834-1900)

Nel 1872 l'ingegnere tedesco Gottlieb Daimler lavorava per Nikolaus Otto, l'inventore del motore a combustione interna alimentato da petrolio. Dopo una lite, nel 1880 fu licenziato e formò una società con un ex collega. Nel 1885, aggiungendo un motore a benzina a una bicicletta, i due svilupparono la prima motocicletta, poi un'automobile. Nel 1890 fondarono la Daimler Motors Corporation, vendendo vetture.

PERSIS FOSTER EAMES ALBEE
(1836-1914)

Persis Foster Eames Albee, moglie americana di un politico del New Hampshire, lavorava come agente del venditore di libri newyorkese David H. McConnell. Nel 1886, McConnell iniziò a occuparsi di cosmetici, e Albee divenne la sua migliore agente, vendendo porta a porta a clienti donne. Fu una pioniera nell'assunzione e nella formazione di centinaia di lavoratrici, concedendo loro l'opportunità di ottenere un'indipendenza finanziaria. Inoltre, contribuì allo sviluppo di prodotti nuovi e gestì un negozio. L'azienda fu poi ribattezzata Avon, e Albee è nota come la prima "Avon Lady".

JAMES J. HILL
(1838-1916)

James J. Hill crebbe in povertà nell'Ontario, Canada. Verso la fine dell'adolescenza emigrò nel Minnesota, il centro dei trasporti fluviali degli Stati Uniti, lavorando nella navigazione. Nel 1870 avviò un'impresa che gestiva il trasporto su piroscafi di merci, perlopiù carbone. Si dedicò poi al settore ferroviario e fu a capo di un consorzio che rilevò la Saint Paul and Pacific Railroad in bancarotta, facendola prosperare ed espandere. Acquistò altre ferrovie regionali, e nel 1890 le fuse nella Great Northern Railway, che collegava le due coste.

ADOLPHUS BUSCH
(1839-1913)

Minore di 21 figli, nel 1857 Adolphus Busch emigrò negli Stati Uniti dalla nativa Germania. Si stabilì a Saint Louis e avviò un'impresa che riforniva birrai. Nel 1865 entrò in affari con un imprenditore locale, Eberhard Anheuser, di cui divenne socio nel 1873. Favorì l'introduzione della refrigerazione e ideò un metodo per pastorizzare la birra e distribuirla a livello nazionale. Contribuì inoltre a sviluppare la birra Budweiser, che divenne un brand globale. Nel 1879 il nome dell'azienda cambiò in Anheuser-Busch. Un anno dopo morì il socio; Busch divenne presidente e fece dell'impresa il birrificio più grande degli Stati Uniti, con stabilimenti, impianti e centri di distribuzione in tutto il Paese.

GEORGE CADBURY
(1839-1922)

Nel 1861, i fratelli inglesi George e Richard Cadbury rilevarono la fabbrica di cacao e cioccolato del padre. La fecero prosperare, e nel 1879 spostarono lo stabilimento da Birmingham alla zona rurale di Bournville. Sviluppavano programmi propri di previdenza sociale, garantendo condizioni di lavoro eccellenti. Nel 1893, George acquistò un terreno dove costruì un villaggio per i dipendenti, con alloggi discreti e accessibili. Tra altre opere di beneficienza, fu promotore di riforme sociali. Dopo la morte di Richard, avvenuta nel 1899, fu a capo dell'azienda che, sotto la sua guida, continuò a crescere.

3

POTERE E MONOPOLIO

1870-1940

JAMSHEDJI
TATA

1839-1904

Imprenditore, industriale e filantropo indiano, Jamshedji Tata è stato il fondatore del Tata Group, che diventò il più grande conglomerato del Paese. All'epoca del dominio britannico, dimostrò che l'India poteva competere con i colonizzatori nella produzione (e nel commercio) di tessuti, ferro e acciaio.

Jamshedji Nusserwanji Tata nacque nel 1839 nel Gujarat meridionale. Si laureò a Bombay (odierna Mumbai) e nel 1858 si unì all'impresa paterna che esportava cotone, oppio e tè, contribuendo a creare sedi in Cina, Giappone, Europa e Stati Uniti. Nel 1868 fondò una società propria, gettando le basi del Tata Group.

Convinto di poter contrastare il dominio britannico sull'industria tessile con la produzione interna di cotone di alta qualità, nel 1869 acquistò un cotonificio. Due anni dopo visitò il Lancashire, Inghilterra, per studiare i procedimenti di fabbricazione e commercializzazione del cotone. Al suo ritorno, nel 1874 fondò la Central India Spinning, Weaving and Manufacturing Company a Nagpur, nei pressi di ferrovie, campi di cotone e fonti di energia. Conosciuta come Empress Mills, per tutto il secolo successivo diede un impulso cruciale all'industria tessile indiana.

Dedicò il resto della vita a perseguire tre obiettivi: fondare una società produttrice di ferro e acciaio, generare energia idroelettrica e creare un istituto scientifico di fama mondiale. Nel 1901 avviò la realizzazione del primo grande stabilimento siderurgico dell'India, ribattezzato Tata Iron and Steel Company nel 1907, e pianificò la costruzione a Bombay delle centrali idroelettriche che, nel 1906, avrebbero formato la Tata Power Company. Ogni suo progetto prevedeva politiche di welfare pionieristiche a beneficio e a protezione dei lavoratori.

EVENTI PRINCIPALI

DIVENTA COMMERCIANTE
Nel 1858 lavora nella ditta paterna di esportazioni, contribuendo a espandere le attività all'estero.

PRODUCE COTONE
Intorno al 1860, mentre è in Cina, intuisce il potenziale del cotone e nel 1869 acquista un cotonificio.

PROMUOVE L'ISTRUZIONE
Nel 1892 istituisce il J.N. Tata Endowment, un fondo che promuove l'accesso all'istruzione superiore.

ALBERGO DI LUSSO
Nel 1903 sovrintende alla costruzione del Taj Mahal Hotel, il primo edificio di Bombay dotato di elettricità.

«Con **princìpi imprenditoriali onesti e chiari**... [e] un'attenzione ai dettagli... c'è **margine per il successo.**»

Jamshedji Tata

JOHN D. ROCKEFELLER

L'industriale americano John D. Rockefeller accumulò una fortuna con la raffinazione del petrolio. Rese la Standard Oil una delle società più grandi e redditizie della storia, creando un monopolio imponente che, alla fine del XIX secolo, fu dichiarato illegale dalle leggi antitrust.

EVENTI PRINCIPALI

DIVENTA CONTABILE
Dopo un breve corso di economia, nel 1855, a 16 anni, è assistente contabile in una ditta di spedizioni.

AVVIA UN'IMPRESA
Nel 1859 avvia un'impresa di intermediazione, incassando 450.000 dollari nel primo anno di esercizio.

PASSA AL PETROLIO
Nel 1863 costruisce a Cleveland la prima raffineria e nel 1865 ottiene il controllo rilevando le quote dei soci.

MONOPOLIO
Nel 1882 la Standard Oil Company raffina circa il 90% del petrolio statunitense.

Nato a New York nel 1839, John Davison Rockefeller lavorò sodo sin dall'inizio con un unico scopo: diventare ricco. Secondo alcuni, il motivo va ricercato nell'infanzia travagliata: il padre era commesso viaggiatore, truffatore e bigamo, e la famiglia viveva in povertà. Sin da giovane cominciò a guadagnare con varie attività e a 16 anni ottenne un posto in ufficio come assistente contabile di una società che trasportava prodotti agricoli. Quattro anni dopo avviò un business in società con Maurice Clark, vendendo su commissione fieno, carni, cereali e altri beni.

Corsa al petrolio

Attorno al 1860 erano stati aperti pozzi di petrolio produttivi in Pennsylvania, e Rockefeller colse l'opportunità di sfruttare il settore in espansione fornendo un combustibile per lampade più economico dell'olio di balena: il cherosene. Nel 1863 costruì la prima raffineria a Cleveland, la più grande della zona. Nel 1870 fondò la Standard Oil Company e iniziò ad acquistare a prezzi stracciati le quote dei partner e dei concorrenti più cauti per creare un monopolio. In quello che i rivali definirono il "massacro di Cleveland" non fu versato sangue: nel 1872, quando ormai la società controllava quasi tutte le raffinerie, Rockefeller negoziò tariffe molto vantaggiose per il trasporto del petrolio su ferrovia, riuscendo

Lo stabilimento californiano *della Standard Oil pubblicava una rivista mensile per illustrare piani e operazioni commerciali ad azionisti, dipendenti e al grande pubblico.*

1839-1937

FRIEDRICH **ENGELHORN**

Industriale tedesco, fonda il gigante chimico BASF.

Inizialmente un orafo, attorno al 1850 Friedrich Engelhorn (1821-1902) si dedica alla produzione e alla distribuzione di gas a Mannheim. La scoperta che si potevano creare coloranti sintetici con il catrame, un sottoprodotto dell'estrazione del metano dal carbone, lo induce ad avviare un'impresa di catrame e coloranti all'anilina, che nel 1865 diventa la BASF: Badische Anilin-& Sodafabrik. Oggi una grande multinazionale, opera in oltre 80 Paesi producendo tuttora coloranti all'anilina.

a offrirlo a prezzi inferiori alla concorrenza.

Poi acquistò oleodotti, terminali petroliferi e raffinerie concorrenti in altre città. Fondò lo Standard Oil Trust, di cui fu a capo dominando il settore petrolifero in tutti gli Stati Uniti e creando, nel 1882, un monopolio quasi assoluto. Alcuni ammiravano le sue doti imprenditoriali, ma molti criticarono il modo in cui tagliò fuori le società più piccole, offrendo prezzi imbattibili o rilevandone le quote, definendolo un "barone rapinatore".

Lo Standard Oil Trust divenne presto il bersaglio di giornalisti e politici. Nel 1890, il Congresso degli Stati Uniti emanò lo Sherman Antitrust Act, che definiva la società un monopolio. Nonostante lo smantellamento, la Standard Oil continuò a operare come una rete di aziende più piccole e si espanse nel settore dei minerali ferrosi, includendo i trasporti e acquisendo altre imprese petrolifere. Notando una lacuna nella legislazione del New Jersey, nel 1909 ricreò il Trust insieme al figlio, che nel frattempo si era unito al business.

Smembramento

Le pratiche spietate adottate da Rockefeller furono smascherate da una giornalista tenace di nome Ida Tarbell, portando allo smembramento della società. Nel 1911, tutta la stampa aveva i riflettori puntati sulla suddivisione della Standard Oil in 34 imprese. Rockefeller stava già valutando il pensionamento e la donazione di una parte delle ricchezze. Era un battista devoto, e a cavallo tra i due secoli iniziò a interessarsi alla filantropia. Fondò importanti istituti, tra cui il Rockefeller Institute for Medical Research (l'odierna Rockefeller University) e la Fondazione Rockefeller. All'epoca della morte, avvenuta nel 1937 a 98 anni, aveva donato oltre 500 milioni di dollari.

L'immagine raffigura gli operai *della raffineria della Standard Oil a New York mentre riempiono barili di olio motore per la spedizione.*

«È un **dovere religioso** fare quanto più **denaro si può, onestamente e senza inganno;** di **tenerne quanto più si può,** e di **donarne quanto più è possibile.»**

John D. Rockefeller, 1928

DA **RAGAZZO**
ASPIRA A GUADAGNARE
100.000
DOLLARI

NEL 1880 CONTROLLA IL **90%**
DELLE RAFFINERIE
E DEGLI **OLEODOTTI**
STATUNITENSI

È TUTTORA
UNO DEGLI UOMINI
PIÙ RICCHI
DELLA STORIA

«CHI È L'UOMO PIÙ POVERO DEL MONDO?... CHE IO SAPPIA, L'UOMO PIÙ POVERO È COLUI CHE NON HA ALTRO CHE SOLDI; NIENT'ALTRO AL MONDO A CUI RIVOLGERE L'AMBIZIONE E IL PENSIERO.»

John D. Rockefeller
Rivolto alla Fifth Avenue Baptist Church, 1897

Una raffineria della Standard Oil, *con condotti che separano il petrolio greggio da altri giacimenti statunitensi, 1942.* ▶

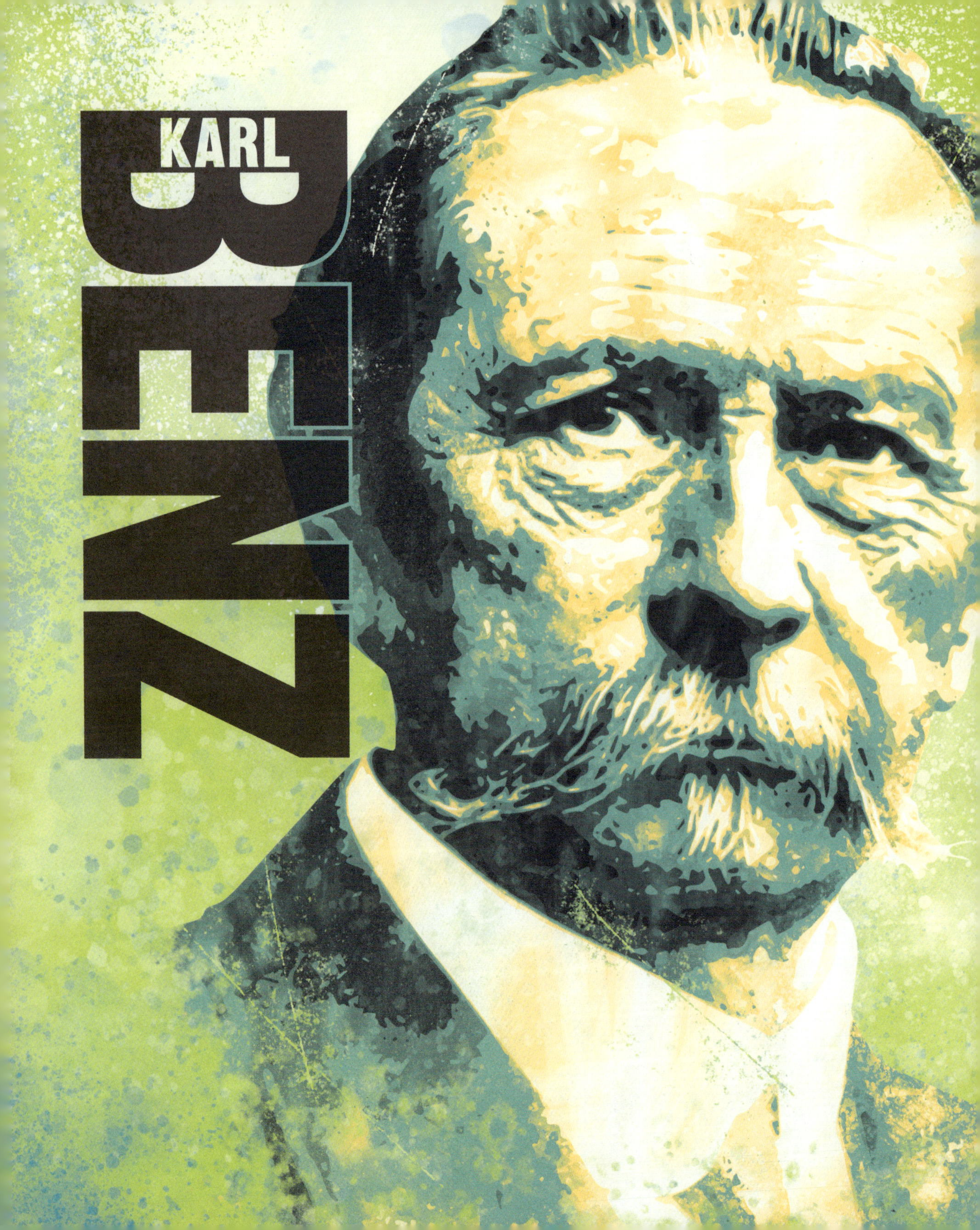
KARL
BENZ

L'idea dell'ingegnere Karl Benz era quella di progettare un mezzo di trasporto per il grande pubblico che non richiedesse né cavalli né binari. Con lo sviluppo della "carrozza senza cavalli", la prima automobile con un motore a combustione interna, rivoluzionò il nostro modo di spostarci.

Karl Friedrich Benz nacque a Karlsruhe, Germania, e aveva solo 2 anni quando il padre macchinista morì. Da ragazzo contribuiva alle finanze famigliari riparando orologi da polso e da parete. Eccelleva a scuola, e proseguì gli studi ottenendo una laurea in ingegneria meccanica all'università di Karlsruhe. Studiando il treno a vapore, iniziò a concepire l'idea di una macchina semovente che non fosse alimentata dal vapore e potesse spostarsi senza binari. Dopo la laurea, a 19 anni lavorò per varie aziende come ingegnere meccanico, dedicando tutto il tempo libero a progettare il motore.

Realizzare la visione

Insieme al socio August Ritter, nel 1871 avviò un'officina a Mannheim ma, a causa di difficoltà finanziarie, la strumentazione della Benz fu confiscata dalle autorità giudiziarie. Il debito fu pagato da Bertha Ringer, che nel 1872 lo sposò, investendo la dote nel progetto del marito.

Benz iniziò a lavorare al motore, sviluppando e brevettando un sistema di accensione elettrica a bobina, un regolatore della velocità, candele, un radiatore, un carburatore, una frizione e un meccanismo per cambiare marcia. Nel 1883 riuscì a reperire fondi per la sua "carrozza senza cavalli": i costruttori di biciclette Max Rose e Friedrich Esslinger. Insieme, i tre

EVENTI PRINCIPALI

CAMBIO DI ROTTA
Studia per diventare fabbro, ma nel 1860 si orienta all'ingegneria meccanica.

COSTRUISCE PONTI
Nel 1868 lavora per un costruttore di ponti, poi è assunto per breve tempo in una compagnia edile a Vienna.

LA PRIMA AUTOMOBILE
Nel 1888 riceve i primi ordini della Benz Motorwagen, la prima automobile commerciale.

SEGNA UN RECORD
Nel 1909 lancia un'auto da corsa, la Blitzen Benz, che stabilisce il record di velocità di 226,1 km/h.

Bertha, la moglie di Karl, *credeva fermamente nell'idea del marito di una "carrozza senza cavalli" e lo aiutò a realizzare il suo sogno.*

LOUIS-JOSEPH **CHEVROLET**

Nato in Svizzera, è stato un pilota di auto da corsa, designer e cofondatore della Chevrolet Motor Car.

Louis-Joseph Chevrolet (1878-1941) si trasferisce negli Stati Uniti nel 1901 e diventa pilota di auto da corsa per Buick, stabilendo record nei principali circuiti americani. Progetta un motore a 6 cilindri e, insieme a William C. Durant, titolare della Buick, fonda la Chevrolet Motor Car Company. Tuttavia, nel 1915 la scarsa fiducia nelle sue invenzioni lo porta a vendere la sua quota al socio. L'azienda è incorporata nella General Motors di Durant e Chevrolet torna a gareggiare e a costruire componenti di motori per il suo nuovo marchio, la Frontenac Motor Corporation.

fondarono una nuova impresa, la Benz & Co., e Benz costruì un'automobile che chiamò Motorwagen. Nel 1886 brevettò il progetto del primo "veicolo alimentato a petrolio".

Commercializzare la Motorwagen

Bertha Benz svolse un ruolo cruciale: richiamò l'attenzione del pubblico sull'invenzione del marito e apportò migliorie al progetto. Inoltre, per promuovere la Motorwagen e dimostrarne l'affidabilità, nel 1888 fece un viaggio di 120 km, da Mannheim a Pforzheim, insieme ai due figli adolescenti. Salirono a bordo dell'automobile di mattina e arrivarono al tramonto: una prova su strada e una trovata pubblicitaria vincenti.

Fece soste regolari in farmacia per acquistare la ligroina, una miscela derivata dal petrolio che alimentava la Motorwagen, e si fermò da un calzolaio per migliorare i freni inchiodando strisce di cuoio ai ceppi di legno e creando le prime pastiglie. Quando raggiunse la meta, inviò un telegramma al marito per informarlo del viaggio.

La gita si rivelò un grande successo di marketing. Molti videro passare la Motorwagen e la voce si diffuse velocemente. Gli ordini alla Benz & Co. si moltiplicarono e Benz ampliò la fabbrica per evaderli. Nel 1889 il modello migliorato fu presentato all'Esposizione universale di Parigi, riscuotendo

«Solo una persona è rimasta con me quando la **piccola nave della vita** sembrava **destinata ad affondare: mia moglie.»**

Karl Benz, 1925

__Quando la Motorwagen passava per le strade delle città d'Europa,__ tutti si voltavano a guardarla. Dopo il lancio all'Esposizione universale di Parigi nel 1889, le vendite salirono alle stelle.

un'accoglienza entusiastica; nel decennio successivo il numero dei dipendenti aziendali passò da 50 a 430.

Alla fine del secolo, la Benz & Co. era la casa automobilistica leader del mercato europeo. Benz brevettò altri modelli e nel 1903 si ritirò dall'attività, pur rimanendo nel consiglio di amministrazione. Nel 1926 l'azienda si fuse con il concorrente Daimler, formando la Daimler-Benz. Karl morì nel 1929, seguito da Bertha nel 1944, ma le sue innovazioni continuarono a influenzare il settore automobilistico.

LA MOTORWAGEN AVEVA SOLO **2 MARCE**

TRA IL **1886** E IL **1893** COSTRUISCE **25** MODELLI DI MOTORWAGEN

NEL 1899 LA **BENZ & CO.** PRODUCE **572** AUTOMOBILI

Inventore americano prolifico, Thomas Edison ottenne un numero di brevetti da record e comprese che avere un'idea non era sufficiente: doveva avere anche validità commerciale. Creò il primo centro di ricerca del mondo per lo sviluppo e la produzione di invenzioni rivoluzionarie, aprendo la strada all'industria elettrica e cambiando per sempre il volto della società.

EVENTI PRINCIPALI

PRESENTA UN BREVETTO
Nel 1868, a 21 anni, negli Stati Uniti ottiene il primo di 1.093 brevetti, alcuni registrati in tutto il mondo.

FUCINA DI INVENZIONI
Nel 1876 fonda nel New Jersey il primo laboratorio di ricerca del mondo per produrre invenzioni.

REGISTRA IL PRESIDENTE
Nel 1877, con il fonografo registra la voce del presidente degli Stati Uniti Rutherford Birchard Hayes.

REALIZZA UN FILM
Nel 1896 proietta per la prima volta immagini in movimento usando il kinetografo, una cinepresa.

Nato in Ohio, Thomas Alva Edison era il minore di 7 figli. A causa di problemi all'udito, aveva difficoltà a concentrarsi a scuola e fu educato in casa dalla madre, un'ex insegnante. Con i suoi incoraggiamenti, diventò un lettore avido che amava imparare e sperimentare.

A 12 anni cominciò a vendere giornali e dolciumi sui treni della Grand Trunk, entrando in contatto con il telegrafo, una tecnologia nuova che permetteva di comunicare le notizie del giorno all'ufficio della stazione. Installando un torchio tipografico nella carrozza bagagli, avviò la sua prima impresa: trasformò i bollettini in un periodico, che vendeva insieme agli altri giornali.

Settore delle comunicazioni

Nel 1863 imparò a usare il telegrafo dal padre di un bambino che aveva salvato dai binari prima che lo investisse un treno. Per i successivi cinque anni sostituì i dipendenti impegnati nella guerra di secessione, lavorando come telegrafista e spostandosi di città in città. L'interesse crescente per le comunicazioni e l'elettricità lo indusse a condurre esperimenti per migliorare il telegrafo.

Nel 1869, a 22 anni, si trasferì a New York e con due soci fondò un'azienda di ingegneria elettrica, sviluppando un telegrafo che stampava le quotazioni in borsa su un nastro più spesso. Tra il 1871 e il 1874 vendette quasi 5.000 *stock ticker*, accumulando denaro sufficiente ad avviare un piccolo laboratorio a

***Nel 1928 Edison tiene una dimostrazione** della macchina da presa insieme a George Eastman (a sinistra), l'inventore della pellicola Kodacolor, usata per realizzare i primi film.*

«Il genio è per l'**1% ispirazione** e per il **99% traspirazione.**»

Thomas Edison, 1901

EDISON
THOMAS
1847-1931

Molte delle principali invenzioni *di Edison furono realizzate nella "fabbrica di invenzioni" di Menlo Park, New Jersey. Il laboratorio conduceva ricerche scientifiche per esplorare idee e creare prodotti per il mercato di massa.*

Newark, New Jersey. Qui migliorò l'attrezzatura telegrafica e costruì ricevitori, stampanti e il telegrafo Quadruplex, in grado di trasmettere sullo stesso filo due segnali in entrambi i sensi. La rivalità tra le principali compagnie telegrafiche generò una tale domanda delle sue invenzioni che ben presto fu in grado di espandersi. Nel 1876, a Menlo Park, New Jersey, costruì un centro di ricerca, la sua "fabbrica di invenzioni". Con un punto vendita, laboratori e personale

composto da meccanici, carpentieri e ingegneri, fu il primo istituto per la ricerca e lo sviluppo commerciali al mondo.

In un anno, Edison e la sua squadra crearono il fonografo, un dispositivo che registrava e riproduceva i suoni. L'invenzione lo rese celebre a livello internazionale e gli valse il titolo di "mago di Menlo Park".

Energia e luce

Per esplorare il potenziale dell'elettricità, nel 1878 fondò la Edison Electric Light Company. Nell'ottobre del 1879 realizzò la prima lampadina a incandescenza funzionante, della durata di 13,5 ore, mentre nel maggio del 1880 trasportò alcuni visitatori sulla prima ferrovia elettrica di Menlo Park. Producendo in serie lampade elettriche che usavano le sue lampadine, sviluppò un sistema in grado di fornire luce ed elettricità a prezzi economici. Fondò poi varie imprese per fabbricare e gestire la tecnologia dell'alimentazione elettrica, avviando la fornitura a città negli Stati Uniti e in Europa.

Con il successo mondiale, Menlo Park si rivelò troppo piccola. Edison si trasferì prima a New York, poi in un nuovo centro di ricerca a West Orange, New Jersey, di cui fu direttore dal 1887 alla morte, nel 1931. In questo periodo, sfruttò le esperienze precedenti per sviluppare, produrre e commercializzare altri prodotti innovativi. Il modello migliorato del fonografo, la macchina da presa e una batteria di accumulatori alcalina, tra gli altri, inaugurarono l'era moderna dell'elettricità e confermarono il ruolo cruciale di Edison nella rivoluzione energetica.

A 10 ANNI ALLESTISCE IL PRIMO LABORATORIO NELLA CANTINA DEI GENITORI

CONDUCE 10.000 ESPERIMENTI PER INVENTARE LA BATTERIA

AUGUSTE E LOUIS **LUMIÈRE**

I fratelli Lumière migliorarono le immagini cinematografiche e crearono una società fotografica innovativa.

Da adolescenti, Auguste (1862-1954) e Louis (1864-1948) Lumière aiutano il padre nella sua ditta di lastre fotografiche. Nel 1881 Louis inventa il procedimento della lastra secca per sviluppare la pellicola. Dopo aver ammirato la cinepresa di Edison, che mostra immagini a uno spettatore alla volta, creano il *Cinématographe*, in grado di proiettare film su uno schermo. La Lumière et Fils diventa una delle aziende fotografiche più importanti del mondo e realizza numerosi film, tra cui i primi cinegiornali e documentari.

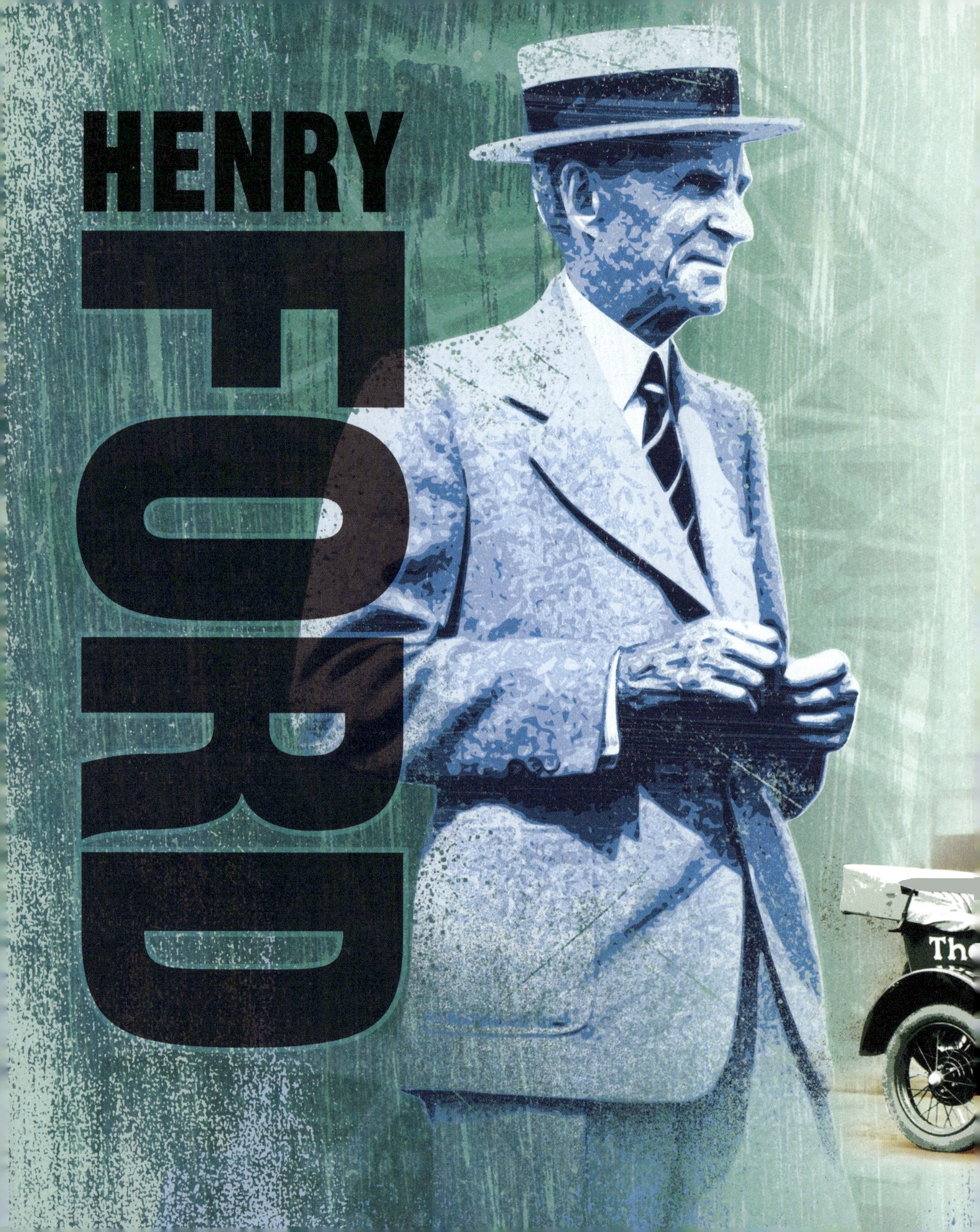
HENRY
FORD

Industriale, ingegnere meccanico e magnate, Henry Ford è celebre soprattutto per aver creato la Ford Model T, la prima vettura per il grande pubblico. Le sue innovazioni rivoluzionarono i trasporti, inaugurando negli Stati Uniti e nel mondo la produzione - e il consumo - di massa.

Figlio di agricoltori irlandesi immigrati, Henry Ford nacque nel Michigan, Stati Uniti, nel 1863. Dopo aver ricevuto un orologio da polso per il dodicesimo compleanno e aver visto una delle prime macchine a vapore, si appassionò alla meccanica e decise di diventare ingegnere per costruire automobili.

A 16 anni iniziò a lavorare come apprendista ingegnere in un'officina di Detroit, poi si dedicò a una serie di impieghi che accrebbero le sue conoscenze sulla meccanica e sull'ingegneria, proseguendo gli esperimenti nel tempo libero. Una delle prime invenzioni era un trattore costruito con un motore a vapore e il corpo di un vecchio tagliaerba. Si convinse che i motori a gas potevano sostituire la forza dei cavalli, trasformando l'agricoltura e i mezzi di trasporto.

Alimentazione a benzina

Nel 1896, mentre lavorava per la Edison Illuminating Company di Detroit, sviluppò un'automobile a benzina montata su 4 ruote di bicicletta, chiamata "quadriciclo". L'invenzione attirò l'attenzione del commerciante di legnami William H. Murphy, che nel 1899 lo assunse nella sua azienda, la Detroit Automobile. L'iniziativa si rivelò un fallimento: le macchine erano costruite con componenti di scarsa qualità e costavano troppo, mentre

EVENTI PRINCIPALI

PRIMI ESPERIMENTI
Dopo anni di esperimenti su motori alimentati a gas e a vapore, nel 1896 inventa il Quadriciclo a benzina.

BUSINESS FALLIMENTARE
Nel 1899 fonda la Detroit Automobile Company, che chiude due anni dopo.

LANCIA LA FORD T
Nel 1903 fonda la Ford Motor e cinque anni dopo produce la prima vettura per le masse: la Model T.

FABBRICA NUOVA
Nel 1928 a Detroit costruisce il River Rouge, la più grande fabbrica integrata del mondo.

CONTROLLO FAMILIARE
Dopo la morte del figlio Edsel nel 1943, a 79 anni riassume la presidenza della Ford.

Nel 1927 Henry Ford con il figlio Edsel *si mise alla guida dell'esemplare numero 15 milioni della Model T. Era famosa la sua affermazione: «I clienti possono avere una macchina di qualunque colore, purché sia nero».*

LOUIS **RENAULT**

Di origine parigina, è stato produttore, industriale e fondatore della casa automobilistica Renault, oggi la più grande in Francia.

A 21 anni, Louis Renault (1877-1944) costruisce la prima automobile, chiamandola "Voiturette" (piccola auto). Intuendo il potenziale commerciale dell'invenzione, si unisce ai fratelli maggiori Fernand e Marcel per fondare nel 1898 la casa automobilistica Renault Frères. Oltre a fabbricare vetture, l'azienda produce carri armati, attrezzature agricole, macchine industriali e motori diesel. La produzione di carri armati prosegue nella Seconda guerra mondiale, durante l'occupazione nazista della Francia, portando all'arresto di Louis con l'accusa di collaborazione. Muore prima del processo.

Ford esasperava operai e finanziatori procrastinando la chiusura dei progetti.

La preferenza per le auto da corsa rispetto ai veicoli commerciali portò allo scontro con la dirigenza: si dimise e, da quel momento, promise di lavorare solo per se stesso.

Nel 1903 fondò la Ford Motor Company usando i 28.000 dollari in contanti investiti da azionisti che accettarono il rischio dell'impresa. Invece di produrre macchine di lusso, che richiedevano tempo e denaro, puntò a «costruire un'automobile per la grande moltitudine» spaziosa, affidabile ed economica. Il primo progetto - la Model A - fu un successo immediato.

Trasporti stradali economici

La perseveranza di Ford diede i suoi frutti: tra il 1903 e il 1908, la Ford Motor fabbricò 9 modelli di automobili, ma nessuno superò la Ford Model T, una vettura a 4 cilindri con guida a sinistra, facile da manovrare e da riparare, al costo di soli 850 dollari.

La Model T rese i viaggi a motore alla portata di tutti, e nel 1927 la società aveva venduto oltre 15 milioni di vetture. Il successo dell'automobile inaugurò negli Stati Uniti un periodo intenso

Durante la Seconda guerra mondiale, *la catena di montaggio per la produzione di automobili consentì alla società di Ford di fabbricare aerei, carri armati e locomotive, accrescendo i profitti.*

«Il **fallimento** è solo un'**occasione** per **ricominciare...** con più **intelligenza.**»

Henry Ford, 1927

di modernizzazione e urbanizzazione, accelerando lo sviluppo di autostrade, stazioni di servizio, club automobilistici e promuovendo l'edilizia in aree periferiche e rurali, fino ad allora poco accessibili.

Rivoluzione della produzione

La missione di Ford di ridurre i costi portò a un'innovazione radicale: la produzione in serie. Mentre prima si costruiva un'automobile dall'inizio alla fine per poi passare alla successiva, nel 1913 Ford introdusse la catena di montaggio mobile: a lato di un nastro trasportatore ogni operaio montava un solo pezzo, che veniva trasportato all'operaio successivo per proseguire il montaggio fino al prodotto finito.

Il metodo riduceva i tempi di produzione di una vettura da 12 ore e 8 minuti a 1 ora e 33 minuti, innescando una rivoluzione globale dei processi industriali. I profitti favorirono anche i consumatori sotto forma di prezzi accessibili. Inoltre, nel 1914 Ford aumentò il salario degli operai a 5 dollari (il doppio della media), riducendo la giornata lavorativa da 9 a 8 ore: con più tempo e denaro a disposizione, i lavoratori diventavano a loro volta consumatori. Grazie all'innovazione del processo produttivo, Ford migliorò i sistemi, democratizzò i viaggi e promosse l'ascesa di una classe media desiderosa di spendere in una varietà di prodotti nuovi.

Nel 1974, quando morì a 83 anni, il suo patrimonio fu devoluto alla Ford Foundation, che divenne la fondazione privata più ricca al mondo.

NEL **1914** LA FORD RICEVE **10.000** DOMANDE DI LAVORO

NEL 1927 SI PRODUCE UNA **MODEL T** OGNI **24** SECONDI

DURANTE LA SECONDA GUERRA MONDIALE COSTRUISCE OLTRE **8.000** BOMBARDIERI B-24 LIBERATOR

«RITENEVAMO CHE QUANDO UNA PERSONA COMPRAVA UNA DELLE NOSTRE MACCHINE, DOVEVAMO FARLA FUNZIONARE IL PIÙ A LUNGO POSSIBILE E AL COSTO DI MANUTENZIONE PIÙ BASSO POSSIBILE.
È STATA QUESTA L'ORIGINE DEL SERVIZIO FORD.»

Henry Ford
Ford News, 1° giugno 1927

◀ ***Henry Ford si unisce agli agricoltori*** *prima della mietitura del grano, a bordo di uno dei suoi trattori a gas, Michigan, 1944.*

MADAM C.J.
WALKER

Sullo sfondo delle diseguaglianze razziali dell'inizio del XX secolo, l'imprenditrice, attivista e filantropa afroamericana Madame C.J. Walker costruì un impero vendendo prodotti per capelli alle donne di colore. Inoltre, offrì a migliaia di loro l'opportunità di lavorare e fu sostenitrice di molte cause.

Sarah Breedlove (il nome Walker risale al secondo matrimonio) nacque in Louisiana nel 1867, ma nel 1889, dopo la morte del primo marito, si trasferì nel Missouri. Madre sola, trovò lavoro in una lavanderia. Attorno al 1900 iniziò a perdere i capelli e, cercando una soluzione, provò il trattamento dell'imprenditrice Annie Turnbo Malone, che la assunse come venditrice porta a porta; in seguito, creò una formula propria usando vaselina e zolfo.

Nel 1905 si trasferì in Colorado con la figlia e un anno dopo sposò Charles Joseph Walker. Scegliendo come nome Madam C.J. Walker, lanciò con successo una linea di prodotti per la cura dei capelli delle afroamericane, sviluppando tecniche di applicazione e pettinatura. Grazie ai contatti con le chiese locali, dove teneva dimostrazioni dei prodotti, costruì una rete di venditrici porta a porta e avviò un servizio di spedizioni postali. Gradualmente espanse le attività nei Caraibi e in Sud America, offrendo a migliaia di donne afroamericane l'occasione di lavorare in proprio. Le iniziative filantropiche inclusero una donazione di 1.000 dollari per la costruzione di una sede dell'organizzazione cristiana ecumenica YMCA a Indianapolis, e nel 1919, l'anno della morte, di 5.000 dollari a un fondo anti-linciaggio della NAACP, l'associazione per la promozione delle persone di colore.

EVENTI PRINCIPALI

PRODOTTI PER CAPELLI
Nel 1904 vende i prodotti di Annie Malone, ma il rapporto si incrina quando crea una linea propria.

AVVIA UN BUSINESS
Nel 1905 si trasferisce a Denver, si risposa e vende la "lozione miracolosa" che porta il suo nome.

CENTRO DI FORMAZIONE
Torna per breve tempo a Pittsburgh, dove nel 1908 fonda il Lelia College.

ATTIVISMO POLITICO
Nel 1917 visita la Casa Bianca, esprimendosi contro il linciaggio; sostiene i diritti dei soldati neri nelle Prima guerra mondiale.

«Non sederti ad aspettare che le opportunità si presentino. **Alzati e creale.**»

Madam C.J. Walker, 1914

Il viso di Madam C.J. Walker *compariva sul tappo del suo prodotto più richiesto: il Wonderful Hair Grower.*

1873-1950

Nel 1908 Melitta Bentz inventò il filtro da caffè e creò un'impresa per commercializzarlo. Chiamata oggi Melitta Group, l'azienda è ancora un brand mondiale.

Nella sua cucina a Dresda, la casalinga tedesca Amalie Auguste Melitta Bentz inventò il filtro da caffè, forando una pentola di ottone e strappando un pezzo di carta assorbente dal taccuino del figlio Willy. Ottenuto un brevetto, nel 1908 avviò un'impresa, la M. Bentz, insieme al marito Hugo e ai due figli. L'anno seguente, alla fiera di Lipsia il percolatore di porcellana con filtri di carta riscosse un grande successo, e l'azienda prosperò. Decisa a garantire condizioni di lavoro ottimali e a trattare con equità i dipendenti, introdusse la settimana di 5 giorni lavorativi, un bonus natalizio e 15 giorni di ferie l'anno. Andò in pensione insieme al marito nel 1932.

MELITTA BENTZ

«Mia madre, che aveva un **ottimo gusto** in fatto di **caffè,** era spesso **irritata** dai **residui** che rimanevano nella tazza.»

Horst Bentz, figlio, 1949

EVENTI PRINCIPALI

OTTIENE UN BREVETTO
Nel 1908 registra il filtro da caffè di carta all'Ufficio brevetti imperiale di Berlino.

MEDAGLIE
Nel 1910 riceve medaglie d'oro e d'argento alla Mostra internazionale sull'igiene di Dresda.

CREA UN BRAND
Per proteggere il brand dalle imitazioni, nel 1922 adotta una confezione rossa e verde.

AIUTA I DIPENDENTI
Nel 1938 istituisce un fondo sociale per i dipendenti aziendali.

TOMÁŠ BAT'A

1876-1932

EVENTI PRINCIPALI

FONDA UN CALZATURIFICIO
Nel 1894 investe l'eredità di famiglia per avviare insieme al fratello e alla sorella la T&A Bat'a.

MIGLIORA I PROCESSI
Nel 1904 lavora a una catena di montaggio negli Stati Uniti e usa l'esperienza per modernizzare l'azienda.

RISOLLEVA LE VENDITE
Nel 1922 dimezza i prezzi per risollevare le vendite, dominando il mercato delle scarpe.

DIVENTA SINDACO
Eletto sindaco nel 1923, elabora piani per fare di Zlín una "città giardino" industriale.

Tomáš Bat'a è stato un imprenditore di grande successo che trasformò la ditta di famiglia in un calzaturificio di respiro internazionale, senza penalizzare i dipendenti.

Tomáš Bat'a nacque in una famiglia di calzolai di Zlín, attuale Repubblica Ceca, il 3 aprile 1876. Insieme al fratello e alla sorella, nel 1894 avviò un'impresa nella città natale, assumendo 10 dipendenti. La crisi finanziaria lo costrinse a realizzare calzature sostituendo il cuoio con un materiale più economico, detto "bat'ovka". Il successo fu tale che ampliò l'organico fino a 50 persone, e la crescita aziendale proseguì durante la Prima guerra mondiale, quando firmò un contratto per la fornitura di stivali militari. Con l'espansione, costruì alloggi per i dipendenti, oltre a scuole, un ospedale e perfino un cinema. Bat'a divenne leader del mercato delle calzature in Cecoslovacchia, e in altre parti d'Europa sorsero fabbriche e villaggi per gli operai. Dal 1923 fino alla morte, avvenuta nel 1932 per un incidente aereo, fu sindaco di Zlín. Oggi la società ha 5.300 punti vendita in 70 Paesi e oltre 80.000 dipendenti.

«Non dirmi che **non si può fare:** dimmi piuttosto che **non sai come farlo.»**

Tomáš Bat'a, oggi il motto di Bata

ALTRI IMPRENDITORI

A cavallo tra il XIX e il XX secolo, furono lanciati molti dei principali brand e multinazionali della storia economica. Alcuni crearono monopoli su interi settori, diventando tanto grandi e influenti che i governi furono costretti a intervenire.

ASA GRIGGS CANDLER
(1851-1929)

Dopo aver lavorato come farmacista, l'imprenditore statunitense Asa Griggs Candler iniziò a produrre bibite. Investì nella Coca-Cola, al tempo venduta come tonico. Nel 1891 acquistò il marchio e l'anno seguente lo incorporò nella Coca-Cola Corporation. Aumentò le fabbriche e, con esse, la produzione, espandendosi negli Stati Uniti e all'estero. Nel 1899 stipulò il primo contratto di licenza con un'azienda locale per la produzione e la distribuzione della bibita, avviando la rapida crescita del brand. Nel 1919 vendette la società per 25 milioni di dollari.

WILLIAM E. BOEING
(1881-1956)

Figlio di immigrati tedeschi e austriaci, William E. Boeing nacque a Detroit, Stati Uniti. Interessato agli aerei, nel 1916 fondò la Pacific Aero Products, che l'anno seguente ribattezzò Boeing Airplane. All'inizio fabbricava aerei per l'esercito statunitense e per privati, ma ben presto aggiunse servizi di posta aerea e trasporto passeggeri, fondando nel 1929 la United Aircraft and Transport. Nel 1934 le leggi antitrust lo costrinsero a smembrare la società, ma la Boeing continuò a operare diventando leader internazionale della costruzione di velivoli.

GEORGE EASTMAN
(1854-1932)

Inizialmente attivo nel settore bancario e assicurativo, nel 1880 il newyorkese George Eastman fondò un'azienda che produceva pellicole. Otto anni dopo lanciò la Kodak, un dispositivo manuale azionato da pulsanti, con un rullino da 100 scatti. Finita la pellicola, i clienti riportavano la macchina in azienda per lo sviluppo, la stampa e la ricarica. Nel 1892, la società fu ribattezzata Eastman Kodak e prosperò. Eastman si dimise nel 1925 per dedicarsi ad attività filantropiche, donando oltre metà del patrimonio. Colpito da forti dolori alla schiena, si tolse la vita.

MILTON SNAVELY HERSHEY
(1857-1945)

Nato in Pennsylvania, Stati Uniti, Milton Snavely Hershey era apprendista presso un pasticcere locale. Nel 1876 aprì un negozio, che fallì sei anni dopo; la stessa sorte capitò alla ditta dolciaria di New York. Nel 1886 avviò la Lancaster Caramel, che vendette quattro anni dopo per 1 milione di dollari. Investì il ricavato nella costruzione di una fabbrica di cioccolato, completata nel 1905, dove produceva cioccolato al latte, all'epoca molto richiesto. La zona dove sorgeva lo stabilimento diventò la città aziendale di Hershey. Prima della morte, donò quasi tutto a una fondazione filantropica.

WILLIAM RANDOLPH HEARST
(1863-1951)

Figlio di un politico proprietario di una miniera d'oro, William Randolph Hearst si occupò di media. Nel 1887 rilevò il *San Francisco Examiner* in fallimento, rendendolo redditizio. Nel 1895 acquistò il *New York Morning Journal* e fece concorrenza al proprietario del *New York World*, usando titoli clamorosi, colori e illustrazioni. In due decenni, acquistò giornali in tutti gli Stati Uniti ed estese le attività al cinema, alla radio e ai libri. La Grande depressione lo costrinse a sciogliere la società, segnando il declino della sua influenza personale.

TSUDA UMEKO
(1864-1929)

Figlia di un politico ed educatore, Tsuda Umeko nacque a Edo (l'odierna Tokyo). Studiò negli Stati Uniti fino a 18 anni, poi insegnò in Giappone. Nel 1889 tornò in America per iscriversi al Bryn Mawr e, dopo la laurea ottenuta nel

1892, avviò una campagna per l'istruzione femminile in Giappone. Di ritorno nel Paese nativo, istituì una borsa per finanziare donne che studiavano all'estero. Nel 1900 fondò la Joshi Eigaku Juku, oggi la Tsuda University, un'università femminile di Tokyo.

RINALDO PIAGGIO
(1864-1938)

Nel 1884, il produttore di veicoli italiano Rinaldo Piaggio fondò una società omonima nella città natale di Genova. Inizialmente occupato nell'arredo di navi, passò alla fabbricazione di carrozze e locomotive. Durante la Prima guerra mondiale estese le attività all'aviazione, assumendo ingegneri specializzati. Nel 1924 acquistò in Toscana una fabbrica di tram, autocarri e funivie. All'epoca della morte, risalente al 1938, l'azienda esportava prodotti in tutto il mondo e i figli lo sostituirono come CEO.

HELENA RUBINSTEIN
(1872-1965)

Nata in una famiglia ebrea di Cracovia, nell'impero austro-ungarico (attuale Polonia), Helena Rubinstein emigrò in Australia nel 1896 e aprì un negozio di cosmetici a Melbourne, prima importando i prodotti dall'Europa, poi producendoli. Nel 1908, di ritorno in Europa, fondò saloni di bellezza lussuosi a Londra e a Parigi, e nel 1914 si trasferì a New York. Dopo aver aperto saloni in varie città statunitensi, si orientò alla ricerca, allo sviluppo e alla distribuzione di cosmetici, specializzandosi nella cura della pelle. Fu una filantropa, e nel 1953 fondò la Helena Rubinstein Foundation per coordinare le varie iniziative di beneficienza.

BACH THAI BUOI
(1874-1932)

Nato in povertà in Vietnam, Bach Thai Buoi familiarizzò con macchinari e produzione in un'officina della città, poi si trasferì in Francia, presentando prodotti vietnamiti alla fiera di Bordeaux. Al ritorno, contribuì a fornire traversine alle ferrovie indo-cinesi e investì in miniere di carbone. Intuì l'importanza di sviluppare le vie navigabili del Paese e, facendo appello al nazionalismo dei passeggeri, batté la concorrenza francese e cinese e acquisì il controllo di una rotta che collegava le principali città vietnamite; ampliò la flotta da 3 a 30 imbarcazioni.

LUISA SPAGNOLI
(1877-1935)

Prima di avviare l'azienda dolciaria Perugina, l'italiana Luisa Spagnoli gestiva una drogheria. Nel 1907 aprì una fabbrica a Perugia, sua città natale, lanciando nel 1922 il prodotto più famoso: il Bacio. Il successo le permise di espandersi nel settore della moda. Nel 1928 fu la prima imprenditrice in Italia ad allevare conigli d'angora, usando la lana morbida e soffice per produrre maglieria lussuosa di alta qualità per il brand omonimo. Dopo la morte, il figlio rilevò la ditta di abbigliamento e la rese un marchio globale.

WILLIAM S. HARLEY
(1880-1943)

Figlio di immigranti inglesi, William S. Harley nacque a Milwaukee, Stati Uniti, e a 15 anni fu assunto in una fabbrica di biciclette. Con l'amico Arthur Davidson iniziò a montare motori a benzina su biciclette e nel 1903 avviarono insieme la Harley-Davidson Motor Company per fabbricare motociclette. Si iscrisse poi all'università, laureandosi nel 1907 in ingegneria meccanica. Grazie all'attenzione per i dettagli e ai design innovativi, l'azienda crebbe, fornendo motocicli all'esercito degli Stati Uniti durante le due guerre mondiali. Harley rimase l'ingegnere capo e il tesoriere dell'azienda fino alla morte.

CONRAD HILTON, SR.
(1887-1979)

Cresciuto nel Nuovo Messico, Stati Uniti, Conrad Hilton avviò la carriera nel settore ricettivo trasformando parti della casa paterna in un piccolo albergo; poi si mise in società con il padre per aprire un emporio. Prestò servizio nella Prima guerra mondiale e acquistò alberghi in Texas, espandendo ulteriormente il business. Nel 1946 fondò la Hilton Hotels Corporation e dopo il 1948 aprì strutture ricettive anche all'estero. Fu presidente fino al 1966, quando lasciò la direzione al figlio Barron Hilton.

DAVID SARNOFF
(1891-1971)

Nato a Uzlyany, Russia (odierna Bielorussia), nel 1900 David Sarnoff emigrò negli Stati Uniti, stabilendosi a New York. Nel 1906 divenne operatore radiofonico per la Marconi, eccellendo nel lavoro. Nel 1919 l'azienda fu rilevata ed entrò a far parte di una nuova società, la Radio Corporation of America (RCA), di cui Sarnoff fu prima manager, poi presidente nel 1930. Era un leader visionario: svolse un ruolo cruciale per lo sviluppo di radio e televisione e contribuì a fondare la NBC, la prima grande rete radiotelevisiva degli Stati Uniti.

4

MANIFATTURA E PRODUZIONE DI MASSA

1914-1960

Clarence Saunders rivoluzionò il nostro modo di fare acquisti: in un'epoca in cui i commessi prelevavano i prodotti per i clienti, aprì i negozi Piggly Wiggly sviluppando il concetto di "drogheria self-service". Introdusse casse, merce prezzata e scontrini dettagliati, gettando le basi dei supermercati moderni.

EVENTI PRINCIPALI

INTRODUCE IL SELF-SERVICE
Nel 1916 rivoluziona gli acquisti, aprendo la prima drogheria self-service.

CHIUDE L'AZIENDA
Dopo un calo del valore azionario, nel 1923 dichiara bancarotta, perdendo casa e azienda.

NUOVA IMPRESA
Nel 1928 crea una catena di negozi alimentari: la Clarence Saunders, Sole Owner of My Name.

CONCETTI INNOVATIVI
Dal 1937 progetta due drogherie, introducendo idee innovative e pionieristiche.

Nato nel 1881, Clarence Saunders crebbe in una famiglia povera della Virginia, Stati Uniti, che poi si trasferì in Tennessee. A 14 anni fu assunto part-time in una drogheria e, con soli due anni di scuola alle spalle, si istruì da autodidatta dedicandosi alla lettura. Alla fine dell'adolescenza, lavorò per grossisti di generi alimentari a Clarkesville e a Memphis. Osservando i clienti in fila, in attesa di consegnare la lista della spesa al commesso che prelevava i prodotti da dietro a un bancone, si rese conto che era una modalità di acquisto costosa e inefficiente e decise di avviare una drogheria self-service.

Piggly Wiggly

Nel 1916, a Memphis aprì il primo negozio Piggly Wiggly. Tagliando i costi del personale poteva offrire prezzi bassi, e riscosse un successo immediato. In sei anni, avviò oltre 1.200 punti vendita, metà dei quali in franchising, creando la più grande catena di drogherie degli Stati Uniti. Oltre al self-service, introdusse e brevettò altri concetti innovativi, tra cui la disposizione del negozio in corsie che confluivano a una cassa, merce prezzata e uno scontrino con la lista dei prodotti acquistati.

Nel 1922 Piggly Wiggly fu quotata alla Borsa di New York; tuttavia l'anno successivo, a causa del fallimento di alcuni franchising della città, il prezzo delle azioni crollò. Nel tentativo di risollevare il prezzo, Saunders chiese prestiti ingenti

Le drogherie Piggly Wiggly offrivano *un'esperienza di acquisto completamente nuova: i clienti prendevano un cestino di legno, selezionavano da soli i prodotti e li portavano al cassiere.*

CLARENCE
SAUNDERS
1881-1953

FRANK WINFIELD **WOOLWORTH**

Rivenditore visionario, fonda una delle catene di negozi più grandi del mondo, introducendo tecniche di vendita tuttora in uso.

Da giovane, in un negozio Frank Woolworth (1852-1919) riceve un trattamento scadente e decide di avviare un punto vendita dove ognuno può acquistare ciò che desidera con un servizio eccellente. A 26 anni apre a Utica, New York, il primo negozio Woolworth "da 5 centesimi", acquistando la merce direttamente dai produttori, vendendola a un prezzo fisso ed esponendola in vetrine self-service. L'azienda si ingrandisce e diventa la F.W. Woolworth Company che, all'epoca della morte del fondatore, conta oltre 1.000 negozi solo negli Stati Uniti.

e acquistò molti titoli Piggly Wiggly, un intervento che non fu visto di buon grado dagli azionisti di New York. Fu perciò costretto a dichiarare bancarotta, perdendo il controllo dell'azienda.

Sole Owner

Nel 1924, Saunders avviò una catena di drogherie competitive. Per rivendicare il suo nome e riguadagnare credibilità dopo il fallimento dalla Piggly Wiggly e la pubblicità negativa che ne era derivata, la chiamò "Clarence Saunders, Sole Owner of My Name, Inc." (proprietario unico del mio nome), comunemente

«L'**entusiasmo** non deve **limitarsi** al **desiderio** di **vendere,** deve nascere dalla **ferma convinzione** del **prodotto venduto.**»

Clarence Saunders

La Piggly Wiggly *aveva un parco macchine proprio per trasportare le merci e riempire gli scaffali delle drogherie di Saunders.*

nota come "Sole Owner". Presto sorsero negozi in tutti gli Stati Uniti, generando introiti di milioni di dollari. All'inizio degli anni '20, quando la Piggly Wiggly prosperava, Saunders costruì il Pink Palace, un palazzo appariscente di marmo rosa, che fu sequestrato con la bancarotta. Perciò, con le entrate dei punti vendita Sole Owner, costruì un edificio che chiamò Woodland. Inoltre, per promuovere la catena acquistò una squadra di calciatori professionisti: le "tigri" di Clarence Saunders, Sole Owner.

Nel 1930, all'inizio della Grande depressione (1929-1939), la seconda bancarotta lo privò della società e della squadra ma, nonostante la delusione, non si diede per vinto e negli anni seguenti sviluppò due progetti nuovi di negozi al dettaglio. Nel 1937 realizzò il primo: Keedoozle, una drogheria automatizzata che funzionava come un grande distributore automatico, con la merce che percorreva nastri trasportatori fino ad arrivare alla cassa. Purtroppo, il marchio fallì a causa dei frequenti guasti al sistema automatico. Fino alla morte, risalente al 1953, lavorò a un altro concetto pionieristico, in cui i clienti sceglievano la merce, la inserivano nei sacchetti e usavano la cassa in autonomia, con una notevole riduzione del personale. Lo chiamò Foodelectric e, benché riuscisse a completare il progetto, il negozio non aprì mai. L'impulso di Saunders a migliorare l'esperienza del consumatore tagliando i costi è alla base della vendita al dettaglio moderna.

NEL **1922** SONO ATTIVI OLTRE **1.200** NEGOZI PIGGLY WIGGLY IN **41 STATI**

NEL **1923** VENDE MERCE PER UN VALORE DI **100 MILIONI** DI DOLLARI

PER **2** VOLTE **ACCUMULA** E PERDE **UNA FORTUNA**

Nata in povertà, prima di avviare una cappelleria a Parigi, Coco Chanel era una sarta e una cantante di piano bar. Spirito libero dotato di stile e senso degli affari, trasformò il marchio in un impero della moda che sopravvisse a due guerre mondiali e rivoluzionò l'abbigliamento da donna con un perfetto equilibrio tra eleganza e comfort.

EVENTI PRINCIPALI

PRIMA BOUTIQUE
Con l'aiuto di due amanti facoltosi, nel 1910 apre a Parigi il primo negozio di moda.

ALTA MODA
Nel 1915 apre una casa di moda a Biarritz, attirando una clientela ricca e consolidando il successo.

LANCIA UN PROFUMO
Nel 1921 lancia Chanel N° 5, che riscuote subito un successo mondiale.

TORNA IN SCENA
Nel 1954 riapre la casa di moda, proponendo tailleur di tweed, molto amati soprattutto negli Stati Uniti.

Figlia di una lavandaia e di un venditore ambulante, Gabrielle Bonheur "Coco" Chanel nacque nel 1883 in un ospizio di Saumur, Francia. Dopo la morte della madre, a 11 anni entrò in un orfanotrofio gestito da suore dove imparò a cucire, e a 18 fu assunta come sarta a Moulins. Per arrotondare, si esibiva come cantante in un caffè, dove tutti la chiamavano "Coco". Benché nascondesse le umili origini, l'infanzia la rese intraprendente e profondamente consapevole dell'importanza del denaro e delle relazioni sociali per ottenere la libertà e l'indipendenza.

Ascesa sociale

Nel 1906 divenne una delle amanti dell'allevatore di cavalli da corsa Étienne Balsan, che la invitò a trasferirsi nel suo castello di Compiègne. Cominciò a confezionare i cappellini che indossava alle corse e ottenne da Balsan aiuto per aprire un piccolo negozio a Parigi. Nel 1908, l'amante la presentò al ricco giocatore di polo Arthur Capel. In seguito affermò che, di tutti gli uomini facoltosi che aveva frequentato nel corso della carriera, Capel fu l'unico che avesse mai amato. Il negozio sorgeva al pianterreno di un appartamento di proprietà di Balsan, mentre Coco

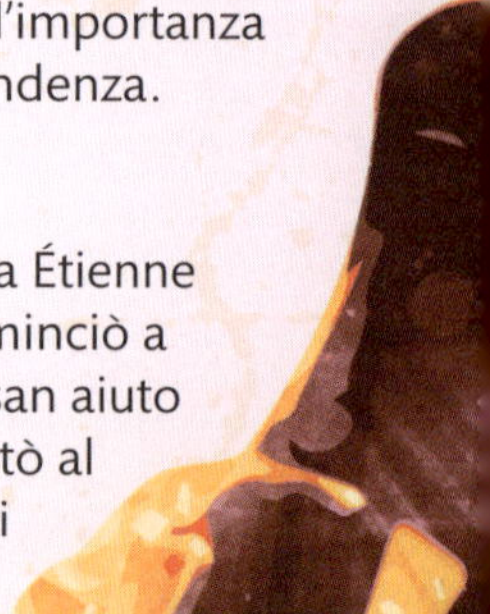

Chanel pubblicizzò con maestria *il suo stile. In una foto scattata a Parigi nel 1958, l'abito dal taglio semplice e le scarpe bicolore riflettono l'aspetto classico della modella.*

«Per essere **insostituibili** bisogna essere **diversi.**»

Coco Chanel

COCO
CHANEL
1883-1971

JO **HORGAN**

A 29 anni lascia il lavoro di addetta al marketing alla L'Oréal per aprire a Melbourne, Australia, un negozio di prodotti di bellezza: Mecca. Trasforma il modo di acquistare cosmetici, diventando multimilionaria.

Stanca di passare da un bancone all'altro per comprare i cosmetici, Jo Horgan (1968-) ha l'idea di avviare un negozio in stile boutique che propone vari brand rinomati. Tra il 1997 e il 2018, la società diventa un impero con oltre 80 punti vendita in Australia e Nuova Zelanda. Convinta che la chiave del successo sia il personale, per garantire un servizio eccellente investe il 2% delle entrate nella formazione dei dipendenti.

conviveva con Capel, che l'aiutò ad avviare l'impresa. Nel 1913, Capel finanziò l'apertura di una boutique nella località balneare di Deauville, dove Coco si lasciò ispirare dalla semplicità dell'abbigliamento maschile per lanciare una linea sportiva da donna. Alla tendenza di corsetti e lunghe gonne svolazzanti contrappose abiti essenziali e lineari di jersey, un tessuto usato per l'intimo uomo. Durante la Prima guerra mondiale, la richiesta di abiti pratici crebbe, e la collezione riscosse un successo immediato. Due anni dopo aprì una casa di moda a Biarritz e nel 1918 una seconda a Parigi.

Icona anticonvenzionale

Negli anni '20 era ormai un'imprenditrice ricca e indipendente, celebre per lo stile inconfondibile e la forte personalità. Nel 1926 lanciò "la petite robe noire", riadattando un colore associato esclusivamente al lutto postbellico per creare un capo ambizioso, accessibile e pratico. Inoltre, sviluppò cosmetici, gioielli e profumi, iniziando nel 1921 con il celebre N° 5.

Nel 1923 iniziò una relazione con il duca di Westminster, che accompagnò spesso in Scozia. Qui fu ispirata dal tweed, un altro tessuto associato alla moda da uomo, con cui realizzò abiti femminili eleganti, tra cui gli iconici tailleur.

Nel 1939, quando la Francia dichiarò guerra alla Germania, chiuse l'attività trasferendosi all'Hôtel Ritz di Parigi con il suo amante, Hans Günter von Dincklage.

«Vestiti male e ricorderanno il vestito; **vestiti** in modo **impeccabile** e **ricorderanno la donna.**»

Coco Chanel

Incurante delle critiche sui legami con un ufficiale tedesco, con la fine del conflitto riaprì la casa di moda: non amava le tendenze emerse in sua assenza, ed era determinata a tornare con qualcosa di innovativo.

Nel 1954, a 71 anni, lanciò una nuova collezione. Cavalcando la popolarità dei suoi tailleur, propose un'alternativa fresca allo stile strutturato del New Look. L'anno seguente, il ritorno sulle scene fu rafforzato da un altro capo intramontabile: la borsa di pelle 2.55 con una catenella come tracolla. Per tutti gli anni '60, tra i suoi clienti si annovereranno celebrità come Jackie Kennedy e Grace Kelly, che accrebbero la sua fama. Continuò a lavorare fino alla morte, avvenuta nel 1971 a 88 anni. Fu sepolta con il suo tailleur preferito.

***Le umili origini** di Chanel ispirarono i suoi modelli, che riprendevano le linee semplici, la tavolozza colori ristretta e i tessuti pratici dell'abbigliamento da lavoro per produrre capi d'alta moda.*

CREA IL **PRIMO** TAILLEUR **DA DONNA**

NEL 1935 APRE **5 BOUTIQUE** SULLA STESSA STRADA

HOTEL

VIVE **ALL'HÔTEL RITZ** DI PARIGI PER **34 ANNI**

«NON C'È TEMPO PER LA BANALE MONOTONIA. C'È UN MOMENTO PER LAVORARE E UNO PER AMARE. IL CHE NON NE LASCIA ALTRO A DISPOSIZIONE.»

Coco Chanel

L'immagine del 1936 *mostra l'uso di gioielli, soprattutto perle, associati agli abiti, che divenne la firma di Chanel.* ▶

Cofondatore della Metro-Goldwyn-Mayer (MGM), Louis B. Mayer è stato il produttore cinematografico di maggior successo degli anni '30 e '40. Sotto la sua guida, durante quella che fu definita l'età d'oro di Hollywood, la MGM creò la più grande e acclamata squadra di attori, registi e sceneggiatori di Hollywood.

EVENTI PRINCIPALI

PRIMI SUCCESSI
Nel 1907 apre un "nickelodeon", una sala cinematografica con biglietti a 5 centesimi.

REALIZZA FILM
Nel 1918 si trasferisce in California, dove fonda una casa cinematografica.

FUSIONE
Nel 1924 si unisce a Marcus Loew formando la Metro-Goldwyn-Mayer (MGM).

ACCUMULA UNA FORTUNA
Nel 1937 è il primo negli Stati Uniti a percepire una retribuzione di 1 milione di dollari.

GRANDE SUCCESSO
Nel 1939 acquista i diritti esclusivi di distribuzione di *Via col vento*, il film di maggior successo della storia del cinema.

Louis Burt Mayer, nato Lazar Meir, era figlio di immigrati ebrei ucraini che si trasferirono nel New Brunswick, Canada. Ricevette un'istruzione carente e a 12 anni lasciò la scuola per aiutare la famiglia e lavorare nella ditta di rottami del padre. All'epoca, l'apertura di migliaia di sale cinematografiche, chiamate "nickelodeon", stava rivoluzionando il mondo dell'intrattenimento statunitense. Nel 1907, trasferitosi nel New England, risparmiò fondi sufficienti a ristrutturare un teatro da 600 posti ad Haverhill, Massachusetts, dove offriva una programmazione continua di nuove uscite a prezzi bassi. Senza vederlo, nel 1915 acquistò per 25.000 dollari i diritti esclusivi nel New England del film epico *Nascita di una nazione*. Fu un azzardo che diede i suoi frutti: incassò oltre 100.000 dollari e tre anni dopo era proprietario della catena di cinema più grande dello Stato.

Produrre film

Non soddisfatto di proiettare film, Mayer voleva realizzarli, e ora aveva i capitali per farlo. Nel 1918 si trasferì a Los Angeles, fondando una casa cinematografica e producendo una serie di film strappalacrime con la famosa attrice Anita Stewart. Benché piccola, la società era dinamica e redditizia. Nel 1924 il talento di Mayer attirò l'attenzione di Marcus Loew, proprietario della Metro-Goldwyn, che gli propose di assumere la guida dello studio sulla costa occidentale.

***Un cameraman** nel 1928 e un tecnico del suono registrano il ruggito del leone Leo, mascotte della MGM, per il logo aziendale.*

LOUIS B.
MAYER
1884-1957

«Voglio creare **immagini belle** di **persone belle.**»

Louis Mayer, 1925

La formula cinematografica *di set elaborati, costumi splendidi e trame leggere allietò il pubblico di tutto il mondo e rese Mayer (a sinistra) il produttore più pagato degli Stati Uniti.*

Mayer accettò, a condizione che aggiungesse il suo cognome all'azienda, e nel 1925 era a capo della Metro-Goldwyn-Mayer (MGM) di Hollywood, una posizione che mantenne fino al 1951.

Mentre Mayer si occupava di scovare talenti, definire budget e approvare produzioni nuove, Irving Thalberg controllava la produzione. I due avevano già collaborato, ed erano una squadra vincente. La strategia di Mayer era lanciare nuove stelle del cinema, legarle alla MGM con contratti a lungo termine e produrre film leggeri di buona qualità, che enfatizzavano le virtù della famiglia e del patriottismo. Era abile nel trovare talenti naturali, e Greta Garbo, Joan Crawford, Rodolfo Valentino e Clark Gable sono solo alcune delle star che scoprì e coltivò. Lanciò anche attori bambini, tra cui Judy Garland e Mickey Rooney. Tuttavia non era amato da tutti: alcuni erano infastiditi dal controllo che provava a esercitare sulla loro vita privata e giravano voci di comportamenti inappropriati con attrici.

Età dell'oro

Nel 1927, la MGM era la casa cinematografica più importante di Hollywood. Quell'anno, la rivale Warner Bros. lanciò il primo film "sonoro", *Il cantante di Jazz*, a cui la MGM rispose nel 1928 con *Alias Jimmy Valentine*, continuando a produrre successi di botteghino.

Mayer faceva affidamento sul talento di Thalberg. Nel 1936, quando morì, molti ritenevano che l'impero avrebbe vacillato, ma la società continuò a prosperare. Nel 1939, due terzi degli americani andavano al cinema almeno una volta a settimana, e per soddisfare la domanda di nuovi film le case cinematografiche lavoravano senza sosta. La MGM produceva fino a 18 film alla volta.

Nel 1939, quando fu lanciato il cinema a colori, la MGM sfruttò l'occasione, ottenendo la distribuzione esclusiva di *Via col vento* e producendo il musical *Il mago di Oz*.

Tuttavia, dopo la Seconda guerra mondiale, le storie romantiche e per famiglie persero attrattiva e i tagli di bilancio non consentivano a Mayer di garantire la qualità che desiderava. Nacquero conflitti che, nel 1951, lo spinsero a lasciare la MGM, avviando una casa propria, che però non ebbe successo.

GEORGE **EASTMAN**

Di origine newyorkese, lancia apparecchi facili da usare che rendono più accessibile la fotografia.

Secondo George Eastman (1854-1932), le macchine fotografiche erano troppo ingombranti e costose e nel 1880 inventa un apparecchio che consente la produzione di pellicole flessibili. La Eastman Kodak Company, fondata nel 1888, lancia fotocamere con un rullino da 100 pose che sostituisce i negativi su lastra di vetro, una per ogni scatto. I rullini sono usati anche nelle cineprese di Thomas Edison (v. pp. 72-75). Nel 1900, la Eastman Kodak Brownie diffonde la fotografia tra il grande pubblico, vendendo il primo anno 150.000 macchine al costo di appena 1 dollaro l'una.

INGAGGIA **JUDY GARLAND** PER LA **MGM** QUANDO HA SOLI **13** ANNI

È A CAPO **DELLA MGM** PER **26 ANNI**

Konosuke Matsushita è stato il fondatore della Panasonic Corporation, uno dei principali produttori al mondo di componenti elettronici. L'infanzia in condizioni disagiate e la scarsa istruzione definirono la sua strategia aziendale, basata sulla convinzione che le imprese dovessero aiutare la società a eliminare la povertà e a migliorare la vita della gente.

EVENTI PRINCIPALI

AVVIA UN'IMPRESA
Nel 1918 fonda la Matsushita Electric Housewares Manufacturing Works, vendendo spine e prese doppie.

PRODOTTO DI SUCCESSO
Nel 1923 progetta un fanale per biciclette che garantisce 40 ore di funzionamento senza ricarica.

FONDA UN ISTITUTO
Nel 1934 apre un istituto che offre ai dipendenti una formazione tecnica e commerciale.

RICONOSCIMENTO
Nel 1958 è nominato commendatore dell'Ordine di Orange-Nassau.

SCRIVE UN BESTSELLER
Nel 1974 spiega le sue politiche educative ed economiche in *Japan at the Brink*, che vende 600.000 copie.

Il minore di otto figli, Konosuke Matsushita nacque nel 1894 a Wakayama, nel Giappone meridionale. Di famiglia benestante, quando aveva 4 anni il padre fece scelte sbagliate, perdendo i terreni e l'azienda agricola, e fu costretto a trasferirsi in città. A 9 anni fu mandato a Osaka per lavorare come apprendista in un negozio che vendeva *hibachi* (bracieri portatili per cucinare e riscaldare). Poi, passò a un negozio di biciclette, dove imparò il mestiere di venditore.

Idea brillante

A 15 anni fu assunto dalla Osaka Electric Light Company, dove divenne un tecnico competente. Lavorò a un progetto per migliorare una presa elettrica ma, quando lo presentò, il manager scartò l'idea. Convinto che il prodotto si sarebbe rivelato un successo, nel 1917 si licenziò per mettersi in proprio. Si unirono all'impresa la moglie Mumeno, che aveva sposato nel 1914, il fratello Toshio e due ex colleghi.

A causa delle scarse disponibilità economiche, avviarono l'attività con alcuni utensili manuali e attrezzi di base. Dopo settimane di ricerche e analisi la presa

Nel 1953 un'auto della televisione nazionale *viaggia per tutto il Giappone per esporre i nuovi elettrodomestici di Matsushita.*

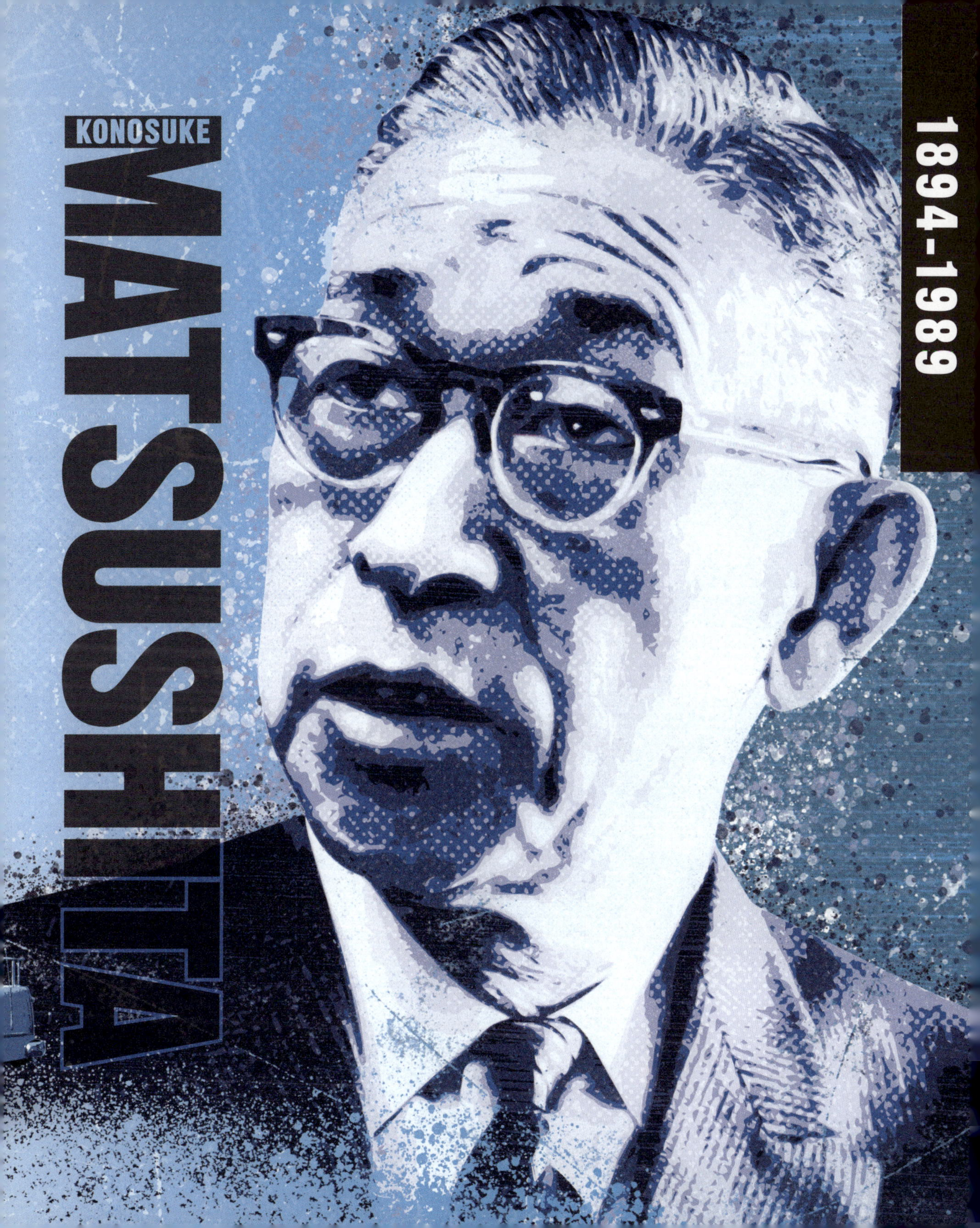
KONOSUKE
MATSUSHITA
1894-1989

PANASONIC 1953: "L'ANNO DELL'ELETTRIFICAZIONE"

Noto come l'"anno dell'elettrificazione", il 1953 vide crescere la domanda mondiale di prodotti elettrici, inaugurando una nuova era. L'azienda di Matsushita produceva in serie elettrodomestici come ventilatori, televisori e lavatrici.

era pronta, ma le vendite deludenti spinsero i due colleghi a uscire dalla società prima della fine dell'anno. La situazione si capovolse grazie all'arrivo di un grosso ordine: il ricavato fu investito nel 1918 per fondare ufficialmente la Matsushita Electric Housewares Manufacturing Works, l'odierna Panasonic. Matsushita costruì una fabbrica, e dopo soli quattro anni poteva contare su 50 dipendenti.

Lusso alla portata di tutti

In un'epoca in cui gli elettrodomestici erano considerati un lusso, Matsushita voleva renderli alla portata di tutti. Nel 1927 lanciò il ferro da stiro Super Iron: creò una divisione apposita per produrlo in serie e abbattere i costi, in modo da venderlo a soli 3,2 yen, un prezzo molto più basso rispetto ai 5 yen di altri ferri sul mercato. Il Super Iron si rivelò un successo, e nel 1928 l'organico fu ampliato a 300 dipendenti.

Tuttavia, dopo il martedì nero del 1929, l'azienda subì un rapido crollo delle vendite e si ritrovò con molta

> «In definitiva, **le imprese** servono a **migliorare** le **società.**»
>
> **Konosuke Matsushita**

SI METTE IN PROPRIO A 23 ANNI

NEL 1958 GESTISCE VENDITE ALL'ESPORTAZIONE PER UN VALORE DI 3,2 MILIARDI DI YEN

SI DIMETTE DALLA CARICA DI PRESIDENTE DOPO 55 ANNI

merce invenduta. Il personale temeva tagli, ma Matsushita lo rassicurò: dimezzò la produzione, impiegando i dipendenti per mezza giornata e incoraggiandoli a vendere le scorte rimanenti. In pochi mesi, le eccedenze di magazzino furono smaltite, l'economia si risollevò e la fabbrica riavviò una produzione su larga scala.

Missione aziendale

Una delle strategie aziendali fu suggerita a Matsushita da un incontro religioso a cui partecipò nel 1932: come la religione guidava l'uomo verso la felicità e la serenità, le imprese potevano fare lo stesso, appagando "i bisogni fisici necessari" alla piena soddisfazione. Come avrebbe spiegato ai dipendenti, credeva che fosse compito delle aziende contribuire a rendere il mondo un luogo migliore e a eliminare la povertà fornendo beni «abbondanti ed economici come l'acqua corrente».

Nel 1933, l'azienda fabbricava oltre 200 prodotti e trasferì stabilimento e uffici a Kadoma, a nord-est di Osaka, tuttora sede di Panasonic. Nel 1935,

***Nel 1923, Matsushita creò** un fanale per biciclette innovativo. Di notte la luce si spegneva spesso, mentre il modello migliorato a forma di proiettile e caricato a batteria garantiva una durata maggiore.*

«Un'**impresa** non è un **mezzo** di **sostentamento** o un **dovere**, ma qualcosa per cui vuoi **lottare.**»

Konosuke Matsushita

con la crescita delle esportazioni internazionali, fu creato un dipartimento commerciale chiamato Matsushita Electric Trading Company. Fu una scelta in anticipo sui tempi: altri produttori prestarono meno attenzione al mercato estero e l'azienda accrebbe ulteriormente le esportazioni.

Difficoltà nel dopoguerra

Nel 1945, a causa della guerra aveva perso 32 sedi. Quando gli Alleati occuparono il Giappone, imposero leggi volte a smembrare i grandi gruppi industriali controllati da famiglie, minacciando Matsushita di chiusura. Inoltre, poiché durante il conflitto l'azienda aveva fabbricato attrezzature militari, le forze alleate gli ordinarono di dimettersi quale presidente. Matsushita si oppose più di 50 volte e nel 1947, grazie a una petizione del nuovo sindacato, a rivenditori e affiliati, gli fu concesso di mantenere la carica e di proseguire con l'attività.

Espansione in Occidente

Nel 1951 visitò gli Stati Uniti e comprese che doveva mantenersi al passo con le tecnologie occidentali. Strinse perciò una collaborazione con l'azienda elettronica olandese Philips.

Nel 1959 estese le esportazioni e fondò la Matsushita Electric Corporation of America. Negli anni '60 lasciò la presidenza, ma fu attivo fino al 1973. Dedicò molto tempo a scrivere sulla sua impresa e sul pensiero sociale, affermando che era possibile sviluppare «una via verso la pace e la felicità attraverso la prosperità». Morì a 94 anni.

WERNER VON **SIEMENS**

Nato ad Hannover, Germania, studia scienze e tecnologia alla Scuola di artiglieria e ingegneria dell'Accademia militare prussiana. Con l'invenzione del telegrafo a indice, avvia l'impresa nota come Siemens AG.

Dopo la costruzione nel 1847 di un telegrafo a indice (che per indicare le lettere usa un ago invece dell'alfabeto Morse), Werner von Siemens (1816-1892) fonda un'azienda insieme all'ingegnere Johann Georg Halske. La tecnologia getta le basi per lo sviluppo di un generatore in grado di raggiungere una velocità di rotazione elevata, un grande passo in avanti che, nel 1879, porta l'impresa a sviluppare la prima locomotiva elettrica. L'impegno di Siemens per trattenere i dipendenti qualificati si traduce nell'introduzione di varie politiche sociali, tra cui un regime pensionistico.

La fotografia del 1964 *raffigura Matsushita circondato dai prodotti elettronici Panasonic.* ▶

WALT DISNEY

EVENTI PRINCIPALI

REALIZZA LE *ALICE COMEDIES*
Nel 1924 lancia *Alice's Day at Sea*, il primo titolo distribuito dalla Walt Disney Studios.

CREA UN'ICONA
Nel 1928 realizza il film di Mickey Mouse *Steamboat Willie*, il primo cartone con sonoro sincronizzato.

RICONOSCIMENTO
Nel 1932 produce *Fiori e alberi*, il primo cartone a colori, e vince un Oscar.

INTRODUCE LA PROSPETTIVA
Nel 1937 inventa la cinepresa a piani multipli, che crea un'illusione di profondità nelle animazioni.

DEBUTTO SUL PICCOLO SCHERMO
Nel 1954 lancia la serie TV antologica *Disneyland*, con cui finanzia un nuovo parco tematico in California.

Narratore di talento e animatore innovativo, nel XX secolo Disney trasformò l'industria dell'intrattenimento. Introdusse tecnologie, tecniche e formati nuovi nel cinema e nella televisione, dando vita ai suoi iconici personaggi in parchi tematici famosi in tutto il mondo.

Nato a Chicago, Illinois, nel 1901, da bambino Walt Elias Disney era un artista appassionato. A 20 anni, sperimentò l'animazione su rodovetro con disegni fatti a mano e nel 1922 aprì il primo studio. Nonostante la crescente popolarità dei cartoni, chiamati "Laugh-O-grams", l'impresa si indebitò e nel 1923 fu costretta a chiudere.

Decise allora di tentare la fortuna a Hollywood; si trasferì in California dove ottenne un contratto per una serie animata intitolata *Alice Comedies*. Mescolando per la prima volta personaggi in carne e ossa e cartoni, i film diedero avvio ai Walt Disney Studios. Intuito il potenziale della sincronizzazione di azioni e suono, nel 1928 produsse le prime "immagini parlanti" lanciando *Steamboat Willy*, con il personaggio di Mickey Mouse. Il successo fu immediato, e affermò la sua fama di innovatore. I seguenti tre decenni confermarono l'audacia di Disney: introdusse nell'animazione formati nuovi, come il colore, i lungometraggi e i programmi televisivi. Nel 1955 realizzò il desiderio di intrattenere ed educare fuori dagli schermi, dando vita ai personaggi in un parco tematico in California: Disneyland.

«Questa è la **mia formula**: **sognare, diversificare** e **non perdere mai i dettagli.**»

Walt Disney, 1958

1901-1966

EVENTI PRINCIPALI

AVVIA UN FRANCHISING
Nel 1955 fonda la McDonald's System Inc. e nel 1961 rileva le quote dei fratelli McDonald per 2,7 milioni di dollari.

SERVIZIO AL VOLANTE
Nel 1975 apre in Arizona i primi ristoranti "drive-through", che rappresentano il 70% delle entrate.

A CAPO DELL'AZIENDA
Nel 1977 assume la carica di presidente senior della McDonald's, godendo di un'autonomia totale.

Noto come il "padre fondatore dei fast food", il rappresentante di frullatori Ray Kroc intuì il potenziale di una tavola calda a gestione familiare, la McDonald's, trasformandola in un brand mondiale.

Raymond Albert Kroc passò per vari impieghi prima di diventare rappresentante della Multimixer, un produttore di frullatori che potevano preparare cinque tipi di frullati per volta. Nel 1954 si recò a San Bernardino, California, nella tavola calda dei fratelli Maurice e Richard McDonald, che usavano otto frullatori Multimixer: fu colpito dal sistema a catena di montaggio, che garantiva un servizio rapidissimo di bibite, hamburger e patatine fritte.

Fiutando un'occasione commerciale, propose loro un affare: avrebbe avviato una catena di ristoranti pagando una commissione. Cominciò a concedere in franchising ristoranti singoli, in modo che ogni proprietario gestisse in autonomia il suo McDonald's, garantendo però un'uniformità al brand. A tale scopo, avviò un programma di formazione per istruire gli affiliati su come gestire il ristorante rispettando gli standard di «qualità, servizio, pulizia e valore». I princìpi, insieme all'offerta di cibi conosciuti e alla concentrazione in aree periferiche, attirò un pubblico nuovo: le famiglie. Nel 1916, negli Stati Uniti erano presenti oltre 200 McDonald's e all'epoca della morte, risalente al 1984, circa 7.500 in tutto il mondo.

RAY KROC

***I celebri archi dorati**, che dal 1953 decorano molti ristoranti McDonald's, furono incorporati nel logo nel 1962.*

HOWARD HUGHES

1905-1976

Il miliardario statunitense Howard Hughes coltivò interessi eclettici, ottenendo un successo commerciale leggendario e diventando famoso come produttore cinematografico, progettista di aeroplani e aviatore.

Figlio di un inventore di successo, Howard Robard Hughes Jr sin da piccolo mostrò un'inclinazione all'ingegneria, costruendo a 12 anni un radiotrasmettitore e una bicicletta motorizzata. Nel 1924, dopo la morte del padre, ereditò un'impresa che fabbricava utensili e una discreta fortuna, che decise di investire nel cinema. Perciò si trasferì a Hollywood, dove produsse una serie di successi di botteghino che ottennero nomination e premi Oscar.

Appassionato di aviazione sin dall'infanzia – volò per la prima volta a 14 anni – nel 1928 ottenne il brevetto di pilota e dieci anni dopo fondò la Hughes Aircraft. Progettava e pilotava i suoi aeroplani, con i quali segnò vari record di velocità mondiali e transcontinentali.

Soffriva di problemi di salute mentale, tra cui il disturbo ossessivo-compulsivo, e dagli anni '50 fece vita sempre più appartata. Nel 1953 fondò l'Howard Hughes Medical Institute, un ente di beneficienza di fama mondiale, leader nella ricerca medica.

EVENTI PRINCIPALI

LA DITTA FAMIGLIARE
Nel 1924 è a capo della Hughes Tool Company, che trasforma in un'azienda miliardaria; la vende nel 1972.

REALIZZA FILM
Nel 1926 diventa un cineasta hollywoodiano di successo, ma spesso non rispetta tempi e budget.

SPICCA IL VOLO
Nel 1932 fonda la Hughes Aircraft e nel 1938 segna il record mondiale di velocità nel giro del mondo.

Imprenditore e pioniere dell'aviazione indiano, J.R.D. Tata fondò la prima compagnia aerea del Paese e molte delle aziende che oggi formano il Tata Group: uno dei gruppi industriali più grandi e di successo della storia. Sensibile ai temi sociali, favorì lo sviluppo dei settori medico, culturale e scientifico dell'India.

EVENTI PRINCIPALI

SCOPRE L'AVIAZIONE
In Francia, grazie a Louis Bleriot sin da piccolo si appassiona all'aviazione; vola per la prima volta nel 1919, a 15 anni.

IMPRESA FAMIGLIARE
Nel 1925 comincia un apprendistato non retribuito al Tata; nel 1926 entra a far parte del consiglio.

IN VOLO
Nel 1932 la Tata Air Services trasporta posta e passeggeri tra Karachi, Mumbai e Chennai.

ESPANSIONE GLOBALE
Nel 1938 diversifica il Tata Group nei settori alberghiero, automobilistico, produzione di acciaio, tè e IT.

Jehangir Ratanji Dadabhoy Tata nacque a Parigi da madre francese e padre indiano. Studiò in Francia, Giappone e nel Regno Unito, dove sognava di entrare nella facoltà di ingegneria di Cambridge. Tuttavia, nel 1924 fu arruolato nell'esercito francese per un anno di servizio militare. Al ritorno, le speranze di riprendere gli studi svanirono e, come da tradizione, si unì alla Tata, l'azienda famigliare fondata dal bisnonno nel 1868.

Poco avvezzo all'India e al business, nel dicembre 1925, a 21 anni, compì il suo dovere iniziando un apprendistato non retribuito. Meno di un anno dopo il padre morì, e Tata fu nominato membro del consiglio della Tata Sons, la società di punta del gruppo. Nel 1929 rinunciò alla cittadinanza francese e abbracciò appieno la vita in India.

Puntare all'aviazione

Appassionato di aviazione sin da bambino, quando in Francia ammirava i primi voli del celebre aviatore Louis Bleriot, nel 1929 fu il primo indiano a ottenere una licenza di pilota commerciale e tre anni dopo fondò la Tata Air Services. Il servizio di corriere collegava le città di Karachi, Ahmadabad, Bombay (attuale Mumbai) e Madras (attuale Chennai), e Tata pilotò il primo aereo da Karachi a Bombay. Ribattezzata Tata Airlines, poi Air India, era la prima compagnia aerea indiana che, nazionalizzata dal governo di Nehru dal 1953, fu gestita da Tata fino al 1977.

Oltre all'interesse per l'aviazione, si dedicò a diversificare l'azienda. Pur essendo il dirigente più giovane della Tata Sons, nel 1938 fu nominato presidente del Tata Group, all'epoca il gruppo industriale più grande dell'India, e lo guidò verso un' ulteriore espansione. Negli anni '70 il gruppo

«Se vuoi l'**eccellenza,**
devi **puntare alla perfezione.»**

J.R.D. Tata, 1981

J.R.D.
TATA
1904-1993

È IL **PRIMO** INDIANO A OTTENERE LA **LICENZA DI VOLO**

ACCRESCE IL PATRIMONIO **DA 100 MILIONI** A OLTRE **4 MILIARDI DI DOLLARI**

È PRESIDENTE DELLA AIR INDIA PER **25** ANNI, DAL **1952** AL **1977**

comprendeva uno stabilimento chimico, la Tata Engineering and Locomotive Company (poi Tata Motors), servizi software e tecnologici, un brand di cosmetici e un'impresa di tè.

Stile innovativo

Secondo la tradizione indiana, le imprese famigliari erano gestite dai membri della famiglia, ma Tata ruppe con il passato, trasformando il Tata Group in una federazione di imprese che premiava il talento e l'esperienza tra i vari membri del conglomerato.

È inoltre celebre per aver ottenuto il successo mantenendo standard etici alti. Benché nel commercio indiano la corruzione fosse la norma, si rifiutò di corrompere i politici per ottenere appalti o favori. Inoltre, si occupò del benessere dei dipendenti, incoraggiando uno stretto rapporto tra manager e lavoratori e introducendo una giornata lavorativa di 8 ore, l'assistenza medica gratuita, un fondo pensionistico e un regime di indennizzo in caso di infortuni.

***Nel 1932 condusse un Puss Moth** per il volo inaugurale della Tata Air Services, mentre nel 1948 è a bordo del primo volo internazionale della compagnia, ribattezzata Air India.*

In India fu coperto di onori che lo sconcertarono; nonostante il profilo pubblico, si dice che fosse timido e schivo. Credeva che per combattere la povertà non servissero atti di beneficienza isolati, ma lo sviluppo delle capacità scientifiche ed economiche del Paese. Fondò perciò vari enti, tra cui un ospedale, due istituti scientifici e un centro nazionale di teatro.

Convinto che fosse necessario frenare la crescita demografica, contribuì ad avviare l'International Institute of Population Studies. In seguito, investì gran parte della sua ricchezza nel fondo di beneficienza J.R.D. Tata Trust.

Nel 1991, a 87 anni, quando si dimise dalla Tata Sons, il gruppo aveva un fatturato di oltre 4 miliardi di dollari l'anno. Morì a Ginevra due anni dopo.

OLIVE ANN **BEECH**

Pioniera dell'industria aerospaziale americana, è cofondatrice, presidente e direttrice della Beech Aircraft.

Olive Ann, nata Mellor (1903-1993), si dimostra precoce sin da bambina. Dopo la scuola, lavora come segretaria di un fabbricante di piccoli velivoli, dove impara i rudimenti della progettazione e incontra il futuro marito: l'ingegnere aeronautico Walter Beech. Nel 1932 la coppia fonda la Beech Aircraft, che Olive gestisce da sola dopo la morte del marito, nel 1950. Riceve premi e onorificenze e, benché non abbia mai guidato un aereo, è da molti definita la «First Lady dell'aviazione americana».

«Non cominciare **mai** con **diffidenza.** Comincia **sempre** con **confidenza.»**

J.R.D. Tata, 1982

ALTRI IMPRENDITORI

Nonostante le due guerre mondiali e la Grande depressione degli anni '30, durante la prima metà del XX secolo l'economia globale continuò a crescere, favorendo la diffusione in tutto il mondo della produzione di massa e la formazione di conglomerati che operavano in settori diversi.

HENRY LUCE
(1898-1967)

Nato in Cina da missionari statunitensi, Henry Luce avviò la carriera giornalistica a Chicago. Nel 1921 lavorava per il *Baltimora News* con Briton Hadden, un vecchio amico. Nel 1922 i due, insieme a Robert Livingston Johnson, fondarono la Time Inc. L'anno seguente Luce pubblicò il primo numero del settimanale d'informazione *Time*. Nel 1929 pubblicò la rivista di economia *Fortune*, poi nel 1936 acquistò *Life*, rilanciandola e spostando l'accento sul fotogiornalismo. Rimase caporedattore di tutte le pubblicazioni della Time Inc. fino al 1964.

PIETRO FERRERO
(1898-1949)

Pasticcere e proprietario di un negozio ad Alba, in Piemonte, Pietro Ferrero fondò il celebre brand dolciario nel 1946. Dopo la Seconda guerra mondiale, la scarsità di cioccolato lo spinse a inventare il *Giandujot*, una crema dolce composta di zucchero e nocciole, con l'aggiunta di cacao. Dopo la morte, nel 1949 il figlio modificò la ricetta, sviluppando la Nutella. Lanciato nel 1964, il prodotto avrebbe gettato le basi per la crescita della Ferrero in una delle aziende dolciarie più grandi al mondo.

JUAN TRIPPE
(1899-1981)

Figlio di un banchiere, Juan Trippe servì come pilota durante la Prima guerra mondiale. Nel 1922 avviò un servizio di taxi aereo e tre anni dopo fondò la Colonial Air Transport per il trasporto di posta e passeggeri. Nel 1927 l'azienda si fuse con altre due compagnie, formando la Pan American Airways. Con Trippe come presidente, la Pan Am operò su rotte globali per diventare, negli anni '30, la compagnia aerea più grande del mondo. Nel 1955 fu la prima a usare i jet per il trasporto di passeggeri, favorendo la rapida crescita dell'aviazione commerciale.

JOSEPH-ARMAND BOMBARDIER
(1907-1964)

Di origine canadese, Joseph-Armand Bombardier era proprietario di un'officina. Inventò il gatto delle nevi, un veicolo per sette passeggeri con sci e cingoli, brevettandolo nel 1937. Nel 1940 aprì una fabbrica, e durante la Seconda guerra mondiale, produsse veicoli militari per gli Alleati. Nel dopoguerra realizzò motoslitte più piccole per il trasporto di uno o due passeggeri per uso ricreativo, che riscossero grande successo. Dopo la sua morte, l'azienda ha operato anche nei settori ferroviario e aerospaziale, vendendo la divisione delle motoslitte nel 2003.

SIR LOUIS ODUMEGWU OJUKWU
(1908-1966)

Nato nella Nigeria sudorientale, nel 1934 Louis Odumegwu Ojukwu avviò un'azienda di trasporti, assemblando un'ampia flotta di autocarri. Poi incluse l'importazione di generi alimentari, immobili, tessuti e cemento, diventando l'uomo più ricco del Paese. Poco prima che la Nigeria conquistasse l'indipendenza dalla Gran Bretagna (1960), fu nominato cavaliere dalla regina Elisabetta II. L'anno seguente fondò in qualità di presidente la Borsa nigeriana. Attivo in politica, fu membro della Camera dei rappresentanti.

RICHARD A. HENSON
(1910-2002)

Nato nel Maryland, Stati Uniti, Richard A. Henson ottenne un brevetto da pilota e nel 1931 cominciò a lavorare nell'aviazione commerciale, trasportando passeggeri sul suo aereo e collaudando velivoli.

Nel 1932 avviò la Henson Flying Service, e sei anni dopo aprì una scuola di volo. Nel 1962 fondò la Hagerstown Commuter, che gestiva tratte tra il Maryland e Washington D.C. Adottò un modello di business che con piccoli aerei collegava centri minori a grandi città, che divenne la base del sistema *spoke and hub* dell'aviazione statunitense. Espanse le operazioni agli Stati Uniti sudorientali e andò in pensione nel 1989, quando la US Air acquistò la compagnia.

DAVID PACKARD
(1912-1996)

Originario del Colorado, David Packard frequentò la Stanford University, dove incontrò William R. Hewlett. Insieme, nel 1939 fondarono la Hewlett-Packard, che fabbricava strumenti elettronici per test e misurazioni, e in seguito poi calcolatori, stampanti e computer. Divenne una società nel 1947 con Packard come presidente fino al 1964, quando ne fu nominato CEO e presidente. Lasciò la carica nel 1968, riassumendo la presidenza dal 1972 al 1993. All'epoca, HP era ormai una delle società tecnologiche e informatiche più grandi al mondo.

BROWNIE WISE
(1913-1992)

L'innovativa venditrice americana Brownie Wise nacque in Georgia. Dal 1942 lavorava come segretaria in un negozio di abbigliamento e vendeva prodotti per la pulizia organizzando dimostrazioni in case private. Passò a vendere articoli Tupperware, contenitori alimentari di plastica inventati da Earl Tupper che, notando il suo talento, nel 1951 la nominò vicepresidente. Assunse migliaia di donne per la vendita diretta ai consumatori in "party" privati. Nonostante il successo e l'innovazione, perse il lavoro a causa di dissidi con Tupper. Sfruttò la tecnica per vendere cosmetici, ma con minor fortuna.

RUTH HANDLER
(1916-2002)

Nata negli Stati Uniti da immigrati ebrei polacchi, nel 1938 Ruth Handler si trasferì con il marito a Los Angeles, realizzando e vendendo mobili di plastica. Nel 1945 la coppia fondò la Mattel per produrre cornici per fotografie e, in seguito, giocattoli. Il prodotto più venduto, lanciato nel 1959, fu Barbie, inventata da Ruth e chiamata come la figlia. Nel 1970 si ammalò di tumore al seno e avviò un'impresa per la produzione di protesi. Indagata per frode, nel 1975 lasciò la Mattel.

BETTE NESMITH GRAHAM
(1924-1980)

A 19 anni, Bette Nesmith Graham fu assunta come segretaria e nel 1951 divenne segretaria esecutiva di una banca. Artista di talento, sviluppò una vernice a base d'acqua per correggere gli errori di battitura, che chiamò "Mistake Out" (via l'errore), che commercializzò nel 1956. Dopo il licenziamento, si dedicò al prodotto, che brevettò e ribattezzò "Liquid Paper". Nel 1967 l'azienda aveva un valore di oltre 1 milione di dollari e nel 1979 fu venduta alla Gillette.

LILLIAN VERNON
(1927-2015)

Originaria di Lipsia, in Germania, Lilli Menasche a 6 anni fuggì dall'antisemitismo, emigrando negli Stati Uniti e adottando il nome di Lillian Vernon. Nel 1951 vendeva per corrispondenza borse e cinture con monogrammi, poi aggiunse altri prodotti adatti a un pubblico di donne giovani. Nel 1965 l'azienda divenne una società con Vernon come CEO e nel 1987 fu la prima impresa fondata da una donna a essere quotata alla borsa americana; fu venduta nel 2003.

BERRY GORDY JR.
(1929-)

Abbandonata la scuola superiore nel 1950, l'afroamericano Berry Gordy avviò la carriera di pugile, per poi aprire un negozio di dischi a Detroit, scrivendo e registrando canzoni. Nel 1959 fondò l'etichetta Tamla e un anno dopo la Motown, fondendole insieme nella Motown Records. Ingaggiò molti dei migliori artisti musicali del tempo, come Marvin Gaye e Diana Ross, e lanciò dischi di successo internazionale. Nel 1972 trasferì l'etichetta a Los Angeles, estendendo le attività al cinema, e la vendette nel 1988.

WALLACE MCCAIN
(1930-2011)

Figlio di un esportatore di semi di patate, Wallace McCain nacque in Canada. Nel 1956, insieme al fratello fondò la McCain Foods, aprendo uno stabilimento nella città natale. L'azienda crebbe sfruttando la domanda di cibi pronti, in particolare le patatine fritte surgelate, e si espanse fondando fabbriche all'estero e offrendo un'ampia gamma di alimenti e bevande. Nel 1994, dopo una lite con il fratello, McCain fu costretto a dimettersi come CEO. Acquistò allora la Maple Leaf Foods che era in fallimento e la risollevò.

5

PUBBLICITÀ E CONSUMISMO

1930-1980

ESTÉE
LAUDER

Pioniera della cosmesi, nel 1946 Estée Lauder fondò un'azienda di prodotti per la pelle di alta qualità, che facevano apparire e sentire belli. Grazie alla creatività, al marketing innovativo e al servizio personalizzato, lanciò uno dei marchi di bellezza più rinomati al mondo.

Josephine Esther Mentzer nacque nel 1906 a New York da genitori ebrei immigrati. Il padre, ceco, la chiamava Esty, un soprannome che Lauder avrebbe modificato in Estée per renderlo più sofisticato.

Familiarizzò con il commercio nel negozio di ferramenta del padre, ma sin da piccola era la bellezza ad affascinarla: in particolare, amava guardare la madre che si spalmava vari prodotti per la cura quotidiana della pelle. Lo zio John Schotz era chimico e le insegnò a preparare lotti di creme secondo la sua ricetta. Estée iniziò presto a commercializzare la Super-Rich All-Purpose Crème, una crema ultraricca multiuso che vendeva ai parrucchieri.

Il business della bellezza

Nel 1930 sposò il suo primo amore, Joseph Lauter, che modificò il cognome in Lauder per correggere un errore di trascrizione risalente al trasferimento del padre dall'Australia agli Stati Uniti. Le creme di bellezza di Lauder divennero il business della famiglia, che preparava i prodotti nella cucina di un ex ristorante.

Con un intuito innato per i desideri delle donne, curò ogni dettaglio dei prodotti, dal colore della confezione al nome. Inoltre, convinta che per concludere una vendita si dovevano vedere i risultati sulla propria persona, passò in rassegna i saloni di New York per applicare i cosmetici sul viso delle potenziali acquirenti. Aveva fascino, senso dell'umorismo e stile, ed era abile a farsi pubblicità e a vendere, consigliando alle clienti soddisfatte

EVENTI PRINCIPALI

ASPIRANTE ATTRICE
Sogna di diventare attrice, ma dal 1942 si dedica appieno a sviluppare creme di bellezza.

FONDA UN'IMPRESA
Nel 1946 avvia con il marito la Estée Lauder Inc., lanciando 4 prodotti per la pelle.

PRODOTTO OMAGGIO
Nel 1948 offre il primo omaggio con un acquisto, oggi una strategia di marketing comune nella cosmesi.

ESPANDE IL BUSINESS
Nel 1960 chiede un prestito per espandersi all'estero, iniziando con Londra, poi con Parigi.

«Volevo vedere il mio **nome** sulle **insegne,** ma mi sarei accontentata di **chiuderlo in un vasetto.»**

Estée Lauder, 1985

MIGUEL **KRIGSNER**

L'imprenditore boliviano-brasiliano ha fondato O Boticário, una delle aziende di cosmetici più grandi dell'emisfero australe, finanziando con i profitti una fondazione ambientalista.

Miguel Krigsner (1950-) è nato in Bolivia, dove si erano rifugiati il padre polacco e la madre tedesca in fuga dalla Germania nazista. La famiglia si sposta in Brasile e Krigsner studia farmacia e biochimica. Nel 1977 apre a Curitiba, nel Brasile meridionale, la farmacia O Boticário, che ben presto diventa uno dei franchising più grandi del mondo, con oltre 4.000 negozi. Nel 1990 istituisce una fondazione ed è tra i primi a sovvenzionare la tutela dell'ambiente.

IL PRIMO **GRANDE MAGAZZINO** A ESPORRE I COSMETICI LI **ESAURISCE** IN **DUE** GIORNI

NEL 1958 L'OLIO DA BAGNO **YOUTH-DEW** AUMENTA LE VENDITE DEL **400%**

di «telefonare, telegrafare, spargere la voce» sui benefici dei prodotti.

Svolta

Insieme al marito, nel 1946 fondò la Estée Lauder Inc., offrendo una linea di 4 articoli per la cura della pelle: l'originale All-Purpose Crème, un olio detergente, una maschera e una lozione. La svolta decisiva avvenne nel 1948, quando il Saks Fifth Avenue, un grande magazzino di New York, ordinò 800 dollari di prodotti. Estée invitò i clienti più importanti a provare la sua nuova linea, offrendo un campione omaggio con un acquisto, e i cosmetici si esaurirono in due giorni. Nel 1953 lanciò Youth-Dew, insieme un olio da bagno e un profumo, che si rivelò un successo immediato. Nel 1960, quando si espanse sul mercato estero, aggiunse di nuovo un tocco personale. Si recò ai magazzini Harrods di Londra, poi alla Galeries Lafayette di Parigi dove, vedendosi rifiutare un incontro, versò sul pavimento lo Youth-Dew, spingendo i clienti a chiedere da dove venisse quel profumo inebriante. Ottenne così un bancone-trucco all'interno del negozio.

Brand globale

Partendo dal nulla, diventò una delle imprenditrici più ricche del mondo. Si muoveva in circoli elitari, mantenendo rapporti con membri di famiglie reali e celebrità, che innalzarono il profilo del brand.

Nel 1964 incluse

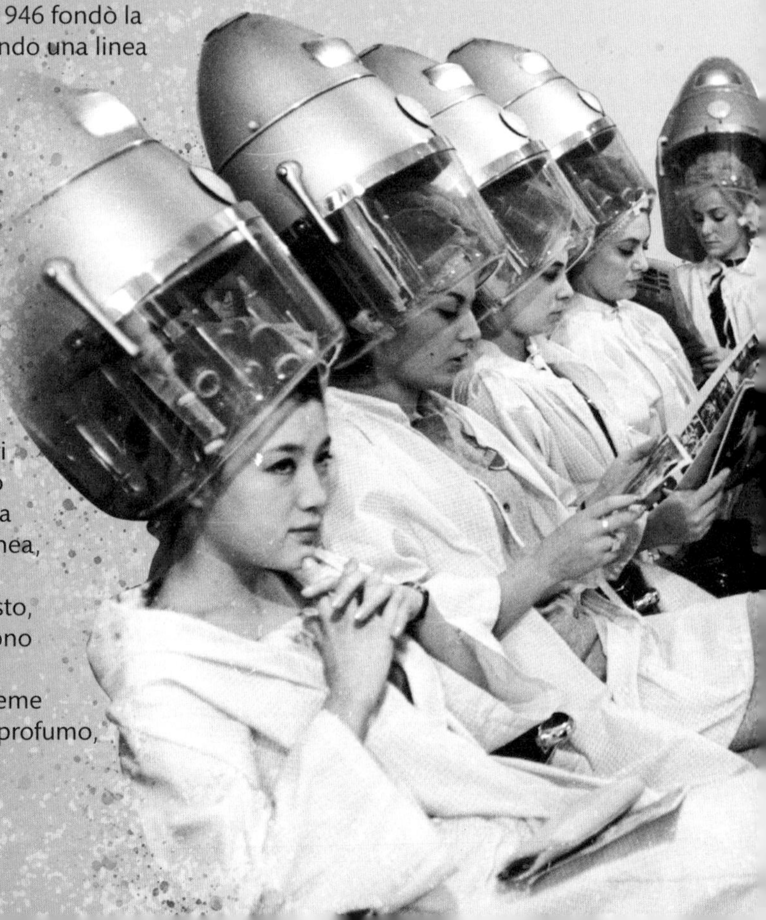

nell'assortimento Aramis, la linea uomo di profumi e prodotti per la cura personale, e nel 1968 diversificò ulteriormente l'azienda con il brand Clinique. Nel 1973 affidò il business al figlio maggiore Leonard, e morì nel 2004. Oggi l'azienda è tra i produttori leader del mercato mondiale di creme, cosmetici, profumi e prodotti per capelli.

«Mi sono adoperata per arrivare dove sono: non è bastato **desiderarlo** o **sperarlo.»**

Estée Lauder, 1993

La strategia aziendale di Lauder *era vendere dimostrando l'alta qualità dei prodotti, che faceva provare alle clienti prima nei saloni di New York, poi da Saks sulla Fifth Avenue.*

«HO SEMPRE CREDUTO CHE SE TI ATTIENI A UN PROPOSITO FACENDO ATTENZIONE A NON DISTRARTI LUNGO IL CAMMINO, È POSSIBILE REALIZZARE I SOGNI. TUTTA LA MIA VITA HA GIRATO ATTORNO AI SOGNI. NON PERDEVO D'OCCHIO L'OBIETTIVO, QUALSIASI ESSO FOSSE.»

Estée Lauder

Estée Lauder lancia il nuovo profumo **Knowing** *nel negozio Lord & Taylor di New York con la modella Paulina Porizkova, 1988.* ▶

Nato in una famiglia di proprietari terrieri, Lee Byung-chul avviò una piccola impresa commerciale che si sviluppò nella multinazionale Samsung Group. Determinato a diventare leader di mercato in ogni settore, trasformò la divisione elettronica nel più grande produttore al mondo di beni di consumo promuovendo la crescita economica della Corea del Sud.

EVENTI PRINCIPALI

AVVIA LA SAMSUNG
Nel 1938 fonda a Taegu la Samsung Trading Co., vendendo ed esportando prodotti come pesce essiccato e frutta.

GUERRA DI COREA
Nel 1950 sposta le attività da Seoul a Busan, fornendo autocarri all'esercito statunitense.

CRESCITA POSTBELLICA
Con il sostegno del governo, negli anni '50 include i settori chimico, tessile e assicurativo.

BOOM DELL'ELETTRONICA
Negli anni '60 passa all'elettronica, fabbricando prodotti quali fax e televisori.

Lee Byung-chul frequentò l'università di Waseda a Tokyo, Giappone, senza completare gli studi. Avviò una coltura di riso che fallì, ma non si perse d'animo fondando una seconda impresa - la Samsung Trading Co. - per esportare generi alimentari in Cina. Nel 1950, l'inizio della guerra di Corea tra il Nord e il Sud del Paese lo costrinse a spostare le operazioni più a sud, a Busan, aprendo una nuova opportunità commerciale: la fornitura di autocarri alle truppe statunitensi, alleate della Corea del Sud.

Nel dopoguerra, puntò su settori che avrebbero ridotto l'esigenza del Paese di importare beni essenziali, come generi alimentari e tessuti. L'espansione fu favorita dalle politiche protezioniste del governo, che miravano a sviluppare le imprese domestiche per accelerare la ripresa. Convinto che l'innovazione tecnologica fosse la chiave per risollevare l'economia, creò divisioni nuove, tra cui una finanziaria, una assicurativa e, negli anni '60, una elettronica.

L'ultima si rivelò molto redditizia: Samsung Electronics lanciò un televisore in bianco e nero di successo, per poi spostarsi su semiconduttori, hardware e telecomunicazioni. L'azienda è tuttora uno dei principali produttori del mondo di chip per computer. Puntando sui procedimenti, sulla qualità e sulla crescita, Byung-chul gestì da vicino il business incoraggiando ogni dipendente a coltivare il proprio potenziale. Negli anni '80 estese le attività all'ingegneria navale, formando un conglomerato globale. Morì nel 1987, dopo aver contribuito allo sviluppo della Corea del Sud in una potenza industriale e tecnologica.

«In coreano, **"Samsung"** significa **"tre stelle"...** esprime la visione che aveva per la sua azienda Lee Byung-chul: **splendere come una stella nel cielo, brillante** e **per sempre.**»

Samsung Global Newsroom

LEE
BYUNG-CHUL
1910-1987

ENZO
FERRARI

L'ostinata determinazione e la passione per le corse automobilistiche fecero di Enzo Ferrari un produttore di automobili sportive leggendario. Pilota affermato, ingegnere e direttore di squadra, per decenni vinse competizioni in tutto il mondo e i suoi prodotti sono tuttora sinonimo di qualità.

Nato a Modena, Italia, Enzo Anselmo Ferrari era figlio di un fabbricante di componenti di metallo per le ferrovie. Il desiderio di diventare pilota risale al 1908, quando a 10 anni il padre lo condusse per la prima volta a vedere una corsa al circuito di Bologna. Uscì illeso dalla Prima guerra mondiale, ma nel 1918 fu quasi ucciso dalla pandemia influenzale che dilagò nell'Europa postbellica. Dopo la guarigione, si mise alla disperata ricerca di un lavoro e, dopo il rifiuto della Fiat, fu assunto come collaudatore da una piccola ditta di Torino. L'anno successivo si trasferì a Milano, dove lavorò per Costruzioni Meccaniche Nazionali prima come collaudatore, poi come pilota.

Gli anni all'Alfa Romeo

Grazie ai successi conseguiti, nel 1920 gli fu offerto un posto come pilota all'Alfa Romeo e tre anni dopo vinse il Gran Premio a Ravenna. Si dice che in quell'occasione la famiglia dell'eroico pilota di caccia Francesco Baracca, ucciso in volo nel 1918, fu a tal punto colpita dal coraggio di Ferrari da regalargli l'emblema della squadriglia del figlio: un cavallino rampante su uno scudo. Ferrari lo adottò per la sua squadra, la Scuderia Ferrari, fondata nel 1929 come divisione agonistica

***Nel 1950,** davanti alla fabbrica, Ferrari (a sinistra) e il capo meccanico Vittorio Bellentani (a destra) discutono sulla Lancia Ferrari D50, con serbatoi montati ai due lati.*

EVENTI PRINCIPALI

SOPRAVVIVE ALLA PANDEMIA
Nel 1918 guarisce dall'influenza che nel 1916 aveva ucciso il padre e il fratello e decide di diventare pilota.

LAVORA PER L'ALFA ROMEO
Dal 1920, per 19 anni corre per l'Alfa Romeo, poi diventa direttore di scuderia.

AFFERMA LA FERRARI
Nel 1939 avvia Auto Avio Costruzioni per produrre macchine da corsa Ferrari e gestire una squadra propria.

PRIMA VITTORIA
Nel 1952 guida la Scuderia Ferrari verso la prima vittoria nel neonato Campionato mondiale di Formula 1.

«Nessuno ricorda chi arriva **secondo.»**

Enzo Ferrari, 1983

GIOVANNI **AGNELLI**

Fondatore della Fiat (Fabbrica Italiana Automobili Torino), sfrutta le competenze ingegneristiche e imprenditoriali per diventare uno dei più importanti industriali d'Italia.

Abbandonata la carriera militare nel 1893, Giovanni Agnelli (1866-1945) è eletto sindaco di Villa Perosa, la città natale. Ricevuta la notizia dell'invenzione della carrozza senza cavalli, coglie l'occasione e nel 1899, con altri 8 investitori, fonda la Fiat. Nel 1902 ne diventa amministratore delegato, trasformandola nella casa automobilistica più grande e redditizia d'Italia, celebre per l'ingegneria. È a capo della Fiat fino alla morte.

NEL 1950 PARTECIPA AL **PRIMO CAMPIONATO MONDIALE** DI FORMULA 1

NEL 1963 RIFIUTA UN'OFFERTA DI ACQUISTO DELLA **FORD DI 18 MILIONI** DI DOLLARI

COME PILOTA VINCE **11 GRAN PREMI**

dell'Alfa Romeo. Nel 1932 si ritirò dalle corse per dirigere gli oltre 40 piloti. Nel 1932, però, l'Alfa Romeo fondò una divisione propria, chiudendo la Scuderia Ferrari e licenziandolo nel 1939. Enzo era deciso a battere l'Alfa su una macchina Ferrari, ma l'accordo gli impediva di usare il suo nome per quattro anni. Perciò, fondò Auto Avio Costruzioni, la bandiera sotto cui nel 1940 gareggiò la prima Ferrari.

Corsa agli affari

Nel 1947 lanciò la prima auto con il suo nome, usando un motore rivoluzionario a 12 cilindri (V12), che aumentò la velocità e il controllo: le migliori Alfa Romeo avevano solo 8 cilindri.

Determinato a vincere le corse e a migliorare le prestazioni, ben presto divenne famoso per usare il pugno di ferro e incoraggiare la competizione tra i piloti. La squadra ottenne i primi successi, vincendo nel 1949 la 24 Ore di Le Mans. L'anno seguente, si unì

***Ferrari aprì lo stabilimento** tuttora in uso di Maranello nel 1943. Non andava mai in ferie e trascorreva il tempo nell'ufficio della fabbrica, da dove dirigeva la scuderia.*

«**Non ho** alcun **interesse diverso** dalla **macchina** da corsa.»

Enzo Ferrari, 1963

al nuovo campionato mondiale di Formula 1 (è l'unica squadra ad aver partecipato sin dalla prima edizione), ottenendo una prima vittoria nel 1951 a Silverstone, Inghilterra, e il titolo mondiale nel 1952.

Per finanziare le costose attività agonistiche, decise di avviare la vendita di auto da strada. Nel 1954 aprì un concessionario a Manhattan, New York, fornendo prodotti rivolti a una clientela facoltosa negli Stati Uniti e in Europa. Il colpo di genio fu usare le caratteristiche delle macchine da competizione (motori innovativi, carrozzeria da corsa e struttura leggera) sui veicoli commerciali, offrendo auto sportive tra le più richieste sul mercato. Tuttavia, l'agonismo continuò a essere la sua passione, la «grande mania per cui uno deve sacrificare tutto».

Alla fine degli anni '60, perfino lo spirito competitivo di Ferrari non poté mitigare i costi crescenti della gestione di una scuderia, e fu costretto a cederne il 50% (poi il 90%) alla Fiat, conservando però il controllo totale delle attività agonistiche. Lasciò la presidenza nel 1977, ma mantenne la gestione fino alla morte, avvenuta nel 1988 a 90 anni.

Durante la sua vita, le Ferrari si aggiudicarono 13 campionati mondiali e oltre 4.000 vittorie su circuiti importanti.

MARY
KAY ASH

Con un investimento iniziale di soli 5.000 dollari, l'imprenditrice rivoluzionaria Mary Kay Ash avviò una delle aziende di cosmetici più grandi degli Stati Uniti: la Mary Kay Inc. Motivata dall'esperienza di venditrice diretta, voleva creare un'«impresa da sogno» che aiutasse le donne a ottenere l'indipendenza finanziaria.

Per oltre vent'anni, la texana Mary Kay Ash tenne incontri nelle case per l'azienda Stanley Home Products, incoraggiando i partecipanti ad acquistare i prodotti. Era una venditrice così convincente che nel 1952 ricevette un'offerta di lavoro da un concorrente; quando però vide che molti uomini che aveva formato facevano carriera prima di lei, si licenziò.

Determinata a non lasciare che la discriminazione di genere le impedisse di realizzare le sue ambizioni, nel 1963 avviò un'impresa di vendita diretta insieme al marito George Hellenbeck, che però morì di infarto un mese prima del lancio. Ash non si scoraggiò e, con l'aiuto del figlio ventenne Richard, investì i risparmi nella Mary Kay Cosmetics. All'inizio, le vendite erano affidate a un team di 9 agenti: i suoi consulenti di bellezza.

Grandi affari

L'etica aziendale riservava un trattamento rispettoso al personale, perlopiù femminile, offrendo orari di lavoro flessibili e incentivi sulle vendite: ogni anno i 5 migliori agenti ricevevano una Cadillac rosa. I consulenti acquistavano i prodotti a prezzi all'ingrosso e li vendevano durante incontri in case private; se assumevano un altro venditore, percepivano una provvigione. La Mary Kay Cosmetics chiuse il primo anno in attivo e il secondo incassò 1 milione di dollari. Nel 1996 le vendite ammontavano a più di 1 miliardo e l'azienda ha continuato a crescere dopo la morte di Ash, avvenuta nel 2001.

EVENTI PRINCIPALI

AVVIA UN'IMPRESA
Nel 1963 lancia la Mary Kay Cosmetics, un mese dopo la morte del marito.

ESPANSIONE RAPIDA
Per soddisfare la domanda, nel 1969 costruisce uno stabilimento a Dallas, Texas.

MULTINAZIONALE
Nel 1971 apre in Australia la prima filiale estera della Mary Kay Cosmetics.

ENTE DI BENEFICIENZA
Nel 1996 avvia la Mary Kay Foundation per aiutare le donne malate di cancro e vittime di violenza domestica.

AMPLIA IL PERSONALE
Nel 2003 ha un organico di oltre 1 milione di consulenti di bellezza in 30 Paesi.

«Ogni **successo, grande** o **piccolo, inizia** nella tua **mente.**»

Mary Kay Ash, 1995

L'uomo d'affari e imprenditore americano Sam Walton fondò la catena di negozi Walmart, che divenne una delle più grandi società del mondo. Fissando obiettivi ambiziosi in materia di valore e servizio clienti, tuttora alla base della società, ha trasformato il nostro modo di fare acquisti.

EVENTI PRINCIPALI

FRANCHISING
Grazie a un prestito del suocero di 20.000 dollari, nel 1945 investe 25.000 dollari nel primo franchising in Arkansas.

APRE WALMART
Nel 1962, a 44 anni, apre a Rogers, Arkansas, il primo punto vendita: Walmart Discount City.

SUCCESSO TRAVOLGENTE
Nel 1970, con 38 negozi, 1.500 dipendenti e 44,2 milioni di dollari di fatturato, Walmart è quotato in borsa.

FORMAT NUOVI
Negli anni '80 lancia format nuovi, tra cui Sam's Club e Walmart Supercenter.

ALL'ESTERO
Nel 2019 Walmart ha oltre 6.000 punti vendita e 800.000 dipendenti in 26 Paesi fuori dagli Stati Uniti.

Nato in Oklahoma nel 1918, Samuel Moore Walton crebbe durante la Grande depressione. Si guadagnò da vivere sin da giovane con lavori occasionali, per esempio vendendo latte. Studiò economia all'università del Missouri, finanziandosi gli studi con la consegna di giornali e un lavoro da cameriere. Dopo la laurea, stanco di passare da un impiego all'altro e in cerca di soddisfazione professionale, si orientò al commercio al dettaglio. Fu assunto come apprendista manager da J.C. Penney nell'Iowa, dove apprese molte delle tecniche gestionali che adotterà in Walmart, tra cui chiamare i dipendenti "associati" per farli sentire parte dell'azienda e incoraggiare la presenza dei dirigenti in negozio.

Primo negozio al dettaglio

Pur non prestando servizio per questioni di salute, partì per la Seconda guerra mondiale, interrompendo la carriera. Al termine, nel 1945, aprì il primo punto vendita, un franchising Ben Franklin a Newport, Arkansas, e decise di farlo diventare in cinque anni il bazar migliore e più redditizio dello Stato. Nel 1962 i franchising erano diventati 15.

***Il secondo franchising Ben Franklin** a Bentonville, Arkansas, fu il primo Walmart. Fondato nel 1950, ospita oggi il Walmart Museum.*

WAL-MART
SAM
WALTON
1918-1992

«Il cliente può **licenziare chiunque** nell'azienda, semplicemente **spendendo** i suoi **soldi altrove.»**

Sam Walton, 1992

Continuando ad amministrare i franchising Ben Franklin, valutò varie collaborazioni per accelerare l'espansione, ma decise di agire da solo. Nel 1950 aprì Walton's Five-and-Dime, il primo negozio di sua proprietà, sulla piazza centrale di Bentonville, Arkansas, dove vendeva merce di ogni genere a prezzi bassi.

Voleva lanciare una catena di grandi punti vendita che offrivano sconti su tutti gli articoli e si orientò su piccole città. Avviò il primo Walmart (dalla combinazione di Walton e Mart) nel 1962 a Rogers, Arkansas, e dopo cinque anni i negozi erano 24, con un fatturato di 12,7 milioni di dollari. Nel 1970 quotò l'azienda in borsa. Due anni dopo aprì

GEORGES **COLES**

Imprenditore e filantropo, fonda il Coles Group, una delle catene di negozi più grandi dell'Australia, venduta nel 2007 per 22 miliardi di dollari.

Nel 1910, sir George James Coles (1885-1977) rileva un negozio del padre e viaggia nel Regno Unito e negli Stati Uniti per aggiornarsi sui metodi di vendita al dettaglio, in particolare negozi five-and-dime, che vendevano merce varia a basso costo. Nel 1914 con il fratello apre il primo Coles, a cui seguirono altri punti vendita. Nel 1927 quota l'azienda in borsa e al tempo della Seconda guerra mondiale apre 86 negozi in tutta l'Australia. I fratelli acquistano altre piccole catene a conduzione familiare e oggi la società conta su un organico di 100.000 dipendenti.

51 negozi negli Stati Uniti, con vendite pari a 78 milioni di dollari. L'espansione proseguì e Walmart divenne una multinazionale.

I prezzi bassi erano un elemento essenziale del successo, ma il servizio clienti fornito dagli "associati" Walmart ne garantiva la fidelizzazione. Un aspetto insolito per un leader dell'epoca, "Mr Sam", com'era chiamato, condivideva la sua visione con i dipendenti: capitava spesso in negozio per chiacchierare con il personale e trovare idee nuove da adottare in altri punti vendita Walmart.

Successo nei piccoli centri

L'avversione della moglie per le grandi città influenzò la strategia di Walton di puntare sulle piccole città, limitando le opportunità per potenziali concorrenti. Si assicurò che il negozio fosse a un giorno di auto dal centro di distribuzione regionale Walmart, garantendo scaffali sempre ben forniti. Un altro aspetto cruciale fu evitare importazioni scadenti, scegliendo prodotti americani e cercando fabbricanti locali che rifornissero l'intera catena. Nel 1985, quando la rivista *Forbes* lo definì l'uomo più ricco d'America, guidava ancora un pick-up Ford e indossava con orgoglio vestiti Walmart, tra cui un berretto da baseball. Morì nel 1992. All'epoca, 1.000 azioni Walmart acquistate nel 1970 a 1.650 dollari valevano 2,5 milioni, i dipendenti erano 380.000 e le vendite annue ammontavano a circa 50 miliardi di dollari.

Il primo negozio "Five-and-Dime" *sancì un approccio nuovo al commercio al dettaglio: vendendo grandi quantità di prodotti economici, superò la concorrenza e generò entrate rapide da reinvestire nel business.*

COMINCIA SPESSO A LAVORARE ALLE **4.30**

LASCIA UN **PATRIMONIO** STIMATO DI **130 MILIARDI** DI DOLLARI

LA **PRIMA** SETTIMANA DI VENDITE DA **1 MILIARDO DI DOLLARI** È DEL **1993**

1908-1997

EVENTI PRINCIPALI

LUCE PREMIATA
Sviluppa e brevetta una luce al neon che nel 1933 vince il premio all'eccellenza all'Esposizione di Parigi.

AVVIA UN'IMPRESA
Nel 1946 fonda un'azienda elettronica con Akio Morita, il cui padre la finanzia con 500 dollari.

OTTIENE UN BREVETTO
Nel 1953 paga 25.000 dollari all'azienda statunitense Western Electric per produrre transistor in Giappone.

PROMUOVE LA SCIENZA
Nel 1972 inaugura la Sony Foundation for Education per promuovere la conoscenza scientifica tra i bambini.

Genio dell'ingegneria dietro prodotti come il registratore e il televisore a transistor, Masaru Ibuka, con il cofondatore Akio Morita, trasformò la piccola azienda di elettronica nel gigante Sony.

Masaru Ibuka nacque a Nikko, Giappone, nel 1908. Studiò elettronica all'università di Waseda, Tokyo, dove era chiamato "inventore geniale". Dopo aver lavorato per varie aziende scientifiche, durante il conflitto fu assunto da civile come ingegnere radio del comitato di ricerca della marina giapponese, dove incontrò Akio Morita. Nel 1945 lasciò l'esercito per avviare un negozio per la riparazione di radio danneggiate in un grande magazzino di una Tokyo bombardata. Morita si unì nel 1946 e insieme fondarono la Tokyo Tsushin Kogyo (Tokyo Telecommunications Engineering), ribattezzata nel 1958 Sony Corporation. Ibuka guidò l'innovazione tecnologica e fu presidente della Sony, poi direttore generale, fino al pensionamento, avvenuto nel 1976.

«Per creare una **fabbrica ideale** che **ponga l'accento** sullo **spirito di libertà** e sull'**apertura mentale.**»

Masaru Ibuka, 1946, sulla fondazione della Tokyo Tsushin Kogyo (in seguito Sony)

MASARU IBUKA

L'imprenditore giapponese Akio Morita trasformò la Sony in un leader globale nei settori elettronico e dell'intrattenimento, rivoluzionando il modo in cui fruiamo musica, televisione, radio e cinema.

Nato nel 1921 nel villaggio di Kosugaya, Giappone, Akio Morita doveva lavorare nel birrificio di famiglia ma, affascinato dalla tecnologia sin da bambino, scelse di studiare fisica all'università di Osaka. Entrò in marina da studente e fu assegnato come ufficiale tecnico alla ricerca avionica. Collaborò con l'ingegnere Masaru Ibuka al collaudo e alla produzione di nuovi strumenti. Nonostante la differenza di età di 13 anni, i due strinsero amicizia e diventarono soci in affari. Responsabile delle finanze e del marketing, Morita trasformò la Sony Corporation in un brand globale, promuovendo lo sviluppo di prodotti innovativi, all'avanguardia dell'elettronica. Andò in pensione nel 1994 per problemi di salute.

EVENTI PRINCIPALI

INCONTRA IBUKA
Come ufficiale della marina giapponese, nel 1945 lavora con Ibuka sui missili a ricerca di calore.

NASCITA DI UN BRAND
Nel 1958 cambia il nome della Tokyo Tsushin Kogyo in Sony e la quota alla Borsa di Tokyo.

MERCATO AMERICANO
Nel 1963 si trasferisce per un anno negli Stati Uniti, dove raccoglie informazioni sul mercato dei consumatori locale.

PASSA AL CINEMA
Nel 1989 acquista la Columbia Pictures per 3,4 miliardi di dollari, assicurando alla Sony un'ampia quota nel cinema.

«Non so cosa farmene della **gente** che **non desidera** esporsi e **guadagnarsi il successo.**»

Akio Morita, 1966

AKIO MORITA

«La **creatività** nasce quando **cerchi l'inaspettato** ed **esci** dalla tua **esperienza.»**

Masaru Ibuka, 1992

Secondo la presentazione inaugurale di Ibuka della Tokyo Tsushin Kogyo, l'odierna Sony Corporation, lo scopo era fondare una fabbrica «dove gli ingegneri mossi da sincera motivazione possano esercitare le competenze tecnologiche ai massimi livelli». L'azienda si basava su una combinazione perfetta: Ibuka era

la mente innovatrice dietro le invenzioni più iconiche della Sony, mentre Morita trasformava le idee in prodotti di successo in tutto il mondo.

La prima innovazione importante risale al 1950, con il lancio del primo registratore a cassette del Giappone, il G-Type che, prodotto per il governo, divenne presto uno strumento essenziale a scuola.

Nel 1952 la Sony aveva 120 dipendenti e, per espandere il business, Ibuka visitò gli Stati Uniti, dove ammirò il transistor, un'invenzione dell'azienda americana Bell Laboratories. Tornato in patria, convinse Morita che quella era la strada da seguire.

Morita e Ibuka *rivoluzionarono l'intrattenimento: il televisore Trinitron (1968) fu lodato per le immagini luminose, mentre l'iconico Walkman (1979) cambiò il nostro modo di ascoltare musica.*

Il successo dei transistor

Con l'aiuto di un amico negli Stati Uniti che gestì mesi di negoziazioni con la Western Electric, detentrice del brevetto, nel 1953 Morita ottenne la licenza per produrre transistor in Giappone. Il progetto era però soggetto all'approvazione del Ministero del Commercio Internazionale e dell'Industria (MITI), che in prima istanza rifiutò la richiesta; per fortuna, un cambio improvviso del personale fece ottenere a Morita l'autorizzazione necessaria.

Il primo lancio di grande successo fu la radio a transistor. All'epoca, le radio erano realizzate con ingombranti tubi a vuoto, che Ibuka voleva sostituire con transistor, più piccoli e duraturi. Si trattava di un progetto che comportava difficoltà tecniche e un grande investimento di tempo e denaro. Nonostante l'opposizione

SHAHRZAD **RAFATI**

Fondatrice dell'azienda di media digitali BroadbandTV, ha sfruttato il mondo dei video online collegando i contenuti pubblicati da privati con grandi aziende.

Shahrzad Rafati (1979-) nasce in Iran, ma durante l'adolescenza emigra in Canada. Dopo la laurea in scienze informatiche, sviluppa un modello di business e una tecnologia che consentono alle aziende di guadagnare con i contenuti pubblicati online dai fan. Il primo cliente è la National Basketball Association, seguita da Sony Pictures. Paladina dell'uguaglianza di genere, è stata scelta per rappresentare il Canada nella Task Force Business Women Leader del G20.

NEL **1946**
HA **20**
DIPENDENTI

NEL 1988
ACQUISTA LA
CBS RECORDS
PER **2**
MILIARDI DI
DOLLARI

VENDE
200
MILIONI
DI WALKMAN
SONY

«Ho fatto solo **quello che mi piaceva.** **Morita** si è occupato della **parte difficile.»**

Masaru Ibuka, 1989

di molti membri del personale, Morita e Ibuka accettarono la sfida, cogliendone i frutti nel 1955, quando Ibuka realizzò la prima radio a transistor giapponese.

Prima di intraprendere un giro di vendite negli Stati Uniti, decisero di commercializzare i prodotti con un nome facile da ricordare per gli occidentali, scegliendo Sony, fusione di *sonus* (suono in latino), e dell'espressione americana *sonny boy* (ragazzo brillante).

Lanciare il brand

Negli Stati Uniti, Morita ricevette un'offerta notevole per 100.000 articoli da Bulova, un grande produttore di orologi, che però voleva commercializzarli con il suo brand. Morita rifiutò, affermando che un giorno Sony sarebbe diventata altrettanto famosa, e aveva ragione.

Dopo la produzione della radio a transistor portatile TR-63 nel 1957, all'epoca la più piccola del mondo, nel 1958 fu lanciato un modello di dimensioni perfino inferiori: la TR-610. Il design riscosse grande successo e ne furono venduti 500.000 esemplari. Quello stesso anno, benché la Tokyo Tsushin Kogyo fosse già rinomata in Giappone, per promuovere l'espansione all'estero Morita decise di cambiare il nome dell'azienda in Sony Corporation. Nel 1960, negli Stati Uniti fu fondata la Sony Corporation of America, che l'anno seguente divenne la prima azienda giapponese a essere quotata alla Borsa di New York.

Incentivando la ripresa economica del Giappone nel dopoguerra, Ibuka e Morita trasformarono la visione che il mondo aveva del "made in Japan", da prodotti di scarsa qualità a una tecnologia all'avanguardia. Morita divenne molto attivo nella comunità imprenditoriale internazionale ed era spesso impegnato a promuovere i rapporti commerciali tra Giappone e Stati Uniti. Nel frattempo, Ibuka supervisionava i progetti di prodotti innovativi, tra cui il televisore a transistor più piccolo del mondo nel 1962, e il Trinitron, la prima TV a colori di alta qualità, nel 1968.

Nel 1971 Ibuka cedette il posto di presidente al socio, fungendo da capo consulente fino alla morte, avvenuta nel 1997; Morita lo seguì due anni dopo. La visione e lo spirito imprenditoriale di entrambi trasformarono la Sony in una conglomerata globale, leader del mercato dell'elettronica di consumo e dell'intrattenimento, e oggi un gigante della musica, del cinema, della televisione e dei videogiochi.

La capacità di Ibuka e Morita *di orientarsi al futuro è alla base dei prodotti rivoluzionari Sony, tra cui la linea di animali robotici (AIBO), lanciata nel 1999.*

Sony lanciò il primo videoregistratore del mondo*, progettato nel 1965 per uso domestico. Registrando simultaneamente suoni e immagini, la cassetta poteva essere riprodotta subito.* ▶

SONY
SOLID STATE
SONY

1924-2020

FAQIR CHAND KOHLI

Negli anni '60 l'imprenditore e ingegnere F.C. Kohli introdusse la tecnologia informatica in India, promuovendo l'alfabetizzazione degli adulti in tutto il Paese.

Faqir Chand Kohli nacque il 24 febbraio 1924 a Peshawar, India (attuale Pakistan). Dopo gli studi all'università del Punjab, alla Queen's University canadese e al Massachusetts Institute of Technology, apprese il funzionamento dei sistemi elettrici negli Stati Uniti. Tornato in India nel 1951, fu assunto alla Tata Electric Companies (oggi Tata Power), e nel 1968 supervisionò l'installazione di un sistema computerizzato per controllare la rete elettrica tra Bombay (l'attuale Mumbai) e Pune. L'anno successivo fu nominato direttore generale della Tata Consultancy Services (TCS), oggi il consulente software più grande del Paese.

Kohli trasformò la TCS in una multinazionale, lanciando sistemi software all'avanguardia. Introdusse in India l'informatizzazione e tecnologie innovative, guadagnandosi il soprannome di "padre dell'industria software indiana". Abbandonò l'azienda nel 1999 per concentrarsi sull'uso dei sistemi informatici per promuovere l'istruzione e l'alfabetizzazione negli adulti.

«Ciò che conta è l'**intelligenza delle persone** e come le aiutiamo a **far avanzare il Paese.**»

Faqir Chand Kohli, 2018

EVENTI PRINCIPALI

RETE COMPUTERIZZATA
Nel 1968 sviluppa il primo sistema informatico dell'Asia a gestire una rete elettrica.

PROMUOVE L'ALFABETIZZAZIONE
Nel 2000 crea un software che usa immagini per insegnare agli adulti a leggere parole comuni.

RICONOSCIMENTO
Nel 2002 è nominato Padma Bhushan, la terza onorificenza civile più importante dell'India.

EVENTI PRINCIPALI

AVVIO
Nel 1963 lancia la newsletter *Investment Indicator* per orientare il pubblico negli investimenti.

FONDA UN'IMPRESA
Nel 1971 lancia una società di intermediazione in California; continua a pubblicare la newsletter.

CREA UN BRAND
Nel 1973 acquista le quote degli associati, cambiando il nome della società in Charles Schwab Corporation.

BENEFICIENZA
Nel 1987 istituisce con la moglie una fondazione per l'educazione, la salute e la povertà.

Il dirigente finanziario americano Charles Schwab fondò la società di intermediazione più grande degli Stati Uniti, acquistando e vendendo azioni e introducendone la vendita tra il grande pubblico.

Nato nel 1937 e formatosi alla Stanford University, nel 1971 Charles "Chuck" R. Schwab fondò una società di intermediazione. Nel 1975, dopo che un cambiamento delle politiche statunitensi consentì l'applicazione di tariffe variabili, fu un pioniere degli sconti. Offrendo una combinazione di prezzi bassi e un'esecuzione degli ordini rapida ed efficiente, la Charles Schwab Corporation divenne il broker di sconti leader del mercato statunitense.

Aiutò i privati a trarre il massimo profitto da risparmi e investimenti, promuovendo tecnologie all'avanguardia e introducendo molte innovazioni nel settore, per esempio un accesso ai servizi 24/7, i fondi comuni di investimento con transazioni gratuite (l'acquisto e la vendita di azioni senza commissione) e il trading online. Nel 2008 si è dimesso dalla carica di CEO, ma in qualità di direttore è rimasto l'azionista di maggioranza e il promotore della crescita e della diversificazione.

«**Fai qualcosa**, perché il **rischio più grande** degli investimenti è **non fare niente.**»

Charles R. Schwab, 1998

CHARLES SCHWAB

Fondatore dell'azienda di mobili svedese IKEA, Ingvar Kamprad aveva talento per le vendite e il marketing e l'obiettivo di fornire ai consumatori prodotti accessibili e dal design accurato. Modesto e sobrio, si lasciò ispirare dalla parsimonia per proporre mobili innovativi, a basso costo e con un'estetica minimalista, che trasformarono l'arredamento degli interni.

EVENTI PRINCIPALI

PRIMO CATALOGO
Nel 1951 realizza il primo catalogo annuale IKEA, distribuendolo in Svezia.

APRE UN NEGOZIO
Nel 1965 avvia un negozio a Kungens Kurva, Stoccolma. Dopo l'incendio del 1970, lo riapre nel 1971.

AZIENDA GLOBALE
Tra il 1981 e il 1989 lancia punti vendita IKEA in Francia, Belgio, Stati Uniti, Regno Unito e Italia.

INSEGNA "IKEA"
Nel 1996 pubblica *A Little IKEA Dictionary* con le parole associate alla filosofia del brand.

Ingvar Kamprad avviò la carriera di imprenditore a 5 anni, vendendo fiammiferi e semi da giardinaggio ai vicini nel piccolo villaggio svedese di Agunnaryd, Småland. Con i guadagni acquistò una bicicletta, e a 10 anni pedalava di casa in casa vendendo matite e decorazioni natalizie comprate in stock. A 17 anni ricevette una piccola somma dal padre, orgoglioso del figlio che aveva concluso la scuola nonostante la dislessia. Kamprad investì il denaro per finanziare IKEA, un acronimo composto dalle iniziali del nome e della casa: Ingvar Kamprad da Elmtaryd, Agunnaryd. All'inizio una piccola ditta che vendeva per corrispondenza prodotti come matite e cartoline, quando IKEA aggiunse al catalogo mobili realizzati da contadini locali le vendite salirono alle stelle.

Mobili componibili

Negli anni '50, la Svezia ebbe un periodo di rapida modernizzazione che spinse la popolazione a spostarsi dalle aree rurali in città. Furono costruiti molti appartamenti e la richiesta di un arredamento facile da trasportare e sollevare sulle rampe delle scale aumentò, e Kamprad la seppe soddisfare con tempestività. Guardando un dipendente che cercava di caricare in macchina un tavolo per il servizio fotografico del catalogo, intuì il potenziale dei mobili componibili: semplici da fabbricare, conservare e spostare, potevano essere venduti a un prezzo accessibile; inoltre, consentivano un risparmio anche sull'assemblaggio. Il concetto di efficienza ed economia divenne la filosofia di base di IKEA, garantendo all'azienda

«Considero **mio compito servire** la **maggior parte** delle **persone.**»

Ingvar Kamprad, 2000

INGVAR
KAMPRAD
1926-2018

«Continuando a chiederci perché facciamo **questo** o quello, scopriamo **strade nuove.»**

Ingvar Kamprad, 1976

Kamprad ebbe un'illuminazione *guardando un dipendente smontare un tavolo per caricarlo in macchina: i mobili componibili erano più facili da trasportare e potevano essere montati a casa.*

un notevole vantaggio competitivo sugli altri rivenditori di mobili.

All'epoca, IKEA non era l'unica impresa in Svezia che vendeva per corrispondenza, e alcuni concorrenti, per assicurarsi una quota del mercato, abbassavano prezzi e qualità. Per dimostrare che i prodotti IKEA si distinguevano dalla concorrenza, Kamprad aprì uno showroom ad Almhult per offrire ai potenziali clienti la possibilità di vedere i mobili prima di acquistarli. Come incentivo all'invito a visitare l'esposizione, curiosare e comprare, aggiunse un rinfresco gratuito con caffè e dolci. Aperto nel maggio 1953, lo showroom fu un successo immediato e consentì a Kamprad di raccogliere opinioni sui prodotti.

Costo e convenienza

Sin dall'inizio, i valori di Kamprad – poi illustrati in *Il testamento di un commerciante di mobili* del 1976, scritto per i dipendenti – affermavano che l'obiettivo era offrire «articoli d'arredamento belli e funzionali, a prezzi così vantaggiosi da permettere al maggior numero possibile di persone di acquistarli». I prezzi bassi e la convenienza erano la chiave del successo: i clienti potevano visitare lo showroom, scegliere un prodotto, trasportarlo a casa e montarlo, tutto in un giorno. Inoltre, secondo Kamprad, «non si fanno affari a stomaco vuoto». Perciò, da offrire caffè e dolci passò ad aprire ristoranti che proponevano, tra l'altro, polpette di carne svedesi, un piatto amato e ormai onnipresente in ogni punto vendita IKEA.

Sfortunatamente, i prezzi imbattibili scatenarono l'ira dei concorrenti più grandi nel mercato svedese dei mobili. Intorno al 1955, Kamprad era bandito dalle fiere di settore e l'Associazione nazionale di commercianti di mobili fece pressioni sui fabbricanti locali affinché interrompessero le forniture a IKEA. Kamprad reagì spostando la produzione in Polonia, dove i costi erano inferiori, e gestendo internamente la progettazione.

Negli anni '60, l'espansione proseguì con l'apertura di nuovi punti vendita a Oslo e Copenaghen, dove i prodotti si fecero ben presto conoscere per il design contemporaneo e i materiali moderni. Nel 1968 i pannelli truciolari, poco costosi, divennero una caratteristica comune dei prodotti IKEA. Il divano PRIVAT con base in truciolato, lanciato nel 1969, fu un articolo molto richiesto e, come altri classici – per esempio la poltrona POÄNG, il tavolino MASTHOLMEN e il divano EKTORP – prende il nome da parole o luoghi

KARL **ALBRECHT**

Rilevando il negozio di alimentari della madre a Essen, Germania, lo crea la catena di supermercati globale Aldi.

Dopo aver servito nella Seconda guerra mondiale, Karl Albrecht (1920-2014) rileva insieme al fratello Theo il negozio di famiglia, aprendo presto altre filiali. Per mantenere prezzi bassi, sceglie locali piccoli e offre perlopiù merce non deperibile, facile da sostituire quando è invenduta. Oggi, Aldi (abbreviazione di Albrecht Discount) conta oltre 11.000 punti vendita.

CONCLUDE IL SUO **PRIMO AFFARE A 5 ANNI**

A **17** ANNI **FONDA IKEA**

GUIDA LA **STESSA** VOLVO PER **20** ANNI

A **91** ANNI **GUIDA** ANCORA IL BUSINESS

«**Non volo** su aerei in **prima classe**, e neppure lo fanno gli **amministratori dei negozi.**»

Ingvard Kamprad, 1997

Kamprad pubblicò nel 1951 il primo catalogo IKEA, che divenne il principale strumento di marketing aziendale.

scandinavi. Si trattava di uno stratagemma di Kamprad che, a causa della dislessia, li ricordava con maggiore facilità dei numeri. L'impero IKEA continuò a crescere, ma nel 1994 le controversie si riaccesero. La stampa pubblicò storie sull'affiliazione di Kamprad durante la guerra al gruppo fascista svedese Nysvenska Rörelsen e al leader Per Engdahl. L'imprenditore rispose con una lettera di scuse ai dipendenti, senza però interrompere l'amicizia con Engdahl. Inoltre, cominciò ad avere problemi con l'alcol, che durarono fino al 2004.

Nel 2000 IKEA aveva un organico di 50.000 dipendenti e 155 punti vendita in 30 Paesi. Kamprad delegò alcuni compiti, affidando la gestione di una parte dell'impero ai figli Peter, Jonas e Matthias. Nel 2013, a 87 anni, si dimise da presidente del consiglio, passando le redini a Matthias.

Miliardario parsimonioso

Nel 2004 fu incluso nell'elenco delle persone più ricche del mondo, benché la fortuna personale fosse oggetto di congetture: poiché gestiva IKEA attraverso tre holding (Inter IKEA Group, IKANO Group e INGKA Group), l'ammontare effettivo delle entrate rimase ignoto. Secondo la rivista *Forbes*, tra il 2005 e il 2010 Kamprad possedeva un patrimonio netto di circa 28 miliardi di dollari.

Tuttavia, non aveva interesse a sfoggiare la ricchezza. Volava in classe turistica, prendeva treni e metropolitana invece di taxi, comprava vestiti ai mercatini delle pulci e cercava parrucchieri economici. In un'occasione ormai celebre, gli addetti alla sicurezza, vedendolo arrivare in autobus, gli impedirono l'accesso a una cena di gala.

Estese il principio democratico ai dipendenti, che erano definiti "collaboratori", indossavano uniformi informali ed erano considerati membri di una grande famiglia. Commentando la sobrietà, affermò: «Se comincio ad acquistare beni di lusso, inciterò gli altri a fare altrettanto. Sto attento al denaro che spendo per me e mi chiedo se i clienti IKEA possono permetterselo». È morto nel 2018 a 91 anni.

LEONARDO DEL VECCHIO

1935

Indipendente e determinato, l'imprenditore italiano Leonardo Del Vecchio sfuggì alla povertà fondando Luxottica, la più grande produttrice e distributrice di occhiali e lenti del mondo.

Affidato a un orfanotrofio a 7 anni dalla madre vedova e povera, Leonardo Del Vecchio imparò presto a cavarsela da solo. A 14 anni, a Milano iniziò un apprendistato come attrezzista, pagando con lo stipendio i corsi serali a una scuola di design. Scoprendo di avere un talento per realizzare componenti di occhiali, si trasferì ad Agordo, il principale centro di produzione italiano, e nel 1961 avviò l'impresa Luxottica. All'inizio produceva montature per altre aziende, ma nel 1967 lanciò i primi modelli del brand. Negli anni '80 vendeva in tutto il mondo e aveva contratti di licenza con case di moda come Armani. Imprenditore ispirato, grazie alla conoscenza approfondita delle montature, dei metodi di produzione e del mercato degli occhiali, controllò ogni aspetto della crescita di Luxottica, operando acquisizioni strategiche di brand famosi come Ray-Ban e Oakley.

EVENTI PRINCIPALI

ACQUISISCE COMPETENZE
Nel 1949, a 14 anni, inizia un apprendistato acquisendo competenze nella lavorazione dei metalli.

FONDA LUXOTTICA
Nel 1961 apre un laboratorio di montature per occhiali ad Agordo, a nord di Venezia, con 10 dipendenti.

ACQUISIZIONI
Nel 1990 quota l'impresa alla Borsa di New York, investendo i fondi nell'acquisizione di brand famosi.

LEADER MONDIALE
Nel 2017 negozia la fusione con il produttore francese di lenti Essilor, creando un gigante multinazionale.

«**Quando ho iniziato a lavorare** per conto di terzi, **non immaginavo** che sarei arrivato **così lontano.**»

Leonardo Del Vecchio, 2011

Giorgio Armani è fondatore, CEO e stilista principale del marchio di alta moda che porta il suo nome. Per oltre quarant'anni ha sviluppato l'azienda, trasformandola in un impero globale e influenzando l'evoluzione dell'abbigliamento moderno.

EVENTI PRINCIPALI

PASSA ALLA MODA
Nel 1957 fa esperienza come venditore in un grande magazzino di Milano, poi si dedica al design di moda.

LANCIA UN BRAND
Nel 1979 fonda la Giorgio Armani Corporation, lanciando il look "destrutturato" che lo distingue.

FAMA GLOBALE
Nel 1982 è il secondo stilista a comparire sulla copertina della rivista *Time*, ottenendo fama globale.

ICONA DELLA MODA
Nel 2000, è il primo stilista vivente a esporre i capi al Guggenheim Museum di New York.

Nato nel 1934, Giorgio Armani voleva diventare un medico, ma abbandonò gli studi di medicina all'università di Milano per il servizio di leva. Nel 1953 fu assunto come commesso in un grande magazzino della città e nel 1964 decise di intraprendere la carriera di stilista. Accumulò esperienza nella casa di moda di Nino Cerruti dove, nonostante la mancanza di una formazione specifica, disegnò una linea per uomo di successo. Nel 1970 decise di mettersi in proprio come stilista e consulente di moda indipendente, e cinque anni dopo, insieme all'amico e socio Sergio Galeotti, fondò la Giorgio Armani S.p.A., lanciando capi prêt-à-porter per uomo e donna.

Espansione globale

Nel 1979, negli Stati Uniti fondò la Giorgio Armani Corporation, realizzando abiti per il mercato americano. Grazie all'approccio innovativo allo stile, trasformò l'industria della moda ammorbidendo le linee dell'abbigliamento maschile e modernizzando quello femminile. Nel 1980 disegnò gli abiti di Richard Gere in *American Gigolò*, acquisendo notorietà a Hollywood e inaugurando la tendenza delle celebrità a farsi vestire dalle case di moda. In seguito, incluse profumi e lanciò la linea a basso costo Emporio. Con circa 3.000 punti vendita in tutto il mondo, Armani mantiene il controllo totale dell'azienda privata.

«Il perfezionismo e il bisogno costante di **fissare obiettivi nuovi** e di raggiungerli è una condizione mentale che infonde un **significato profondo alla vita.**»

Giorgio Armani, 2013

La collezione uomo primavera/estate del 2019 *confermò il talento di Armani per uno stile rilassato.*

GIORGIO
ARMANI
1934

PHIL
KNIGHT

Cofondatore del marchio di abbigliamento sportivo Nike Inc., Phil Knight ha dedicato la sua passione per l'atletica prima all'importazione, poi alla realizzazione di scarpe da ginnastica. CEO e presidente, ha trasformato il marchio in uno dei fornitori più importanti del mondo di calzature e abbigliamento sportivi.

1938

Nato in Oregon nel 1938, Philip Hampson Knight sin da piccolo amava correre. Era un membro importante della squadra di atletica della Cleveland High School e gareggiò anche durante gli studi all'università dell'Oregon. Correva nel mezzofondo sotto la guida del leggendario allenatore Bill Bowerman, che stava sperimentando miglioramenti alle scarpe da corsa. Tuttavia, non trovando aziende disposte a investire nelle sue idee, creò da solo un prototipo, che Knight fu il primo a testare. Mentre Bowerman proseguiva le sue ricerche, Knight si laureò in giornalismo. Terminato il servizio militare, si iscrisse a un MBA alla Stanford University, dove gli fu chiesto di elaborare un'idea di business nuova. Altri studenti scelsero l'elettronica e la tecnologia, mentre Knight si orientò verso ciò che conosceva meglio, sviluppando un business plan per calzature sportive: importare scarpe di alta qualità dal Giappone e venderle negli Stati Uniti con un alto margine di profitto. La tesi, e l'idea di business, fu premiata con una A.

Primi passi

Nel 1962 si recò in Giappone, dove avviò un rapporto con Onitsuka, il produttore delle scarpe da corsa Tiger. Insieme a Bowerman, investirono 500 dollari ciascuno nell'azienda Blue Ribbon Sports, che importava le Tiger negli Stati Uniti. Vendettero le prime scarpe dal bagagliaio di Knight: 1.300 paia nel primo anno di esercizio, con un incasso di 8.000 dollari. Nel 1969, con

EVENTI PRINCIPALI

PIANIFICA IL BUSINESS
Nel 1962 distribuisce le scarpe Onitsuka negli Stati Uniti, ma i primi campioni arrivano dopo un anno.

FONDA UN'AZIENDA
Nel 1964 avvia con l'allenatore Bill Bowerman la Blue Ribbon Sports, aprendo nel 1967 il primo negozio in California.

LANCIA IL MARCHIO NIKE
Nel 1971 cambia il nome dell'azienda in Nike, lanciando le prime calzature un anno dopo.

«JUST DO IT»
Negli anni '80 diversifica l'assortimento e diffonde il brand con slogan motivazionali.

SI RITIRA
Nel 2016 lascia la presidenza e prosegue le attività filantropiche; le entrate ammontano a 32 miliardi di dollari.

Fu Jeff Johnson, il primo dipendente Nike*, a suggerire il nuovo nome, ispirato alla dea alata dell'antica Grecia.*

«Lascia che gli altri **definiscano folle la tua idea**, tu **prosegui per la tua strada.** Non ti fermare.»

Phil Knight, 2016

DONALD E DORIS **FISHER**

Il primo negozio Gap, aperto da Donald e Doris Fisher nel 1969, vende dischi e jeans Levi's. Nel 2018 il brand globale ha un fatturato di 16,6 miliardi di dollari.

Non trovando un paio di jeans che calzassero bene, Donald Fisher (1928-2009) apre con la moglie Doris (1931-) il negozio Gap a San Francisco. Garantisce un assortimento di ogni stile e taglia di jeans Levi's, guadagnandosi una folta clientela di adolescenti. Nel 1972 inizia a produrre capi di base, diffondendo il brand nelle strade principali della città. Nel 1973 l'azienda è quotata in borsa e continua a espandersi, acquisendo Banana Republic e creando divisioni nuove, come babyGap. Oggi, Gap Inc. è una società multimiliardaria, con oltre 3.700 punti vendita in tutto il mondo.

due negozi, 20 dipendenti e vendite per un valore di 300.000 dollari, Knight lasciò il posto da contabile per gestire a tempo pieno la società.

Nel 1971, una lite interruppe i rapporti con il fornitore giapponese Onitsuka. Knight cambiò il nome dell'azienda in Nike e modificò il business plan: invece di commercializzare altri marchi, Nike avrebbe iniziato a produrre e vendere calzature proprie. Pagò 35 dollari una studentessa di grafica per ideare il logo – il famoso

swoosh – cedendole in seguito una partecipazione nell'azienda.

Nascita di un brand

Le prime scarpe Nike, le Cortez, debuttarono alle selezioni olimpiche nel 1972 e garantirono incassi per 3 milioni di dollari. Per il successo, innovazioni come la suola con motivo waffle e il tallone rialzato svolsero un ruolo chiave.

Knight non era un fautore del marketing tradizionale: voleva realizzare calzature sulle esigenze degli atleti, per esempio il mezzofondista Steve Prefontaine, che spinse altri atleti a indossare scarpe Nike. Altri testimonial furono il giocatore di basket Michael Jordan, la star del tennis John McEnroe e il golfista Tiger Woods. Negli anni '80, l'azienda si affidò alla pubblicità di massa, usando spesso messaggi motivazionali e sviluppando il marchio attorno a slogan come «Just Do It» (fallo e basta). In un'epoca in cui lo sport stava guadagnando popolarità, Knight era deciso a battere la concorrenza.

Negli anni '90 rispose alle proteste antiglobalizzazione con l'avvio di riforme alla filiera, per esempio assegnando field manager a varie regioni con il compito di sorvegliare la conformità alle leggi sul lavoro. Nike ha continuato a espandere le operazioni e a diversificare i prodotti con varie acquisizioni.

Knight ha lasciato la presidenza nel 2016, donando miliardi di dollari a istituti educativi e a enti di beneficienza.

Knight cominciò a vendere *scarpe sportive giapponesi nel 1964 dal bagagliaio dell'automobile, mostrando agli atleti perché amava indossarle.*

CORRE
1 MIGLIO
IN **4** MINUTI
E **13** SECONDI

AVVIA UN'AZIENDA
CON SOLI
500
DOLLARI

DONA
OLTRE **2**
MILIARDI
DI DOLLARI
IN BENEFICIENZA

DOPO **52**
ANNI
SI DIMETTE
DA PRESIDENTE

ALTRI IMPRENDITORI

Dopo la Grande depressione e la Seconda guerra mondiale, l'economia globale si trasformò, accelerando la crescita e incentivando il consumo di beni come mai prima di allora. Per attirare una clientela ampia e accrescere i profitti, le aziende si affidarono alla pubblicità e alle telecomunicazioni.

SILVIO SANTOS
(1930-)

Celebre magnate dei media brasiliano e personaggio televisivo, Silvio Santos, figlio di immigrati ebrei, nacque con il nome di Señor Abravanel a Rio de Janeiro. Adottò il soprannome quando comparve sugli schermi come ospite di un programma televisivo. Nel 1981 fondò il canale Sistema Brasileiro de Televisão, continuando a presentare il suo programma di varietà. Fondò il Grupo Silvio Santos, che comprendeva immobili, alberghi, finanza e cosmetici. Nel 1989 si candidò come presidente senza successo.

ALVIN AILEY
(1931-1989)

L'afroamericano Alvin Ailey nacque in Texas e nel 1942 si trasferì a Los Angeles. Nel 1949 iniziò a studiare danza con Lester Horton, che divenne un mentore importante. Dopo la morte del maestro, avvenuta nel 1953, divenne direttore e coreografo di una compagnia propria. Nel 1958, a New York fondò l'Alvin Ailey American Dance Theater, dove sviluppò alcune delle opere più influenti di danza moderna; nel 1969 aprì una scuola di danza. Attivista per i diritti civili, dopo la morte, nel 2014, è stato insignito della massima onorificenza statunitense, la medaglia presidenziale della libertà.

DHIRUBHAI AMBANI
(1932-2002)

Nato in Gujarat, India, a 17 anni Dhirubhai Ambani migrò ad Aden, nello Yemen. Lavorò come impiegato per una ditta di commercio e nel 1958 tornò in India per avviare un'impresa che vendeva spezie e filati, a cui aggiunse poi la produzione tessile e generi alimentari. Nel 1977 cambiò il nome in Reliance Industries e quotò l'azienda in borsa. Proseguì l'espansione in settori come i servizi finanziari, il petrolchimico, la plastica e l'energia. Negli anni '80 si dimise, ma continuò a seguire l'azienda fino alla morte.

AMANCIO ORTEGA
(1936-)

Per poche ore l'uomo più ricco del mondo nel 2015, il dirigente di moda spagnolo Amancio Ortega avviò la carriera commerciale come fattorino e assistente sarto, per poi diventare gestore di un negozio di abbigliamento. Nel 1963 avviò un'impresa che vendeva accappatoi e nel 1975 lanciò Zara, aprendo il primo punto vendita a La Coruña, Spagna. L'azienda divenne presto una catena globale con oltre 1.000 filiali, parte del gruppo Inditex, fondato nel 1985 come holding per Zara e altri brand dell'impero. Ortega è rimasto presidente della Inditex fino al 2011.

DIETMAR HOPP
(1940-)

Nato a Heidelberg, Germania, Dietmar Hopp lavorò come ingegnere per la IBM, lasciando l'azienda nel 1972 con quattro colleghi per fondare la ditta di software SAP (Systems, Applications & Products). L'azienda offriva servizi di contabilità e gestione stipendi e crebbe per fornire alle imprese di tutto il mondo un'ampia gamma di prodotti software; fu quotata in borsa nel 1988. Hopp rivestì la carica di co-CEO fino al 1998 e quella di presidente del consiglio di vigilanza dal 1998 al 2003. Ha donato gran parte delle ricchezze alla sua fondazione di beneficienza, finanziando iniziative sportive, mediche ed educative.

JUDI SHEPPARD MISSETT
(1944-)

Dopo la laurea alla Northwestern University di Chicago, Judi Sheppard Missett diventò una ballerina professionista e un'insegnante di danza.

Nel 1969 adattò le lezioni al fitness, chiamandole Jazzercise. Nel 1971 si trasferì in California, dove il successo la costrinse ad assumere insegnanti. Nel 1982 gli istruttori ufficiali di Jazzercise negli Stati Uniti erano oltre 1.000, spingendo Missett a creare una catena di franchising e avviando un business globale. È tuttora CEO di Jazzercise, con oltre 8.000 franchising.

HASSO PLATTNER
(1944-)

Dopo la laurea in ingegneria, il tedesco Hasso Plattner lavorò per la IBM. Nel 1972, fu cofondatore della SAP (Systems, Applications & Products) che forniva sistemi software ad aziende, e la trasformò in una multinazionale. Nel 1988, SAP fu quotata in borsa e Plattner nominato vicepresidente del consiglio di amministrazione; dal 1997 al 2003 assunse la carica di presidente e co-CEO. Inoltre, fu presidente del consiglio di vigilanza e aprì un fondo di investimento. Nel 1998 fondò l'Hasso Plattner Institute per la formazione e la ricerca IT.

CAO DEWANG
(1946-)

Nato a Shanghai, Cina, Cao Dewang lasciò la scuola a 16 anni. Dal 1976 lavorò come responsabile vendite per un produttore di vetro di Fuqing, nella Cina sudorientale. Acquistò lo stabilimento nel 1983, e tre anni dopo lo convertì alla fabbricazione di vetro per auto, fino ad allora importato. Nel 1987 fondò l'Automotive Glass Co., poi nota con il nome di Fuyao Group. Sotto la sua guida, il gruppo divenne leader della produzione di vetro per automobili e altri usi.

MOHAMMED IBRAHIM
(1946-)

Di origine sudanese, da bambino Mohammed Ibrahim si trasferì in Egitto, poi in Inghilterra, dove completò un dottorato in comunicazioni mobili. Nel 1989 avviò la MSI, un'azienda di software, e nel 1998 la iMSI-Cellular Investments, poi Celtel International, una delle prime imprese di telefonia mobile attive in Africa, che fu venduta alla Mobile Telecommunications Company del Kuwait per 3,4 miliardi di dollari. Nel 2006 ha istituito la Mo Ibrahim Foundation per promuovere il cambiamento politico in Africa.

BOUDEWIJN POELMANN
(1949-)

Dopo aver rivestito vari ruoli per Oxfam nei Paesi Bassi, nel 1983 Boudewijn Poelmann, di origine olandese, aprì la società di media Novamedia, mentre nel 1991 fu cofondatore di Independent Media, il secondo editore di giornali e riviste della Russia, fino alla vendita nel 2005. Nel 1989 contribuì a sviluppare e ad avviare la lotteria Nationale Postcode Loterij, che dona metà del ricavato in beneficienza. Da allora, Novamedia ha avviato lotterie simili in Svezia, Gran Bretagna e Germania, devolvendo oltre 10 miliardi di dollari in beneficienza.

JAVIER MOLL
(1950-)

Il magnate dei media spagnoli Javier Moll nacque a Saragozza. Nel 1978 acquistò con la moglie l'azienda Prensa Canaria, che possedeva giornali sulle isole Canarie. Dal 1984, acquisirono altri giornali in Spagna, cambiando il nome dell'azienda in Editorial Prensa Ibérica e gestendo notiziari digitali, due canali televisivi e una stazione radio. Nel 2015 Moll si è dimesso dalla carica di CEO, che ha affidato al figlio.

DEAN KAMEN
(1951-)

L'inventore statunitense Dean Kamen frequentò la facoltà di ingegneria, ma abbandonò presto gli studi per concentrarsi sulla ricerca tecnologica in ambito medico. Sviluppò un dispositivo portatile da indossare, che regolava automaticamente il dosaggio dei medicinali. Nel 1976 lanciò AutoSyringe per produrre e commercializzare il prodotto, vendendola nel 1981. Poi avviò DEKA, una società di ricerca e sviluppo che realizzò dispositivi medici cruciali, come una macchina portatile per la dialisi e la sedia a rotelle iBOT. L'invenzione più famosa è il dispositivo elettronico di trasporto personale Segway, lanciato nel 2011. Si è occupato anche del trattamento delle acque, sviluppando il depuratore Slingshot.

HOWARD SCHULTZ
(1953-)

L'imprenditore statunitense Howard Schultz crebbe a Brooklyn e, dopo aver lavorato come venditore per Xerox, divenne manager presso Hammarplast che produceva prodotti di plastica, tra cui filtri per caffè. Nel 1982 fu assunto come responsabile marketing da Starbucks, una piccola torrefazione con sede a Seattle, dimettendosi nel 1985 per avviare una catena di bar. Nel 1987 acquistò Starbucks, espandendo le operazioni negli Stati Uniti e in Canada e quotandola in borsa nel 1992. Nel 1996 aprì il primo punto vendita fuori dagli Stati Uniti, che oggi sono 30.000 in tutto il mondo. È rimasto CEO fino al 2017.

6

TEMPO LIBERO E INTRATTENIMENTO

1960-2000

CARLOS SLIM HELÚ

Ingegnere, filantropo e magnate che si è fatto da sé, Carlos Slim Helú ha accumulato una fortuna da un ampio ventaglio di interessi, diventando uno degli uomini più ricchi del mondo.

EVENTI PRINCIPALI

PRIMI INVESTIMENTI
Nel 1955 acquista azioni della banca più grande del Messico e nel 1965 guadagna 400.000 dollari.

COSTRUISCE UN IMPERO
Intorno al 1965 crea un portafoglio di aziende, la base del conglomerato Grupo Carso.

ACQUISISCE AZIENDE
Negli anni '80 e '90 espande il business acquistando titoli, reinvestendo e vendendoli con profitto.

Carlos Slim Helú apprese dal padre l'importanza di una contabilità e una gestione impeccabili; compì il suo primo investimento (in un titolo di Stato) a 11 anni e il primo acquisto di azioni a 12. Nel 1961 si laureò in ingegneria all'università del Messico, diventando trader. Accumulò grandi profitti da investimenti privati, che nel 1965 usò per finanziare una società di intermediazione.

Nei successivi due decenni continuò a reinvestire nel suo impero in espansione. Durante la crisi del debito messicano del 1982, acquistò molte imprese a prezzo ridotto e, quando l'economia si riprese, ne ricavò un guadagno enorme. Oggi il conglomerato Grupo Carso opera in vari ambiti, dall'educazione all'industria manifatturiera, fino ai servizi finanziari, e circa il 40% delle quotazioni alla Borsa messicana riguardano società su cui Slim esercita un controllo. Celebre per la filantropia, ha contribuito alla tutela dell'arte e della cultura a Città del Messico e istituito la Fundación Carlos Slim per promuovere salute, sport e istruzione in America Latina.

«Far uscire i **poveri** dalla povertà... è un **bene** per l'**economia**, il **Paese**, e le **imprese.**»

Carlos Slim Helú, 2012

FREDERICK W. SMITH

1944

EVENTI PRINCIPALI

SUCCESSO IMPROVVISO
Nel 1971 fonda Federal Express, che in due anni serve 25 città con una flotta di 14 aerei.

SUPERA LA CRISI
Riesce a superare la recessione del 2008 e nel 2013 ottiene un fatturato record.

RICONOSCIMENTO
Nel 2017 la rivista *Forbes* lo include nelle 100 più grandi menti imprenditoriali viventi.

Frederick W. Smith è fondatore e CEO di FedEx, il primo corriere al mondo con un servizio di consegna notturno. Ha rivoluzionato le spedizioni, introducendo il transito e il monitoraggio internazionali.

Nato in Mississippi nel 1944, negli anni '60 Frederick Wallace Smith frequentò la Yale University. Qui ideò un modello di business per un servizio di consegna notturno, che avrebbe formato la base del suo successo. Dal 1966 servì in Vietnam nel corpo dei Marines, un'esperienza che gli insegnò a ottenere la fiducia come team leader. Dopo aver sviluppato e ultimato l'idea e aver raccolto 91 milioni di dollari in capitali di rischio, nel 1971 fondò il corriere Federal Express. Fece fronte alle perdite dei primi due anni giocando d'azzardo a Las Vegas. L'azienda iniziò a registrare utili nel 1976 e fu quotata in borsa nel 1978. Poi aggiunse servizi come spedizioni oltreoceano e il monitoraggio dei pacchi, e nel 2000 cambiò il nome in FedEx, oggi un business multimiliardario. Ha ricevuto molti premi per le sue doti di leader.

«La **paura di fallire** non deve mai essere una ragione per **non tentare qualcosa.»**

Fredeick W. Smith

Vedendo le donne del nativo Bangladesh lottare contro la povertà, l'economista e imprenditore sociale Muhammad Yunus è stato spinto a sviluppare il concetto di microcredito: il prestito di piccole somme a persone troppo povere per accedere al credito tradizionale. Ha fondato la Grameen Bank, che oggi conta milioni di beneficiari in tutto il mondo.

EVENTI PRINCIPALI

SPINTO DA UNA CARESTIA
Dopo che nel 1974 una carestia devasta il Bangladesh, studia le cause della povertà rurale.

INVESTE NELLE DONNE
Nel 1976 concede alle donne dei villaggi i primi microprestiti a tassi di interesse vantaggiosi.

FONDA UNA BANCA
Nel 1983 fonda la Grameen Bank con oltre 2.200 filiali in Bangladesh.

AMPLIA LA PORTATA
Dal 1989 apre varie fondazioni con scopi diversi, dalla pesca all'informatica.

INIZIATIVA GLOBALE
Nel 2011 fonda lo YSB per creare e sostenere altre imprese sociali nel mondo.

Nato a Chittagong, Bangladesh, Muhammad Yunus completò un dottorato in economia negli Stati Uniti, dove insegnò finché il Paese nativo ottenne l'indipendenza. Tornato in patria, nel 1974 fu testimone degli orrori di una carestia, che causò la morte di migliaia di famiglie di agricoltori.

A capo del dipartimento di economia dell'università di Chittagong, avviò un progetto di ricerca per studiare la povertà nelle zone rurali. Scoprì che le donne che fabbricavano mobili di bambù acquistavano i materiali con prestiti a interessi alti, che non permettevano loro di risparmiare. Decise perciò di condurre un esperimento, prestando 27 dollari a 42 donne del villaggio di Jobra: ottennero tutte un piccolo profitto e restituirono la somma. L'esito lo convinse che i prestiti a tassi molto bassi sono rimborsabili anche dai più poveri, promuovevano le imprese e riducevano la povertà; inoltre, sosteneva che i beneficiari dovevano essere anzitutto donne, poiché avrebbero investito nel benessere della famiglia.

Banca rivoluzionaria

Ottenuto un prestito, nel 1976 fondò una banca per gli abitanti più poveri della zona di Chittagong, che nel 1982 aveva concesso microcrediti a 28.000 beneficiari. Un anno dopo istituì la Grameen Bank, che operava in tutto il Bangladesh. Tuttavia, Yunus non aveva solo sostenitori e dovette far fronte a oppositori religiosi e politici. Alcuni religiosi conservatori minacciarono perfino di negare una sepoltura musulmana alle donne che chiedevano prestiti alla

«**Se non hai** un sistema finanziario che **include il più povero** di tutti, la **sostenibilità non esiste.**»

Muhammad Yunus, 2018

MUHAMMAD
YUNUS
1940

NEL 2008 I PRESTITI A PERSONE IN POVERTÀ AMMONTANO A **7,6 MILIARDI DI DOLLARI**

NEL 2006 **È IL PRIMO BENGALESE** A RICEVERE IL **NOBEL PER LA PACE**

ISPIRA PROGETTI DI MICROCREDITO IN OLTRE **100 PAESI**

Grameen. Convinto però della correttezza morale del progetto, lo portò avanti. Invece di chiedere garanzie che le donne non avevano, puntò sulla pressione tra pari: i responsabili in loco della Grameen incontravano gruppi di cinque richiedenti, concedendo un prestito solo a due di loro; se dopo un periodo di prova rispettavano i termini di rimborso, ottenevano il credito anche gli altri tre. Si formarono così "gruppi di solidarietà", i cui membri si sostenevano a vicenda. Nel 2017 la Grameen aveva 9 milioni di clienti, di cui il 97% donne, e il tasso di rimborso raggiungeva il 99%.

Dagli anni '80 Yunus iniziò a diversificare le operazioni, avviando organizzazioni no profit come la Grameen Uddog (che organizzò 10.000 tessitori bengalesi in una cooperativa per esportare cotoni di qualità garantita, realizzati con telai a mano), e la Grameen Motsho (che svolgeva un ruolo analogo per gli allevatori di pesci e gamberetti).

Visione globale

Nel 2011, con il lancio del Yunus Social Business (YSB) insieme alle imprenditrici Saskia Bruysten e Sophie Eisenmann, il progetto è diventato globale. Il centro sostiene e finanzia "imprese sociali" nell'Africa subsahariana, nell'America del Sud e nell'Asia meridionale, definite da Yunus organizzazioni che, invece di produrre dividendi per gli azionisti, si dedicano unicamente a risolvere problemi come l'assistenza sanitaria, l'acqua potabile, i servizi igienici e l'energia pulita. Tuttavia, come puntualizza Yunus, non si tratta di business di beneficienza.

In India, per esempio, la Waste Ventures ha ottenuto un aumento del reddito e della sicurezza per molti raccoglitori di rifiuti – i cosiddetti *waste picker* – estendendo le categorie di rifiuti da riciclare e promuovendo il benessere sia dei lavoratori che dell'ambiente, mentre Women on Wings ha creato oltre 260.000 posti di lavoro sostenibili per donne indiane attive nei settori agricolo, tessile e forestale. Altri progetti hanno fornito accesso all'assistenza sanitaria alla popolazione indigente della Colombia e offerto prodotti per la pulizia al di sotto dei prezzi di mercato a mezzo milione di haitiani. In riconoscimento del contributo alla lotta contro la povertà, nel 2006 Yunus ha ricevuto il Nobel per la pace.

JESSICA **JACKLEY**

Ispirata da una conferenza tenuta da Muhammad Yunus nel 2003, l'imprenditrice, originaria della Pennsylvania, avvia un progetto di microfinanza online, concedendo più di 1,3 miliardi di dollari a 2 milioni di persone.

Secondo Jackley (1977-), il problema principale che gli aspiranti imprenditori dei Paesi in via di sviluppo devono affrontare è la mancanza di capitali iniziali. Perciò, insieme al compagno Matt Flannery, avvia Kiva, un sito di microcredito che mette in contatto chi detiene capitali con chi li richiede. I beneficiari, per l'80% donne, condividono le loro storie con i finanziatori e i prestiti non prevedono interessi. Il tasso di rimborso supera il 96%.

«Per garantire una **pace** stabile dobbiamo trovare modi di **concedere** alle **persone opportunità** di **vivere una vita decente.»**

Muhammad Yunus, 2006

I microprestiti di Yunus *hanno permesso agli imprenditori disagiati di investire nelle loro aziende, generando profitti che hanno aiutato intere famiglie a uscire dalla povertà.*

Attivista ambientale contro il sistema e promotrice di cause sociali, quale titolare di un brand di cosmetici Anita Roddick era poco promettente. Tuttavia, fondò The Body Shop, introducendo con successo il concetto di impresa etica e promuovendo l'uso di prodotti con ingredienti naturali.

EVENTI PRINCIPALI

DIVENTA DAMA
Nominata nel 1988 Ufficiale dell'Ordine dell'Impero Britannico (OBE), nel 2003 diventa Dama.

CREA UNA FONDAZIONE
Nel 1990 avvia The Body Shop Foundation, che finanzia gruppi per la tutela di animali e ambiente.

FILANTROPIA
Nel 2005 annuncia di voler investire l'intero patrimonio personale in cause filantropiche.

RIMANE CONSULENTE
Nel 2006 vende The Body Shop a L'Oréal, rimanendo però consulente sulle pratiche etiche.

Nata a Littlehampton, Inghilterra, e figlia di italiani proprietari di un caffè, Anita Roddick era una ragazza determinata che si interessava di questioni sociali e ambientali. Lavorò nel bar dei genitori fino alla conclusione degli studi, poi si dedicò all'insegnamento, che abbandonò per girare il mondo. Si recò a Tahiti, in Australia e in Sudafrica, dove venne a conoscenza delle usanze locali di lavare i capelli con prodotti vegetali e idratare la pelle con il grasso estratto dai semi di cacao. Affascinata dall'uso di ingredienti naturali per la cura del corpo, decise di diffonderlo aprendo un negozio di cosmetici nella città costiera di Brighton: The Body Shop.

Primo negozio

Nel 1976, quando avviò il primo negozio, non ambiva a grandi profitti. Sperava piuttosto di sbarcare il lunario vendendo una linea di prodotti realizzati con ingredienti naturali. Con mezzi limitati e senza fondi da destinare alla pubblicità o al marketing, promosse cosmetici inodori, incolori e dalle confezioni semplici affidandosi al passaparola. Per nascondere le macchie di muffa sulle pareti

***Roddick davanti** a uno dei primi negozi Body Shop in Oxford Street, Londra. L'imprenditrice si rivolgeva a una clientela desiderosa di acquistare prodotti realizzati nel rispetto di standard etici e ambientali.*

ANITA
RODDICK
1942-2007

La filosofia di The Body Shop *puntava a offrire prodotti di provenienza etica, acquistati tramite il commercio equo da fornitori in Paesi sottosviluppati; inoltre, si opponeva ai test sugli animali e promuoveva il riciclo.*

«Se pensi di essere **troppo piccolo** per avere un **impatto**, prova a **dormire** con una **zanzara.**»

Anita Roddick, 1991

dipinse il locale di verde scuro, il colore che tuttora caratterizza il brand The Body Shop.

I primi clienti erano invitati a portare con sé contenitori vuoti da riempire: «Perché sprecare un contenitore se si può riempire? ... [Durante] la Seconda guerra mondiale riusavamo tutto, riempivamo tutto e riciclavamo tutto» scrisse in seguito.

Gli opuscoli disponibili in negozio illustravano gli ingredienti usati e la loro provenienza, e in pochi mesi la linea The Body Shop si rivelò un successo.

All'inizio l'assortimento includeva 25 prodotti, tra cui una crema per il corpo al burro di cacao, un olio per il viso all'albero del tè e uno shampoo alla banana; in seguito si aggiunsero una crema da barba alla radice di Maca, una crema per il viso con vitamina E e un gel doccia al muschio bianco.

Nel 1977 aprì un secondo negozio, e alla fine del decennio il brand era diffuso in tutta Europa. Su idea del marito Gordon, si avvalse dell'"autofinanziamento" per accelerare l'espansione con l'apertura di punti vendita in franchising.

Sfruttò la fama crescente per promuovere la linea e la politica sociale alla base dei prodotti, che bandiva l'uso di sostanze testate su animali e abbracciava il commercio equosolidale acquistando da fornitori di Paesi in via di sviluppo. Inoltre, sosteneva cause sociali, politiche ed economiche, tra cui la tutela della foresta pluviale, il suffragio universale e la riduzione del debito per le nazioni più povere. Voleva dimostrare che era possibile gestire un'impresa con una "leadership morale" senza incorrere in perdite.

Successo e critiche

Nel 1991, nel mondo erano presenti 700 negozi The Body Shop e Roddick diventò una delle donne più ricche della Gran Bretagna. Tuttavia, le sue scelte ebbero forti ripercussioni. Nel 1984 aveva quotato l'azienda in borsa: dare agli investitori la possibilità di acquistare azioni e misurare con il loro profitto il successo dell'impresa spinse alcuni clienti a giudicare l'appassionato sostegno di Roddick a cause ecologiche e umanitarie come uno stratagemma per

TRASFORMA
THE BODY SHOP
IN UN'AZIENDA DA
652
MILIONI DI STERLINE
CON **2.000**
FILIALI
IN **55**
PAESI

NEL 2005
DONA IL
PATRIMONIO DI
51 MILIONI DI STERLINE
A CAUSE BUONE

GORDON **RODDICK**

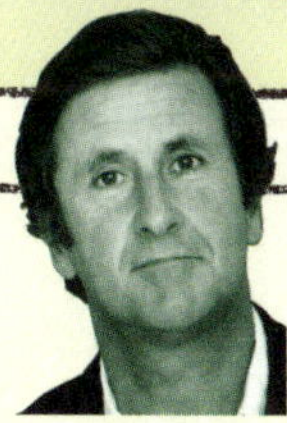

Sostenitore di imprese sociali e comunitarie, è un agronomo qualificato che ha viaggiato in tutto il mondo per poi dedicarsi al brand The Body Shop.

Nel 1991, Gordon Roddick (1942-) è cofondatore di The Big Issue, un ente di beneficienza che aiuta i senza tetto con la vendita di una rivista. Sei anni dopo, istituisce la Roddick Foundation a sostegno di progetti sociali, giustizia ambientale e diritti umani. Nel 2009 fonda, insieme ad altri, 38 Degrees, un'organizzazione per i diritti umani, e contribuisce a creare The Day Chocolate Company, che produce il cioccolato del commercio equo Divine.

«Se **fai le cose bene**, falle **meglio**. Sii **audace**, sii il **primo**, sii **differente**, sii **giusto.»**

Anita Roddick, 1999

vendere i prodotti. Nel 1994 furono mosse critiche alle pratiche aziendali di commercio equo, provocando un calo del prezzo delle azioni. Tuttavia, intentò e vinse una causa contro gli autori di un documentario televisivo in cui veniva accusata di testare i cosmetici sugli animali. Nel 1999 fu invece contestata per aver partecipato a un corteo no-global: una posizione controversa per la proprietaria di un'impresa con 2.000 negozi in 55 Paesi.

Nel 2006 vendette la società a L'Oréal per 652 milioni di sterline, affermando di voler destinare in beneficienza la maggior parte del ricavato. Benché l'azienda francese si avvalesse dei test sugli animali, Roddick precisò che gli ingredienti di The Body Shop avrebbero continuato a garantire una provenienza etica, e per assicurarsene assunse il ruolo di consulente.

Campagne di beneficienza

Mantenne la parola, devolvendo in beneficienza la sua quota di profitto e donando ingenti somme attraverso la Roddick Foundation. La fondazione fondò Children on the Edge (COTE) per aiutare bambini svantaggiati in Europa e in Asia, lanciò una campagna con Greenpeace contro Exxon-Mobil, che negava l'impatto dei combustibili fossili sul clima, e lottò contro lo sfruttamento dei lavoratori nei Paesi in via di sviluppo. Divenne inoltre sostenitrice dell'Hepatitis C Trust dopo aver appreso che aveva contratto l'epatite C per una trasfusione in seguito alla nascita della figlia nel 1971.

Il 10 settembre 2007 morì di emorragia cerebrale. Come fu rivelato in seguito, l'attivista capitalista che si era rifiutata di conformarsi aveva dato in beneficienza l'intero patrimonio di circa 51 milioni di sterline. Nel 2017 L'Oréal ha venduto The Body Shop all'azienda di cosmetici brasiliana Natura per 860 milioni di sterline. Nel 2019 l'impresa ha ottenuto la certificazione B Corp, assegnata ad aziende "profit" che rispettano standard sociali, ambientali e sostenibili.

***Roddick (al centro)** celebra l'apertura di una nuova filiale a Huddersfield, Regno Unito, il 10 luglio 1992.* ▶

WELCOME TO
THE BODY SHOP
HUDDERSFIELD
X

Regista, produttore e sceneggiatore, con l'iconico franchise *Guerre stellari* George Lucas ha rivoluzionato il cinema del XX secolo. Ha lanciato la casa di produzione Lucasfilm Ltd per mantenere il controllo su ogni aspetto dei film, che lo hanno reso uno dei cineasti di maggior successo finanziario di tutti i tempi.

EVENTI PRINCIPALI

SOGNA IN GRANDE
Nel 1962 decide di studiare cinema, dichiarando che a 30 anni sarebbe diventato milionario.

PRIMO STUDIO
Nel 1969 fonda con Francis Ford Coppola lo studio per registi indipendenti American Zoetrope.

PERDE UNA FORTUNA
Nel 1987 divorzia dalla moglie Marcia Lou Griffin, perdendo gran parte del patrimonio.

ENTE DI BENEFICIENZA
Nel 1991 fonda la George Lucas Educational Foundation promuovendo l'innovazione nelle scuole.

Figlio del proprietario di una cartoleria, sin da piccolo George Lucas era affascinato dai fumetti, che ispirarono il primo lungometraggio *American Graffiti*. Fu influenzato anche dal regista giapponese Akira Kurosawa: guardava avidamente i suoi film insieme agli studenti della scuola di cinema dell'University of Southern California, tra cui c'era anche Steven Spielberg.

Film franchise

Dopo la laurea, ottenuta nel 1966, realizzò *L'uomo che fuggì dal futuro*, un film di fantascienza sui robot, ambientato nel futuro. Nonostante l'accoglienza poco favorevole, lavorò a un secondo progetto: lanciato nel 1973, *American Graffiti* si rivelò uno dei film a basso costo di maggior successo sull'apatica gioventù americana. Alcune tematiche confluirono in *Guerre stellari* (1977), un'opera faticosa e appassionata che riscosse un successo immediato e sorprendente e che, tuttora campione di incassi, è entrata a far parte della cultura popolare moderna. Benché prodotta dalla 20th Century Fox, Lucas conservò la maggior parte dei diritti di licenza: una scelta astuta, che gli garantì milioni grazie alla vendita di giocattoli e altri articoli di merchandising.

Dopo il successo, per aumentare il controllo sui film sviluppò nuovi progetti sotto gli auspici della sua casa cinematografica, la Lucasfilm Ltd, tra cui la serie *Indiana Jones* insieme al vecchio amico Steven Spielberg. Nel 2012 ha venduto alla Disney lo studio e i diritti del franchise *Guerre stellari* per 4,5 miliardi di dollari.

***Lucas che dirige C-3PO** in Guerre stellari, uno dei sei personaggi oggi di proprietà della Disney.*

«I sogni sono **estremamente importanti.** Non puoi **fare** niente se prima non lo **immagini.»**

George Lucas

GEORGE
LUCAS
1944

Ottenuto un prestito da un ente statale, Liu Chuanzhi fondò l'azienda tecnologica Lenovo e, nonostante i vincoli del credito e la scarsa esperienza nel management, riuscì a trasformarla in una delle maggiori case di produzione di personal computer del mondo.

Nato nel 1944, Liu Chuanzhi studiò all'Istituto di ingegneria delle telecomunicazioni dell'Esercito popolare di liberazione di Xi'an, Cina centrale. Nel 1984, mentre era ricercatore all'Accademia cinese delle scienze di Pechino, ottenne un prestito dall'istituto per proseguire il lavoro e fondare l'azienda informatica Legend (oggi Lenovo). Nonostante le numerose richieste di gestire l'impresa in autonomia, fu costretto a rinunciarvi e ad accettare molte restrizioni.

I primi anni furono difficili. Dopo un tentativo fallito di importare televisori, passò alla distribuzione di computer prodotti all'estero. La prima innovazione introdotta da Legend riguardava il miglioramento della capacità dei dispositivi di leggere i caratteri cinesi, diffondendo l'uso del personal computer tra la popolazione.

Il successo si basava perlopiù sullo studio e l'adattamento delle strategie pubblicitarie e gestionali di imprese internazionali affermate, in particolare l'azienda informatica ed elettronica statunitense Hewlett-Packard. Inoltre, affidò divisioni aziendali a giovani che avevano conseguito qualifiche universitarie all'estero. Nel 1990 avviò la produzione di computer Legend, e sei anni dopo divenne leader del mercato cinese. Nel 2005 acquistò la divisione Personal Computing dell'IBM, trasformandola in uno dei principali fabbricanti mondiali dell'epoca. Ormai settantenne, nel dicembre 2019 ha lasciato la presidenza della società madre, la Legend Holdings.

«Senza dedizione, è difficile **diventare imprenditore.»**

Liu Chuanzhi

EVENTI PRINCIPALI

STUDI TECNICI
Si laurea nel 1966 in un istituto militare, dove lavora sui radar e familiarizza con i computer.

STUDI ACCADEMICI
Fino al 1984 lavora come ingegnere ricercatore all'Accademia cinese delle scienze, Pechino.

CREA LEGEND
Insieme a 10 colleghi, nel 1984 riceve dall'Accademia un prestito di 25.000 dollari e avvia un'impresa.

PRODUCE PC
Nel 1990 Legend lancia il primo PC e nel 2005 acquista la divisione PC dell'IBM.

RICEVE UN PREMIO
Nel 2016 riceve il premio Lifetime Achievement ai CNBC Asia Business Leaders Awards.

1944
LIU
CHUANZHI

ROBERT L.
JOHNSON

L'imprenditore e investitore Robert L. Johnson individuò una lacuna nel mercato - una rete televisiva per gli afroamericani negli Stati Uniti - e la rivoluzionaria società di media Black Entertainment Television (BET) attirò presto un pubblico fedele.

1946

Nato a Hickory, Mississippi, Robert Louis Johnson frequentò l'università dell'Illinois, laureandosi nel 1968 e completando un master a Princeton nel 1972. Dopo gli studi, fu assunto come responsabile degli affari pubblici alla Corporation for Public Broadcasting di Washington DC, poi come vicepresidente delle relazioni con il governo alla National Cable and Television Association. Introdotto nel mondo della televisione, ne comprese il potenziale e notò che non teneva conto degli interessi dell'ampio pubblico afroamericano.

Successo e diversificazione

Nel 1980 ottenne un prestito bancario di 15.000 dollari per lanciare la Black Entertainment Television (BET), la prima rete televisiva via cavo fatta da e per afroamericani. All'inizio trasmetteva solo repliche di sitcom e video musicali per due ore il venerdì sera, ma ben presto diventò un'emittente di successo con una programmazione propria; negli anni '90, grazie a canali di musica e cinema generali e dedicati, un sito Web e la pubblicazione di contenuti in streaming, raggiunse oltre 70 milioni di famiglie. Nel 2001 Johnson guadagnò una fortuna con la vendita della BET al gigante dei media e delle comunicazioni Viacom per 3 miliardi di dollari, conservando la posizione di CEO fino al 2005.

Orientato a diversificare gli interessi, nel 2002 fondò RLJ Companies, una holding che abbraccia un ampio ventaglio di settori tra cui alberghi, servizi finanziari, sport e spettacolo. Inoltre, acquistò la squadra di basket Charlotte Bobcats nella Carolina del Nord, diventando il primo proprietario afroamericano di una squadra professionale.

EVENTI PRINCIPALI

ROMPE GLI SCHEMI
Nel 1964 è il primo membro della famiglia a iscriversi a un'università, la University of Illinois.

ASSUME IL COMANDO
Nel 1980 fonda la BET, la prima e oggi principale rete per telespettatori afroamericani.

PASSA ALLA STORIA
Nel 1991 BET è la prima azienda afroamericana a essere quotata alla Borsa di New York.

VENDITA
Nel 2011 vende a Viacom e, guadagnando oltre 1 miliardo di dollari, è l'afroamericano più ricco degli Stati Uniti.

SOSTIENE L'AFRICA
Nel 2007 crea il Liberia Enterprise Development Fund per finanziare le imprese liberiane.

«Non avevo paura di **sporcarmi le mani.**»

Robert L. Johnson 2002

JAMES
DYSON
dyson

Dopo una serie di fallimenti che lo sommersero di debiti, l'inventore britannico James Dyson lanciò il primo prodotto di successo: l'iconico aspirapolvere senza sacchetto con "tecnologia Cyclone" che ha rivoluzionato le pulizie domestiche. Pur controllando un'azienda globale, Dyson ha continuato a puntare sull'innovazione.

Quando aveva 9 anni, l'infanzia di James fu sconvolta dalla morte improvvisa del padre, Alec Dyson, insegnante in un collegio nel Norfolk frequentato dal figlio. La scomparsa del padre e la lontananza da casa alimentarono l'indipendenza e la determinazione a dimostrare il suo valore. Durante l'adolescenza, si appassionò di corsa su lunghe distanze, sviluppando la grinta e la tenacia necessarie a perfezionare il design dei prodotti futuri.

Inizialmente pensò di dedicarsi agli studi di medicina, ma un medico dell'ospedale dove svolgeva il tirocinio gli suggerì di passare all'arte. Frequentò la Byam Shaw School of Art di Londra, poi il Royal College of Art, orientandosi verso il design e l'ingegneria.

Qui incontrò Jeremy Fry, che divenne il suo mentore. Capo dell'azienda di ingegneria Rotork, gli affidava progetti di design su base indipendente, tra cui nel 1970 il prototipo di un'imbarcazione a scafo piatto ad alta velocità, in grado di approdare in assenza di un molo o di un porto, che Dyson presentò per la valutazione finale. Dopo la laurea, fu assunto da Fry per gestire la filiale che progettava e vendeva il mezzo da sbarco. Quattro anni dopo era pronto per mettersi in proprio.

Nel mondo degli affari

Il primo tentativo imprenditoriale risale al 1974. Insoddisfatto delle prestazioni della carriola usata per ristrutturare casa, inventò la Ballbarrow che alla ruota sostituiva una sfera di plastica, facilitando le manovre. Esaurì i fondi nello sviluppo del prototipo e, dovendo reperire capitali per finanziare la produzione, commise l'errore di assegnare all'azienda appena fondata, la Kirk-Dyson, non la licenza, bensì il brevetto. Nel 1979 gli investitori

«In realtà i **fallimenti ci emozionano**, perché è così che **impariamo.**»

James Dyson, 2007

EVENTI PRINCIPALI

SCOPRE IL DESIGN
Nel 1966 studia progettazione di mobili al Royal College of Art, poi passa a interni e ingegneria.

INNOVA
Nel 1974 crea Ballbarrow, una carriola con una sfera al posto della ruota, premiata per il design innovativo.

SVILUPPA CYCLONE
Dopo 5 anni di lavoro alla tecnologia Dual Cyclone, nel 1983 lancia l'aspirapolvere G-Force.

FONDA UN'AZIENDA
Nel 1991 fonda la Dyson Appliances Ltd., che nel 1993 lancia il primo aspirapolvere: il DC01.

SOSTIENE GLI INGEGNERI
Nel 2002 crea The James Dyson Foundation e nel 2007 un premio annuo a sostegno dei progettisti.

vendettero l'impresa e Dyson perse il controllo del business e, con esso, dell'invenzione. Nonostante la battuta d'arresto, la Ballbarrow ispirò la sua creazione più celebre e rafforzò il proposito di mantenere la proprietà dei progetti futuri.

La rivoluzione delle pulizie domestiche

Per la fabbrica di Ballbarrow aveva costruito un aspiratore industriale a ciclone, che usava la forza centrifuga per separare la polvere dall'aria senza bisogno di sacchetti. La tecnologia poteva essere impiegata anche in ambito domestico e nel 1978, stanco dei sacchetti ostruiti dalla polvere del suo inefficiente aspirapolvere, lo dotò di un dispositivo a ciclone elementare, fatto di cartone e nastro adesivo, scoprendo che funzionava.

Dedicò cinque anni allo sviluppo di oltre 5.000 prototipi, e quando il progetto fu ultimato era quasi in bancarotta. Non trovando aziende disposte a produrre l'aspirapolvere perché avrebbe danneggiato il mercato dei sacchetti, decise di fabbricarlo da solo.

Infine, il prodotto fu venduto da una società di vendita tramite catalogo giapponese e il cosiddetto G-Force si rivelò un successo. Nel 1991 investì i profitti nell'istituzione di un centro di ricerca e una fabbrica sulle colline Costwolds, Regno Unito, dove sviluppò il DC01, progettato per mantenere un'aspirazione tanto potente da catturare

***Dyson applicò** la tecnologia Dual Cyclone del suo aspirapolvere senza sacchetto ai modelli successivi e a prodotti nuovi, tra cui un ventilatore con acceleratore a ciclone.*

«Hai le stesse **probabilità** di **risolvere un problema** se sei **anticonvenzionale** e **determinato** o **brillante.**»

James Dyson, 2004

TECNOLOGIA A CICLONE

perfino il fumo delle sigarette. Si affrettò a brevettare la tecnologia "Dual Cyclone", ma la vera innovazione era l'assenza di sacchetti: il DC01 era pulito, efficiente ed economico, e diventò presto l'aspirapolvere più usato nel Regno Unito; nel 2001 fu lanciato negli Stati Uniti.

Sete di innovazione
Dyson continuò a perfezionare il modello, producendo versioni avanzate e un ventaglio di prodotti nuovi, tra cui l'asciugamano Airblade, phon, ventilatori e depuratori d'aria.

Oltre a innovare, nel 2002 ha fondato un ente di beneficienza per promuovere l'educazione e la ricerca in scuole e università. Nel 2014 ha istituito la Dyson School of Design Engineering all'Imperial College London.

AVVIA UN'IMPRESA DOPO **15 ANNI**

COSTRUISCE **5.127 PROTOTIPI** DI ASPIRAPOLVERE

SPENDE **71 MILIONI DI STERLINE** PER SVILUPPARE IL PHON SUPERSONIC

NICK **GREY**

Inventore britannico, si licenzia e con i pochi risparmi in un anno fonda la Grey Technology (Gtech), che produce apparecchi senza fili innovativi.

Senza una formazione ingegneristica, nel 2001 Nick Grey (1968-) lascia il lavoro di responsabile del design dei prodotti presso l'azienda di aspirapolveri Vax e dopo un anno progetta la lavapavimenti SW01 e la vende all'azienda americana Shark. L'apparecchio senza fili (al contrario del Dyson DC01) è un successo immediato. Continua a sviluppare prodotti per la casa e il giardino, tra cui il più venduto è l'aspirapolvere senza fili AirRam (2012), che riduce drasticamente il consumo di elettricità.

Il fiuto per gli affari, lo spirito avventuroso e il coraggio di contravvenire alle regole hanno fatto di sir Richard Branson, fondatore del Virgin Group, uno degli imprenditori più affermati del mondo. Amante delle sfide, ha abbracciato vari settori, dalla musica al turismo spaziale.

EVENTI PRINCIPALI

PRIMA IMPRESA
Nel 1968 fonda la rivista *Student* e la finanzia vendendo dischi per corrispondenza.

NEGOZIO DI DISCHI
Nel 1971 in Oxford Street, Londra, apre Virgin Records e lavora alla cassa.

RILEVA UNA COMPAGNIA AEREA
Nel 1984 avvia la Virgin Atlantic Airways, diventando un concorrente diretto di aziende più grandi.

ESPANDE IL BRAND
Abbraccia altri settori, tra cui vacanze, alberghi, banche, telecomunicazioni, media, e nel 2004 i viaggi spaziali.

A 16 anni, quando Richard Charles Nicholas Branson lasciò la Stowe School, Buckinghamshire, il preside disse che sarebbe finito in prigione o diventato un milionario. La dislessia rese difficili gli anni scolastici, durante i quali si cimentò in due progetti imprenditoriali, entrambi fallimentari: coltivare alberi di Natale e allevare pappagallini.

Il successo giunse due anni dopo, nel 1968, con il lancio della rivista di cultura giovanile *Student*, che pubblicava interviste con musicisti famosi e articoli di critica. Con la vendita di spazi pubblicitari, riuscì a finanziare una tiratura iniziale di 50.000 copie.

Poco dopo, dagli uffici della rivista avviò un'impresa che vendeva dischi per corrispondenza, offrendo prezzi inferiori ai rivenditori tradizionali. La Virgin, così chiamata in chiara ammissione dell'inesperienza di Branson e dei suoi colleghi, aprì un negozio di Oxford Street; nel 1972 seguirono uno studio di registrazione e una casa discografica. Un anno dopo, Mike Oldfield, il primo artista scritturato, ottenne un successo record con l'album *Tubular Bells*.

RICHARD BRANSON

«Non impari a camminare seguendo le regole. **Impari provando** e **cadendo.»**

Richard Branson, 2014

STELIOS **HAJI-IOANNOU**

Nato in una ricca famiglia di armatori, è un imprenditore greco-cipriota celebre per aver fondato la compagnia low cost easyJet.

Stelios Haji-Ioannou (1967-) inizia la carriera nell'impresa del padre poi, a 25 anni, avvia un'azienda propria, la Stelmar Tankers. Nel 1995 fonda easyJet, una compagnia aerea senza fronzoli che offre voli da aeroporti secondari a tariffe molto basse, rivoluzionando i viaggi europei. Il concetto di "più valore per meno" è stato esteso dalle automobili agli alberghi, dando vita all'easyGroup. Nel 2000 quota easyJet alla Borsa di Londra; nel 2013 fonda la Stelios Philantropic Foundation.

Promuovendo musicisti innovativi e talvolta controversi, come i Sex Pistols, Peter Gabriel e i Culture Club, la Virgin Records diventò ben presto l'etichetta indipendente più grande al mondo.

Nel 1984 Branson fiutò un altro affare: il settore dei viaggi. Mentre era in vacanza a Puerto Rico, il volo per le isole Vergini fu cancellato. Deciso a noleggiare un aereo, invitò gli altri passeggeri a fare un giro per una piccola

«Qualunque sia il tuo obiettivo, non avrai mai successo se non ti **liberi delle paure** e **spicchi il volo.»**

Richard Branson, 2006

***Il successo nella musica** fornì a Branson i capitali per espandersi in altri settori, come i viaggi, le banche e le telecomunicazioni. Tuttavia, per preservare gli altri interessi, nel 1992 fu costretto a vendere la Virgin Records alla Thorn EMI.*

cifra, coprendo i costi del volo.
Scoprì così una lacuna di mercato: in pochi mesi lanciò la Virgin Atlantic che collegava l'aeroporto di Londra-Gatwick a Newark, negli Stati Uniti. L'azienda si misurò con compagnie transatlantiche affermate presentandosi con servizi innovativi, un branding rosso acceso, pubblicità audaci e PR solide.

Nei seguenti tre decenni, Branson incluse nel business alberghi, pacchetti vacanza, treni, crociere e perfino viaggi spaziali. Nel 2004 avviò la Virgin Galactic per portare passeggeri paganti nello spazio offrendo l'«avventura più grande di tutti i tempi».

Esploratore insaziabile di mercati, rese Virgin un brand rinomato in ambiti come la radio, le telecomunicazioni, l'assistenza sanitaria, il fitness, l'energia e i servizi finanziari.

Non tutte le imprese furono redditizie (tra le altre, Virgin Cola e Virgin Cosmetics fallirono), ma si fece un nome nel perseguire i suoi interessi, rimediare agli errori e mettere in discussione le pratiche tradizionali con un approccio orientato ai clienti. Nel 2000 fu nominato cavaliere per i servizi all'imprenditoria.

Maestro della promozione
Sfruttando il talento pubblicitario e proponendosi come volto delle aziende Virgin, innalzò il profilo del brand. Intraprendente nella vita privata e nel lavoro, si cimentò in una serie di imprese rocambolesche, come attraversare l'Atlantico e il Pacifico in mongolfiera, segnare un record di velocità in una traversata transatlantica in barca ed essere la persona più avanti negli anni ad attraversare la Manica in kitesurf. In seguito ha affrontato questioni sociali e ambientali, promuovendo l'attività di terzi attraverso la fondazione no profit Virgin Unite, che offre affiancamento e sostegno finanziario a chi desidera avviare un'impresa. Oltre ai successi commerciali, ha pubblicato una serie di libri e blog online che hanno consolidato il suo ruolo di consulente sull'imprenditoria.

AVVIA LA **PRIMA IMPRESA** A **15 ANNI**

NEL 1978 **ACQUISTA** NECKER ISLAND PER **180.000 STERLINE**

FONDA LA **VIRGIN ATLANTIC** IN **3 MESI**

A 65 ANNI HA SEGNATO **7 GUINNESS DEI PRIMATI**

«SONO DIVENTATO IMPRENDITORE PER SBAGLIO. DA ALLORA MI SONO MESSO IN AFFARI NON PER GUADAGNARE SOLDI, MA PERCHÉ CREDO DI FARLO MEGLIO DI QUANTO È STATO FATTO DA ALTRI.»

Richard Branson

Intervistato dal giornalista Martyn Lewis, 1997

Branson festeggia la traversata dell'Atlantico da record *sulla* Virgin Atlantic Challenger II *con il primo ministro britannico Margaret Thatcher, luglio 1986.* ►

BLUE
86
RIBAND
Virgin
SPLASH

ARIANNA
HUFFINGTON

Di origine greca, Arianna Huffington è la fondatrice del celebre sito Web di informazione *Huffington Post* e CEO di Thrive Global. La visione straordinaria e i successi imprenditoriali le hanno assicurato un posto nella lista di *Time* delle 100 persone più influenti e di *Forbes* delle 100 donne più potenti.

EVENTI PRINCIPALI

STUDIA NEL REGNO UNITO
Nel 1966, a 16 anni si trasferisce in Inghilterra per studiare economia a Cambridge.

AMBIZIONI POLITICHE
Nel 2003 si candida come governatrice della California contro Arnold Schwarznegger: si ritira, ma arriva quinta.

AVVIA UN SITO WEB
Nel 2005 lancia *The Huffington Post*, un sito di notizie e opinioni gratuito e di larghe vedute.

PROMUOVE IL BENESSERE
Nel 2016 avvia Thrive Global per aiutare le persone a evitare stress e burnout.

Arianna Huffington nacque con il nome di Ariadne-Anna Stasinopoulou ad Atene, dove crebbe in un miniappartamento. Studiò economia a Cambridge, diventando il terzo presidente donna della Cambridge Union. Nel 1974, a soli 24 anni, scrisse *La donna donna*, criticando alcuni aspetti della liberazione delle donne; seguirono altri 15 libri.

Nel 1980, dopo aver lavorato come giornalista e presentatrice per l'ente radiofonico e televisivo BBC, si trasferì a New York, dove nel 1986 sposò il banchiere, poi deputato, Michael Huffington. Avviò una carriera di commentatrice radiofonica a Los Angeles e nel 2003 si candidò alla carica di governatrice della California. La campagna fallì, ma la raccolta online di quasi 1 milione di sterline le insegnò a sfruttare il potenziale di Internet.

Dopo le elezioni presidenziali del 2004, insieme all'imprenditore Kenneth Lerer raccolse fondi sufficienti a creare una piattaforma e un blog di notizie attivi 24/7: l'*Huffington Post*, lanciato nel maggio del 2005 e ben presto uno dei marchi mediatici più noti del mondo. In qualità di caporedattrice, comparendo regolarmente in televisione e presenziando alle edizioni annuali del Forum economico mondiale, la stessa Huffington divenne un "brand". Nel 2007 lanciò versioni regionali del sito e nel 2011 lo vendette ad AOL per oltre 300 milioni di dollari, assumendo le cariche di presidente e caporedattrice dell'Huffington Post Media Group.

Nell'agosto del 2016 ha abbandonato il progetto per creare una piattaforma digitale dedicata alla salute e al benessere: nel novembre dello stesso anno, la necessità di strategie per far fronte allo stress e al *burnout* e migliorare le proprie prestazioni l'ha spinta a lanciare Thrive Global.

«Devi **fare ciò che sogni** di fare, **anche se ti spaventa.**»

Arianna Huffington, maggio 2014

1951

FOLORUNSHO ALAKIJA

Imprenditrice versatile, Folorunsho Alakija ha lasciato il segno in settori disparati, dalla moda alla stampa fino al petrolio. È una cristiana devota, celebre per le iniziative filantropiche, soprattutto nella nativa Nigeria.

Una di 52 figli degli 8 matrimoni del padre, Folorunsho Alakija nacque a Ikorodu, nello Stato di Lagos, nel 1951. Istruita nel Regno Unito e in Nigeria, lavorò come segretaria esecutiva nel settore bancario. Dopo dodici anni si licenziò per coltivare la passione per la moda e, formatasi a Londra, avviò un'impresa: la Supreme Stitches che, ribattezzata nel 1996 Rose of Sharon House of Fashion, riscosse grande successo nella promozione della cultura nigeriana. In quel periodo, avendo acquisito i diritti di esplorazione di un giacimento costiero, fondò anche la compagnia petrolifera Famfa Oil. In società con un'azienda statunitense, nel 1996 portò alla piena operatività il giacimento, che si dimostrò il più produttivo del Paese. Decisa a estendere ulteriormente il ventaglio di attività, si dedicò alla stampa, fondando la Rose of Sharon Prints, seguita nel 2006 dalla Digital Reality Prints. Oggi è una delle donne più ricche della Nigeria e un'importante filantropa. La Rose of Sharon Foundation concede borse di studio e sovvenzioni a vedove e orfani.

«Creiamo la nostra fortuna lavorando molto sodo. Creiamo la nostra fortuna andando oltre. **Soprattutto le donne.»**

Folorunsho Alakjia, 2014

EVENTI PRINCIPALI

CARRIERA BANCARIA
Nel 1974 lavora come segretaria alla Sijuade Enterprises in Lagos, poi si sposta alla FinBank.

PIONIERA DELLA MODA
Nel 1986 fonda il marchio di alta moda Supreme Stitches per le ricche donne nigeriane.

PASSA AL PETROLIO
Nel 1993 ottiene la licenza di prospezione, riservando alla famiglia una quota del 60% del giacimento.

1953

EVENTI PRINCIPALI

SUCCESSO CON LA BIRRA
Nel 1975 ottiene un master in birrificazione: è la migliore del corso e l'unica donna.

PASSA ALLA BIOTECNOLOGIA
Lavora per Biocon Chemicals in Irlanda e nel 1978 avvia Biocon India dal garage di casa.

IN BORSA
Nel 2004 quota l'azienda in borsa, chiudendo il primo giorno a 1,1 miliardi di dollari.

CENTRO ONCOLOGICO
Dopo la malattia di un parente e la morte di un amico, nel 2009 fonda a Bangalore un centro oncologico con 1.400 letti.

Fondatrice di Biocon, la più grande azienda biofarmaceutica dell'India, Kiran Mazumdar-Shaw ha sviluppato strategie per garantire una copertura sanitaria accessibile ai Paesi in via di sviluppo.

Nata a Bangalore, India, Kiran Mazumdar-Shaw è laureata in zoologia. Era orientata a seguire una formazione medica ma, incoraggiata dal padre, mastro birraio presso United Breweries, completò un master in birrificazione all'università di Ballarat, Australia. Tornata in India, però, scoprì che era difficile per una donna assumere cariche dirigenziali. Dopo un incontro con Leslie Auchincloss, fondatrice della Biocon Biochemicals con sede in Irlanda, nel 1978 avviò Biocon India dal suo garage. Con solo due dipendenti, l'azienda fabbricava enzimi da usare nelle bevande alcoliche, esportandoli in Europa e negli Stati Uniti.

Trasformò Biocon in una multinazionale biofarmaceutica florida che puntava a garantire un'assistenza sanitaria accessibile, riducendo il costo delle terapie per malattie come il cancro. Nel 2009 ha fondato il Mazumdar-Shaw Medical Center, un istituto di ricerca dedicato allo sviluppo di trattamenti più efficaci per un'ampia gamma di patologie.

«Fallire è **temporaneo, rinunciare** è **permanente.»**

Kiran Mazumdar-Shaw, 2014

KIRAN MAZUMDAR-SHAW

JOHN
MACKEY

1953

Mosso dall'impulso di migliorare le abitudini alimentari degli americani, John Mackey ha diffuso la cultura del biologico, fondando una delle più grandi catene di supermercati degli Stati Uniti, con centinaia di punti vendita.

Abbandonati gli studi, nel 1978 John Mackey, vegetariano convinto, racimolò 45.000 dollari da amici e parenti per aprire con la fidanzata Renee Lawson il negozio biologico Safer Way ad Austin, Texas. Avendo scelto di non commercializzare carne, zucchero, caffeina, alcol e farine bianche, le vendite non decollarono e nel primo anno di esercizio perse metà dell'investimento. Comprese allora che aveva ristretto la gamma di prodotti con eccessiva intransigenza. Due anni dopo, Safer Way si unì a Clarksville Natural Grocery, di proprietà di Craig Weller e Mark Skiles, trasferendosi in un edificio più grande e cambiando il nome in Whole Foods Market. Il motto era: «Cibi integrali, persone integrali, un pianeta integrale».

L'offerta di alimenti rimase biologica, senza aggiunta di aromi, coloranti o conservanti, ma includeva carne, zucchero e alcol. Le vendite aumentarono, ma dopo pochi mesi un'improvvisa alluvione distrusse gran parte dei locali e della merce. Senza perdersi d'animo e con l'aiuto dei clienti più fedeli, in un mese riaprì il negozio.

Espansione e tensioni

Negli anni '80 Whole Foods Market continuò a prosperare e nel 1992, con soli 10 punti vendita, fu quotata in borsa. Mackey iniziò ad acquistare altri negozi biologici negli Stati Uniti, ma la rapida crescita creò attrito con il padre Bill, membro del consiglio. Convinto che il suo conservatorismo frenasse l'azienda, nel 1994 gli chiese di dimettersi.

Nei due decenni seguenti il brand si espanse rapidamente. Il successo di prodotti nuovi, come la linea 365 Everyday Value, che includeva frutta liofilizzata, lozioni corpo biologiche, cereali per la colazione e caffè coltivato

«**Per imparare** e crescere, bisogna **cogliere le occasioni** ed essere disposti a **sbagliare.**»

John Mackey, 2014

EVENTI PRINCIPALI

APRE IL PRIMO NEGOZIO
Dopo aver vissuto in una cooperativa vegetariana, nel 1978 apre Safer Way ad Austin, Texas.

FUSIONE
Nel 1980, dalla fusione di Safer Way e Clarksville Natural Grocery nasce Whole Foods Market.

SOPRAVVIVE ALL'ALLUVIONE
Dopo che un'alluvione distrugge locali e scorte di Whole Foods Market, nel 1981 riavvia il business.

FINANZIA L'ESPANSIONE
Nel 1992 quota l'azienda in borsa, raccogliendo 28 milioni di dollari ed espandendosi negli Stati Uniti.

VENDE
A causa della crescente competizione, nel 2017 vende il brand ad Amazon per 13,7 miliardi di dollari.

NEL 2006
RIDUCE IL SUO
STIPENDIO A
1 DOLLARO

DONA IN **BENEFICIENZA**
IL **100%** DEL PORTAFOGLIO
AZIONARIO

NEL 2019 APRE
IL WHOLE FOOD **SHOP**
NUMERO 500

Whole Foods Market *si fondava sul valore fondamentale di contribuire alla salute dei clienti, della comunità e dell'ambiente. I prodotti offerti rispettavano i criteri rigorosi di qualità adottati dall'azienda ed erano il più naturali possibile.*

all'ombra, contribuì ad aumentare il fatturato. Per conferire all'azienda un profilo nazionale Mickey acquistò altre catene regionali; nel 2004 aveva aperto negozi in Canada e nel Regno Unito.

Filosofia alimentare

La missione di Mackey non era solo generare profitto: Whole Foods Market contribuiva al benessere della società. In un'intervista affermò che la dieta della maggior parte degli americani era così poco sana che, per fare la differenza, bastava una settimana di "cibo vero".

Assunse dipendenti che credevano nell'alimentazione salutare e nel capitalismo etico, garantendone la fedeltà con condizioni di lavoro ottimali e regimi interni di assistenza sanitaria. Nel 1998, la rivista *Fortune* inserì Whole Foods Market tra i 100 migliori datori di lavoro. Lo stipendio dei dirigenti non superava 19 volte la paga media di un dipendente a tempo pieno e dal 2006 Mackey operò tagli drastici alla sua retribuzione e ai suoi bonus.

Pur vendendo carne, precisò che sul benessere degli animali i fornitori adottavano criteri rigorosi. Tuttavia, la politica etica non gli impedì di suscitare polemiche e i suoi commenti sui sindacati, sulla tutela assicurativa prevista dall'"Obamacare" e sul cambiamento climatico generarono reazioni negative della stampa.

Cambiamento dei mercati

Whole Foods Market toccò l'apice nel 2013, quando il valore delle azioni raggiunse 65 dollari. Nel frattempo, compresa l'importanza del biologico, i rivenditori affermati cominciarono a offrire prodotti a prezzi inferiori. Nel 2016 le vendite di alimenti biologici e naturali di Kroger, la catena di supermercati più grande degli Stati Uniti, superarono quelle di Whole Foods Market, le cui azioni crollarono a 30 dollari. Ciononostante, l'anno seguente Mackey vendette l'azienda ad Amazon per 13,7 miliardi di dollari, rimanendo CEO.

YVON **CHOUINARD**

Scalatore appassionato, trasforma la piccola ditta di attrezzatura da esterno nell'azienda miliardaria Patagonia, mantenendo obiettivi ambientali solidi.

Nel 1957, l'americano Yvon Chouinard (1938-) inizia a fabbricare chiodi di acciaio rinforzati per uso privato, che poi vende agli alpinisti dal bagagliaio della sua auto per 1,50 dollari l'uno. Nel 1965 avvia con l'amico e ingegnere Tom Frost la Chouinard Equipment, per sviluppare e produrre attrezzature per arrampicata più robuste e leggere. Quando scopre che i chiodi danneggiano le pareti rocciose, introduce dadi di alluminio riutilizzabili, sviluppando il concetto di *clean climbing*. Nel 1973 l'azienda è ribattezzata Patagonia, aggiunge all'assortimento abbigliamento e hardware e si impegna a devolvere l'1% delle vendite o il 10% dei profitti (che risulta maggiore) a campagne ambientali.

«Devi **cavalcare l'onda.** Se **non c'è onda, non puoi surfare.»**

John Mackey, 2014

OPRAH
WINFREY

1954

Quando le è stato offerto di presentare un programma televisivo fallimentare, Oprah Winfrey lo ha trasformato nel talk show più seguito al mondo, creando un impero mediatico multimiliardario. La sua storia è ancora più straordinaria, poiché è nata in povertà da una ragazza madre adolescente del Mississippi.

Orpah (poi Oprah) Gail Winfrey trascorse l'infanzia tra le case della nonna, della madre e del padre. Dai 9 anni fu vittima di abusi sessuali da parte di uomini diversi e a 14 anni rimase incinta. Nonostante le circostanze avverse, a scuola aveva un buon rendimento. Grazie al talento oratorio, vinse una borsa di studio all'università del Tennessee, dove studiò scienze della comunicazione e arti performative.

La svolta avvenne nel 1984, quando fu ingaggiata come presentatrice per risollevare le sorti del talk show mattutino *AM Chicago*. La personalità coinvolgente, acuta, intelligente e candida e lo stile indagatore ma empatico di condurre interviste fecero salire l'indice di ascolto alle stelle. Nel 1986 si convinse a cedere la licenza di *The Oprah Winfrey Show* a una rete nazionale, in cambio del 25% dei profitti lordi. Il programma divenne presto il talk show diurno più seguito degli Stati Uniti, e il più redditizio: nel 1987 Oprah era milionaria, e l'anno seguente guadagnò 30 milioni di dollari. Lo show fu trasmesso per 25 anni.

Brand affermato

Nel 1986 fu candidata agli Oscar per l'interpretazione di Sofia, una donna forte e decisa, nell'adattamento cinematografico del romanzo di Alice Walker *Il colore viola*. Il "marchio" Oprah si trasformò in un fiorente impero mediatico. Gli investimenti accorti le permisero di fondare nel 1986 lo studio televisivo Harpo Productions (Harpo è Oprah scritto al contrario), diventando la prima afroamericana proprietaria di una casa di produzione. Verso la fine degli anni '90, lo show superò i 10

EVENTI PRINCIPALI

TALENTO SVELATO
Nel 1970 vince una sfida oratoria, ottenendo una borsa di studio di 4 anni per il college.

INDICE DI ASCOLTO ALLE STELLE
Nel 1984 salva il talk show *AM Chicago*, attirando 1.000.000 di nuovi telespettatori.

TV NAZIONALE
Nel 1986 lancia il programma nazionale *The Oprah Winfrey Show*, che riscuote un successo immediato.

IMPERO MEDIATICO
Nel 1986 avvia Harpo Productions per produrre, oltre al programma, film e serie TV.

«Non esiste **una cosa** come il **fallimento**. Il fallimento è solo la **vita che tenta** di indirizzarci **altrove.**»

Oprah Winfrey, 2013

***Il programma televisivo settimanale** di Oprah Winfrey, con pubblico dal vivo, rivoluzionò il talk show proponendo un misto di ospiti celebri e gente comune, dibattiti di attualità, una rubrica di autoaiuto e un club del libro. Nel 2000 aveva vinto 47 Daytime Emmy Awards.*

milioni di spettatori, con entrate annuali di 150 milioni di dollari e 200 dipendenti a Chicago. Nel 1993 la sussidiaria Harpo Film cominciò a produrre lungometraggi, come *Beloved* (1998) e *Selma* (2014). Nel 1995, con un patrimonio netto di 340 milioni di dollari, era la donna più ricca del mondo dello spettacolo.

Influenza globale

Nel 1996 avviò Oprah's Book Club, una nuova rubrica del programma in cui si presentava un libro. In quindici anni, i circa 70 testi presentati diventarono tutti bestseller e si stima che la pubblicità aumentò le vendite del settore editoriale di 55 milioni di libri. Seguirono altre iniziative mediatiche. Nel 2000 lanciò la rivista femminile *O, The Oprah Magazine*, scrisse libri su diete e ginnastica, fondò una rete televisiva via cavo per donne

«La vera **integrità** consiste nel **fare la cosa giusta**, pur sapendo che **nessuno verrà a sapere** se **l'hai fatta davvero.»**

Oprah Winfrey

e avviò Oprah Radio. All'inizio del XXI secolo era la prima donna afroamericana miliardaria della storia e si dedicò a varie iniziative filantropiche. Tra il 1998 e il 2010 pagò le spese amministrative di Angel Network, incoraggiando 150.000 persone a donare 80 milioni di dollari in beneficenza. Inoltre, istituì in Sudafrica la Oprah Winfrey Leadership Academy per diffondere l'istruzione tra ragazze e giovani donne svantaggiate.

Per tutta la vita ha combattuto contro l'aumento di peso e il suo contributo a Weight Watchers (WW), società che offre prodotti e servizi per dimagrire, è un altro esempio dell'"effetto Oprah", il potere di influenzare l'opinione pubblica con il suo nome: nel 2015 ha acquistato per 43 milioni di dollari una quota del 20% di WW, diventandone ambasciatrice globale. In tre anni, l'azienda ha acquistato 1 milione di nuovi membri e il valore del pacchetto azionario ha raggiunto i 400 milioni. La capacità di trasformare le avversità in successo, incoraggiando gli altri a seguire il suo esempio, è stata alla base della crescita vertiginosa del brand globale. L'impero mediatico, gli interessi imprenditoriali e i progetti filantropici l'hanno resa una delle donne più ricche e rispettate del mondo.

MARTHA **STEWART**

Guru dello stile di vita, è la prima donna degli USA a diventare miliardaria partendo dal nulla.

Celebre per la rivista e il programma TV *Martha Stewart Living*, Martha Stewart (1941-) nasce in New Jersey e sale alla ribalta negli anni '80 come autrice di libri di cucina, intrattenimento e decorazione. L'impero mediatico si espande includendo altre riviste, manuali e ricettari, oltre a un programma radio. Dopo la controversa vendita di alcune azioni nel 2004, risponde con una serie di programmi TV e progetti editoriali di successo.

A 19 ANNI
È LA PIÙ GIOVANE
CONDUTTRICE
DI TELEGIORNALE

PER
5 **VOLTE**
È INSERITA TRA LE
PERSONE
PIÙ INFLUENTI
DEL MONDO

«TUTTI HANNO UNA VOCAZIONE. E IL VERO COMPITO NELLA VITA È CAPIRE PRIMA POSSIBILE QUALE SIA, CHI SEI DESTINATO A ESSERE, E COMINCIARE A ONORARLO NEL MIGLIOR MODO POSSIBILE.»

Oprah Winfrey

Dal programma *Oprah's Lifeclass* su Oprah Winfrey Network, 18 ottobre 2011

Oprah Winfrey *intrattiene un pubblico entusiasta durante la tappa canadese del tour "Your Path Made Clear", dal bestseller omonimo.* ▶

Fondatore e presidente del Dalian Wanda Group, l'imprenditore Wang Jianlin è uno degli uomini più ricchi della Cina. Ha trasformato la società di sviluppo di immobili residenziali in un gigante globale che include proprietà commerciali, alberghi, cinema, commercio al dettaglio, turismo e sport.

EVENTI PRINCIPALI

AVVIA UN BUSINESS
Nel 1988 investe un prestito di 80.000 dollari in una società immobiliare indebitata, chiamandola Dalian Wanda.

SI ESPANDE
Sviluppa immobili commerciali in tutta la Cina, aprendo il primo Wanda Plaza nel 2000.

INVESTE NEL CALCIO
Nel 2015 acquista una quota del 20% nella squadra spagnola dell'Atletico Madrid per 52 milioni di dollari.

RIDUCE L'ATTIVO
Nel 2017 vende il portafoglio turistico cinese per oltre 9 miliardi di dollari e nel 2018 parte dell'AMC per 600 milioni.

Nato nella provincia del Sichuan, Cina, nel 1970, a 15 anni Wang Jianlin entrò nell'Esercito Popolare di Liberazione. In sedici anni di servizio raggiunse il grado di comandante di reggimento e si laureò seguendo corsi per corrispondenza. Lasciato l'esercito, lavorò nella città portuale di Dalian, prima nell'amministrazione pubblica, poi nell'edilizia residenziale.

Nel 1988 ottenne un prestito che investì nell'impresa immobiliare dove lavorava, modificandone il nome in Dalian Wanda. Definito dalla rivista *The Economist* «un uomo dall'ambizione napoleonica», con interessi che esulavano dalla Dalian Wanda, intraprese vari progetti immobiliari commerciali e residenziali in tutta la Cina. Per esempio, costruì oltre 260 grandi complessi urbani chiamati Wanda Plazas, che combinavano alloggi, centri commerciali, ristoranti e alberghi, trasformando Dalian Wanda nella società di sviluppo immobiliare più grande del Paese.

Orientato a un'ulteriore diversificazione, si rivolse al settore dello spettacolo. Già proprietario di circa 6.000 sale cinematografiche, nel 2012 acquistò il gruppo AMC Entertainment per 2,6 miliardi di dollari, rendendo Dalian Wanda l'operatore cinematografico leader del mercato. Si spostò poi nell'industria cinematografica globale, acquisendo Legendary Entertainment, lo studio che aveva prodotto e realizzato la trilogia di Batman. Nel 2016 aprì Wanda City, un parco tematico a Nanchang da 3 miliardi di dollari, rivale del parco Disney di Shanghai. Dedito alla filantropia, nel 2011 ha donato in beneficienza 197 milioni di dollari, contribuendo ai soccorsi per le vittime del terremoto e a programmi di edilizia pubblica per conto della Dalian Wanda.

«Non è la ricchezza che conta, ma il **processo che ci porta ad acquisirla.»**

Wang Jianlin, 2015

Una ricostruzione *del complesso cinematografico da oltre 160 ettari di Qingdao, finanziato dalla società di Wang, inaugurato nel 2018 per promuovere il settore.*

WANG
JIANLIN
1954

ALTRI IMPRENDITORI

Tra il 1960 e il 1995 gli sviluppi nelle telecomunicazioni e nell'informatica accelerarono, creando nuove pratiche di consumo e di intrattenimento e nuove opportunità imprenditoriali. A partire dagli anni '90 la telefonia mobile e Internet hanno svolto un ruolo cruciale nell'economia.

ERIC SCHMIDT
(1955-)

L'ingegnere informatico statunitense Eric Schmidt è nato in Virginia e nel 1982 ha completato un dottorato in scienze informatiche all'università della California. Assunto dalla Sun Microsystems, ne è diventato direttore tecnico. Nel 1997 è stato nominato CEO della società di software Novell e nel 2001 di Google, contribuendo a trasformarla in una delle società tecnologiche leader nel mondo. Dal 2011 al 2018 ha rivestito la carica di presidente esecutivo. Nel 2019 ha lasciato il consiglio di amministrazione di Alphabet, società madre di Google, ma rimane tuttora un consulente tecnico.

VINOD KHOSLA
(1955-)

Nato a Nuova Delhi, Vinod Khosla si è trasferito negli Stati Uniti, dove ha ottenuto una laurea e un MBA. Nel 1982 è stato cofondatore dell'azienda informatica Sun Microsystema e nel 1986 è diventato socio della società di capitali di rischio KPCB, occupandosi di investimenti nell'informatica e nelle telecomunicazioni. Nel 2004 ha avviato un'impresa nella Silicon Valley, la Khosla Venture, specializzata in investimenti high-tech sperimentali e innovativi, soprattutto nelle start-up. È promotore di tecnologie ecocompatibili e convinto sostenitore della microfinanza in Africa e India.

VIJAY MALLYA
(1955-)

Figlio dell'imprenditore indiano Vittal Mallya, Vijay nel 1983 è succeduto al padre quale presidente dell'azienda di bevande alcoliche United Breweries Group. Ha puntato alla diversificazione e ha esteso le holding del gruppo ai settori aereo, chimico e cinematografico. Eletto due volte in parlamento, è proprietario della squadra di cricket Royal Challengers Bangalore ed è stato cofondatore di una scuderia di Formula 1. Nel 2016 si è trasferito a Londra, ma il governo indiano ha chiesto l'estradizione per crimini finanziari.

MEG WHITMAN
(1956-)

Dopo aver completato un MBA ad Harvard nel 1979, la newyorkese Meg Whitman ha lavorato per varie aziende, tra cui Procter & Gamble, Walt Disney e Hasbro. Nel 1998 è stata nominata CEO e presidente dell'azienda di aste online eBay, migliorando il sito Web e contribuendo al buon esito della quotazione in borsa. Sotto la sua leadership, eBay è diventata un'importante società per azioni. L'ha lasciata nel 2008 e, dopo l'infruttuosa candidatura alla carica di governatore della California, è diventata CEO e presidente di Hewlett-Packard, supervisionando nel 2015 la scissione in due entità, e nel 2018 CEO di Quibi, una piattaforma video per cellulari.

EIKE BATISTA
(1956-)

Di origine brasiliana, Eike Batista ha frequentato l'università in Germania. Nel 1980 è tornato in Brasile per commerciare oro e diamanti, poi si è occupato di miniere aurifere in Amazzonia. Nel 1985 è diventato CEO della società mineraria canadese TVX Gold. Ha fondato l'EBT Group, un conglomerato con interessi nei settori minerario, petrolifero, energetico, immobiliare, navale e logistico. Nel 2012 era l'uomo più ricco del Sudamerica, ma l'anno seguente i profitti di EBX sono crollati. È stato condannato per corruzione e incarcerato nel 2018.

MASAYOSHI SON
(1957-)

Nato in Giappone, Masayoshi Son ha studiato negli Stati Uniti. Nel 1981 ha fondato in Giappone la SoftBank, che all'inizio vendeva componenti di computer per poi espandersi nelle telecomunicazioni e nella pubblicazione di riviste; è stata quotata in borsa nel 1994. Due anni dopo, si è occupato di servizi Internet, partecipando a una società per azioni che ha fondato Yahoo! Japan, di cui è stato CEO e presidente. Nel 1999 SoftBank, di cui è tuttora CEO e presidente, è diventata una holding investendo miliardi in società globali come Alibaba, l'azienda cinese specializzata in Internet e tecnologia.

SUNIL MITTAL
(1957-)

Nato nel Punjab, India, nel 1976 Sunil Mittal ha avviato Bharti Enterprises insieme ai due fratelli. Inizialmente produttrice di componenti di biciclette, l'azienda si è diversificata e nel 1984 ha cominciato a vendere telefoni e fax. Nel 1992 ha incluso con successo la fornitura di servizi di telefonia mobile e tre anni dopo ha fondato Bharti Airtel, espandendosi in India e Africa. Sotto la sua presidenza, sono seguiti i settori alimentare, finanziario e immobiliare.

STRIVE MASIYIWA
(1961-)

Nato nello Zimbabwe, Strive Masiyiwa ha frequentato l'università in Galles, laureandosi nel 1983 in ingegneria elettrica. Tornato in patria, nel 1993 ha fondato la rete di telefonia mobile Econet, ma il governo non lo ha autorizzato a operare. Dopo una battaglia legale di cinque anni l'azienda, acquisiti i diritti necessari, si è affermata. Per evitare la persecuzione dello Stato, nel 2000 ha lasciato lo Zimbabwe. Il gruppo Econet si è espanso in Africa, Europa e Asia, abbracciando i servizi Internet, il settore bancario e l'energia.

YURI MILNER
(1961-)

Abbandonato un dottorato in fisica, Yuri Milner ha lasciato Mosca per frequentare un MBA negli Stati Uniti, senza completarlo. Ha lavorato alla Banca Mondiale e nel 1995 è tornato a Mosca. Ha avviato la NetBridge, una società di capitali di rischio specializzata in Internet. Nel 2001 l'ha fusa con Port.ru, cambiando il nome in Mail.ru. Con Milner come CEO, la società è diventata leader dei servizi Internet nei Paesi russofoni fino al 2003. Ha avviato la holding Digital Sky Technologies, che nel 2006 ha acquistato Mail.ru e oggi è proprietaria dell'azienda che investe in tecnologia DST Global.

ARKADY VOLOZH
(1964-)

Nato a Guryev (Atyrau), nell'Unione Sovietica (oggi Kazakistan), Arkady Volozh ha fondato varie aziende attive nell'informatica, nelle telecomunicazioni e nelle IT, tra cui Comptek International. Nel 1993 ha sviluppato un motore di ricerca e quattro anni dopo ha fondato Yandex, una società tecnologica, di cui è stato CEO, che diventerà la più grande della Russia, espandendosi in settori quali la pubblicità, la conservazione di dati e il commercio al dettaglio. Nel 2011 ne ha gestito l'offerta pubblica iniziale e ha contribuito a sviluppare corsi online gratuiti in scienza dei dati.

ILYA SEGALOVICH
(1964-2013)

Pioniere dell'informatica russa, nel 1990 Ilya Segalovich ha fondato l'azienda di software Arkadia con l'amico di infanzia Arkady Volozh. Nel 1993 hanno sviluppato Yandex, un sito in grado di operare ricerche in tutta la rete Internet. Con Segalovich quale direttore tecnico, nel 1997 è stato quotato in borsa e oggi è uno dei principali motori di ricerca in lingua russa che usa la pubblicità come fonte di profitto. Ha partecipato a molte iniziative di beneficienza e ha fondato un'organizzazione per gli orfani.

DAMIEN HIRST
(1965-)

L'artista britannico Damien Hirst si è laureato al Goldsmiths College di Londra nel 1989. Negli anni '90 ha partecipato al movimento Young British Artists, acquisendo notorietà per le opere provocatorie, per esempio animali conservati in formaldeide (tra cui uno squalo tigre). Il collezionista e dirigente pubblicitario Charles Saatchi ha svolto un ruolo importante di promotore e mecenate. Nel 1995 ha vinto il Turner Prize, il più prestigioso premio britannico di arte contemporanea. Grazie al talento pubblicitario, le opere si sono rivelate molto redditizie: nel 2008 ha venduto una collezione per 200 milioni di dollari e oggi è l'artista vivente più ricco del Regno Unito.

MICHAEL DELL
(1965-)

L'americano Michael Dell ha avviato la prima impresa informatica nel 1984, mentre frequentava l'università. Poi ha cambiato il nome in Dell Corporation (in seguito Dell Inc.) e nel 1988 l'ha quotata in borsa. Negli anni '90 è diventato un produttore leader di PC. Ha lasciato la carica di CEO nel 2004, rimanendo presidente e rioccupandola nel 2007. Nel 2016 ha gestito l'acquisizione miliardaria dell'azienda di archiviazione dati EMC ed è stato nominato CEO della società madre Dell Technologies.

7

GLOBALIZZAZIONE E E-COMMERCE

1980-OGGI

Magnate degli affari, programmatore di software, investitore e filantropo americano, Bill Gates è il celebre cofondatore di Microsoft, la società informatica globale che ha inaugurato l'era del personal computer, trasformando quasi ogni aspetto della vita moderna, dal lavoro alle comunicazioni personali.

EVENTI PRINCIPALI

AVVIA LA PRIMA IMPRESA
Ancora studente, nel 1972 fonda con Paul Allen la Traf-O-Data per elaborare dati sul traffico di Seattle.

COFONDATORE DI MICROSOFT
Sviluppa il software BASIC e nell'aprile 1975 fonda Microsoft, chiudendo il 1976 con un reddito di 16.000 dollari.

PARTNER DI IBM
Sviluppa MS-DOS, che diventa il sistema operativo standard dei PC, e nel 1980 lo cede in licenza alla IBM.

IN BORSA
Nel 1986 quota Microsoft in borsa, con azioni che nella prima giornata passano da 21 a 35,5 dollari.

DOMINIO GLOBALE
Nel 1999 il sistema operativo di Microsoft Windows è installato sul 95% dei PC del mondo.

Studente curioso, William Henry Gates scoprì la passione per l'informatica mentre frequentava la scuola privata Lakeside di Seattle. A 13 anni iniziò a programmare software insieme all'amico Paul Allen, con cui due anni dopo sviluppò un programma per monitorare il traffico cittadino. Volevano fondare un'azienda, ma i suoi genitori, sperando che il figlio diventasse avvocato, lo incoraggiarono a finire la scuola e a iscriversi al college.

Nel 1973 entrò ad Harvard. Dopo aver letto un articolo sul microcomputer Altair 8800, insieme a Paul contattò il produttore, la Micro Instrumentation and Telemetry Systems (MITS), dichiarando di poter creare una versione del linguaggio di programmazione BASIC compatibile con il dispositivo. La MITS si disse interessata e i due svilupparono e concessero il software in licenza.

Rivoluzione software

Nel 1975 abbandonò l'università per collaborare con Allen, assunto alla MITS. I due affittarono un ufficio ad Albuquerque e battezzarono la società Micro-Soft. Il software funzionava su qualsiasi microcomputer e in un anno l'azienda si staccò dalla MITS, modificando il nome in Microsoft: nel 1979 Gates era a capo di un'impresa con 16 dipendenti e un fatturato di 2,5 milioni di dollari.

I personal computer (PC) stavano muovendo i primi passi e, acquistato un sistema operativo, Gates lo trasformò nell'MS-DOS (Microsoft Disk Operating System), concedendolo in licenza all'IBM. Nel frattempo, altre aziende iniziavano a cavalcare l'onda e l'MS-DOS, già pronto per l'uso, divenne lo standard di

«Il **potere non** deriva da un **sapere custodito,** bensì da un **sapere condiviso.**»

Bill Gates, 1999

1955
GATES
BILL
NYPD

settore, incrementando le entrate aziendali da 7 milioni di dollari nel 1980 a 16 milioni nel 1981.

Convinto che i PC sarebbero diventati uno strumento professionale imprescindibile, il team di Microsoft si dedicò allo sviluppo di nuovi software e, con Gates come portavoce, affiancato da Allen e Steve Ballmer, l'azienda ebbe uno sviluppo straordinario. Nel 1983, circa il 30% dei computer del mondo utilizzava software Microsoft.

La crescita, all'apparenza inarrestabile, venne frenata nel 1984 dall'avvento del Macintosh di Apple, con un'interfaccia semplice e grafica. In risposta, Gates sviluppò il sistema operativo Windows e nel 1986 quotò la società in borsa: secondo le stime, nel 1993 Windows girava sul 95% dei computer del mondo.

A **13** ANNI **SCRIVE** IL PRIMO **PROGRAMMA SOFTWARE**

A **23** ANNI **FONDA** MICROSOFT

DONA OLTRE **36** $ **MILIARDI DI DOLLARI** IN **BENEFICIENZA**

GUADAGNA 114,16 DOLLARI AL SECONDO

«L'ONDATA

L'azienda rafforzò il dominio intorno al 1995, combinando Windows con altre applicazioni per creare Microsoft Office e convincendo i produttori a preinstallare il pacchetto sui nuovi dispositivi. La strategia si dimostrò vincente, e nel 1999 Microsoft registrò un fatturato di 18,7 miliardi di dollari.

Verso la filantropia

Dopo 25 anni al vertice, nel 2000 Gates ha lasciato la carica di CEO e con la moglie Melinda ha fondato un ente di beneficienza. Dedita a promuovere la salute e il benessere in Paesi in via di sviluppo, attualmente la fondazione ha donato oltre 50 miliardi di dollari in sovvenzioni. Nel 2010, con Melinda e l'imprenditore Warren Buffett, Gates ha istituito Giving Pledge per incoraggiare la fascia più facoltosa della popolazione a investire il 50% della ricchezza in buone cause.

NAGAVARA RAMARAO NARAYANA **MURTHY**

Industriale indiano del settore delle tecnologie dell'informazione (IT), è cofondatore della multinazionale Infosys, leader globale dei servizi di outsourcing IT, della tecnologia software e della consulenza.

Dopo aver lavorato nel settore delle IT in India e all'estero, nel 1981 N.R. Narayana Murthy (1946-) con 6 colleghi e soli 250 dollari avvia Infosys. Il primo cliente è a New York e nel giro di 6 anni apre un ufficio negli Stati Uniti. Sviluppa il Global Delivery Model (GDM), un sistema di esternalizzazione delle soluzioni IT in tutto il mondo, che diventa il fulcro dell'industria software indiana; inoltre, introduce la nozione di giornata lavorativa di 24 ore. Oggi, Infosys è un'azienda di servizi software globale con entrate annue che superano i 12 miliardi di dollari, e Murthy ha ricevuto molti premi internazionali.

***Gates ha compreso** il potenziale del Web sin dall'inizio. Nel 1995, un promemoria inviato al personale e intitolato "L'ondata di Internet" ha dato voce alla missione della Microsoft di dominare il nuovo settore.*

«La **pazienza** è l'**elemento chiave** del **successo.**»

Bill Gates, 2004

DI INTERNET»

STEVE
JOBS

Inventore, designer e investitore statunitense, Steve Jobs è stato cofondatore di Apple e pioniere dell'era dei PC. I suoi prodotti innovativi, tra cui iPod, iPhone e iPad, hanno rivoluzionato la musica, la comunicazione mobile e i media, plasmando la tecnologia informatica moderna.

Steve Paul Jobs fu adottato e crebbe nella zona californiana che sarebbe diventata famosa come Silicon Valley. A 13 anni un amico lo presentò al diciottenne Stephen Wozniak, che aveva la stessa passione per l'elettronica. Abbandonato il college, lavorò come programmatore di videogiochi, poi si unì a Wozniak, che aveva costruito un computer: insieme, avrebbero avviato la rivoluzione dei personal computer.

Nascita di Apple

Nell'aprile 1976 i due fondarono la Apple Computer Company, assemblando le schede dell'Apple I nel garage dei genitori di Jobs e vendendolo a commercianti della zona. Mentre Wozniak sviluppava Apple II, un sistema potente ed espandibile che supportava la grafica a colori, Jobs cercava capitali di rischio. Nel 1980, il successo del dispositivo gli consentì di quotare Apple in borsa: a 25 anni possedeva un'azienda del valore di oltre 200 milioni di dollari. Tuttavia, si trattava di un settore molto competitivo e il gigante informatico IBM era tra i rivali più temibili. Nel 1984 lanciò Macintosh (Mac), che fu accolto con entusiasmo. Rivolgendosi a normali utenti più che a professionisti, si distingueva per innovazioni rivoluzionarie come l'interfaccia grafica e il mouse ma, a causa della lentezza e del software limitato, non raggiunse i livelli di vendita di PC dell'IBM.

Dopo dissapori con il consiglio di amministrazione sul controllo dell'azienda, nel 1985 lasciò la Apple, vendendo tutte le azioni tranne una. Insieme ad alcuni ex colleghi, fondò l'azienda di software NeXT, orientandosi sulla didattica e sviluppando un nuovo sistema operativo

«Non fatevi **intrappolare** dai **dogmi**, che vi inducono a **vivere** secondo le **conclusioni del pensiero altrui.**»

Steve Jobs, 2005

EVENTI PRINCIPALI

PRIMO SUCCESSO
Nel 1976 fonda la Apple Computer Company, lanciando sul mercato Apple I per 666,66 dollari.

INNOVAZIONE CRUCIALE
Nel 1984 lancia il Macintosh, il primo PC intuitivo con schermo incorporato.

AMBITI NUOVI
Nel 1985 fonda NeXT; nel 1986 acquista la Pixar, trasformandola in un importante studio di animazione digitale.

TORNA ALLA APPLE
Nel 1997 riassume la carica di CEO alla Apple, risollevandola e salvandola dalla bancarotta.

CREA NUOVI PRODOTTI
Dal 1998 supervisiona le innovazioni Apple, tra cui iMac, iTunes, Apple Store, iPod, iPhone e iPad.

LARRY **ELLISON**

Notando la mancanza sul mercato di un database efficiente per l'archiviazione e il recupero di dati, fonda Oracle Corporation.

Vecchio amico di Steve Jobs, Ellison (1944-) lascia il college per diventare programmatore informatico in California. Nel 1977 è cofondatore della Software Development Laboratories e lancia il primo database relazionale che, archiviando i dati in tabelle, rivoluziona il modo in cui le imprese accedono, ordinano e confrontano le informazioni. Con il nome di Oracle Systems Corporation, nel 1986 l'azienda è quotata in borsa e, con Ellison prima come CEO, poi direttore tecnico e presidente, diventa leader mondiale nella gestione di database.

che, nonostante le vendite ridotte, si dimostrò eccellente.

Anche l'animazione digitale era tra i suoi interessi. Nel 1986, operando investimenti massicci, acquistò la Pixar. Nel 1991, lo studio cominciò a lavorare a *Toy Story*, il primo film di animazione realizzato interamente al computer e lanciato dalla Disney nel 1995. Pixar venne quotata alla Borsa di New York nel 1995 e venduta alla Disney nel 2006. Jobs era membro del consiglio e, con una partecipazione del 7% nella società, era il principale azionista singolo. Nel 1997, nel tentativo di risollevarsi dalla crisi, Apple acquistò la NeXT: la concorrenza offriva prodotti più economici e innovativi e l'azienda non riusciva a eguagliare il livello di Windows 95 della Microsoft. Aveva bisogno del nuovo sistema operativo della NeXT, e Jobs accettò di riassumere la carica di CEO.

Ritorno al comando

Riorganizzò l'azienda, semplificando l'offerta di prodotti e dando vita alla campagna di marketing «Think Different», che attrasse nuovi clienti. Nel 1998 uscì iMac, la prima di una serie di innovazioni. L'insistenza di Jobs sulla qualità di hardware e software fu un ingrediente essenziale per il successo della Apple, che affiancava all'eccellenza tecnologica un design accattivante.

I computer eleganti sono diventati oggetti di tendenza esclusivi, garantendo un'alta velocità a prezzi relativamente bassi. Nel 2001, quando presentò l'iPod, seguito da iTunes, trasformò il settore

«... [dire] che **abbiamo fatto qualcosa di meraviglioso...** questo è ciò che **conta per me.»**

Steve Jobs, 1993

Si dice che Jobs abbia suggerito *il nome "Apple" al futuro socio Steve Wozniak di ritorno dalla raccolta delle mele in una comune in Oregon, dopo aver abbandonato il college.*

musicale e il modo in cui ascoltiamo e archiviamo la musica. Applicando la nuova tecnologia touch ai cellulari, nel 2007 lanciò l'iPhone, che permetteva agli utenti di chiamare, ascoltare musica, navigare in Internet e acquistare sempre più app da uno store dedicato. Il primo tablet a schermo tattile - l'iPad - seguì nel 2010. All'epoca della morte, avvenuta un anno dopo, era acclamato come innovatore e pioniere della rivoluzione digitale. I suoi prodotti unici e intuitivi hanno inaugurato una nuova era della tecnologia per uso personale e reso Apple uno dei brand più importanti e iconici al mondo.

A **12** ANNI LAVORA COME **STAGISTA** ALLA HEWLETT PACKARD

A 21 ANNI C R E A APPLE NEL **GARAGE** **DEI GENITORI**

REGISTRA OLTRE **450** BREVETTI

NEL 1995 QUOTA **PIXAR** IN BORSA E DIVENTA **MILIARDARIO**

«IL LAVORO RIEMPIRÀ GRAN PARTE DELLA TUA VITA E L'UNICO MODO DI ESSERE DAVVERO SODDISFATTO È DI FARE CIÒ CHE CREDI SIA UN BUON LAVORO. E L'UNICO MODO DI FARE UN BUON LAVORO È AMARE CIÒ CHE FAI. SE NON L'HAI ANCORA TROVATO, CONTINUA A CERCARE.»

Steve Jobs

Dal discorso di apertura ai laureati della Stanford University, 12 giugno 2005

L'ossessione di Jobs per forma e dettagli *ha influenzato l'estetica minimalista dei prodotti Apple, rendendoli eleganti e funzionali.* ▶

Debbi Fields ha iniziato la carriera distribuendo biscotti fatti in casa durante le partite di baseball, per poi fondare la Mrs. Fields' Cookies, uno dei principali rivenditori internazionali di biscotti appena sfornati degli Stati Uniti. Autrice di vari libri, è celebre come filantropa e oratrice motivazionale secondo la quale «bene non è mai abbastanza».

EVENTI PRINCIPALI

LA RAGAZZA DEI COOKIE
A 13 anni usa il primo stipendio per comprare vero burro, cioccolato e vaniglia e preparare biscotti.

LANCIA UN'IMPRESA
Nel 1977 apre un negozio omonimo, distribuendo biscotti all'inaugurazione per attirare clienti.

VENDITA AL DETTAGLIO
Nel 1989 sfrutta gli sviluppi della tecnologia informatica per snellire l'amministrazione.

SCRIVE UN BESTSELLER
Mrs. Fields Cookie Book (1992) vende 1,8 milioni di copie ed è in testa alla classifica dei bestseller del *New York Times*.

ENTE DI BENEFICIENZA
Nel 1986 con il marito Randy istituisce una fondazione per la salute dei bambini.

Nata a Oakland, California, come Debra Jane Sivyer, nel settembre 1956, l'adolescente Debbi Fields era una delle prime ragazze pon-pon della squadra di basket Oakland Athletics. Era appassionata di cucina e «la ragazza dei cookie», come era soprannominata, distribuiva biscotti fatti in casa alle partite, investendo i 5 dollari di guadagno l'ora per acquistare gli ingredienti.

Nel 1976 sposò il consulente finanziario Randall Fields. L'anno seguente, stanca di essere una casalinga "palla al piede" e desiderosa di guadagnare facendo qualcosa che amava, aprì un negozio. Ottenuto un prestito per imprese dalla Bank of America, inaugurò Mrs. Fields' Chocolate Chippery a Palo Alto, California, vendendo biscotti appena sfornati. Il secondo negozio, aperto nel 1979 con il nome Mrs. Fields' Cookies, ottenne grande successo, con lunghe code di clienti che continuavano sul marciapiede fuori dal negozio. Nel 1983 l'azienda contava 70 punti vendita in tutti gli Stati Uniti, registrando un fatturato di 30 milioni di dollari. Nel 1989 fu la prima nell'industria alimentare ad adottare un sistema informatico che registrava i programmi di produzione e le operazioni. Il brand crebbe fino ad aprire centinaia di negozi negli Stati Uniti e nel mondo; all'inizio degli anni '90 fu venduto per 100 milioni di dollari. Per alcuni anni, Fields ha continuato a essere la portavoce dell'azienda.

«Sapevo che **amavo preparare biscotti** e ogni volta che lo facevo rendevo **felici** le **persone.** Era questo il **business plan.**»

Debbi Fields

DEBBI
FIELDS
1956

ALIKO
DANGOTE

Il nigeriano Aliko Dangote sin da piccolo ha dimostrato uno spirito imprenditoriale vendendo dolci ai compagni. Ha iniziato una carriera nel commercio di prodotti agricoli, poi è passato alla produzione, fondando il Dangote Group che opera nei settori del cemento, dello zucchero, della farina e del petrolio.

L'indole ambiziosa di Aliko Dangote, nato nello Stato del Kano, in Nigeria, fu stimolata per la prima volta dal nonno materno, che aveva accumulato una fortuna vendendo avena e riso e che, nel 1965, dopo la morte del padre, era diventato suo tutore. A 21 anni chiese 3.000 dollari in prestito a uno zio per avviare un commercio di prodotti agricoli, importando zucchero, riso, miglio e cacao. Il successo fu tale che in 3 mesi aveva ripagato il debito.

Nel 1995, una visita alle fabbriche del Brasile lo persuase a passare dal commercio alla produzione per sostituire l'importazione di merci. Nel 1999 fondò Dangote Flour, seguita nel 2000 da Dangote Sugar, che ben presto soddisfava il 90% della domanda nigeriana di zucchero. Con un prestito di 479 milioni di dollari dalla Banca mondiale e di 319 milioni di fondi propri, nel 2005 costruì uno stabilimento per la produzione di cemento, che in 13 anni è diventato leader del mercato africano, producendo 45,6 milioni di tonnellate di cemento l'anno e aprendo filiali in 14 Paesi africani.

Deciso a proseguire con la diversificazione, nel 2013 ha annunciato piani per costruire una delle raffinerie di petrolio più grandi del mondo e si è occupato anche di telecomunicazioni.

Nel 1994 ha istituito un ente di beneficienza, donando oltre 100 milioni di dollari a progetti educativi e umanitari. In riconoscimento del suo contributo, nel 2011 ha ricevuto il titolo di Gran commendatore dell'ordine di Nigeria, la seconda onorificenza più importante del Paese; nel 2014 la rivista *Forbes* lo ha nominato personalità africana dell'anno.

EVENTI PRINCIPALI

AVVIA UN COMMERCIO
Con un prestito, nel 1977 fonda una piccola ditta che vende zucchero brasiliano e riso tailandese.

CAMBIA SETTORE
Nel 1999 passa alla produzione, costruendo zuccherifici e una fabbrica di farina per sostituire le importazioni.

PASSA AL CEMENTO
Nel 2005 fonda la Dangote Cement, e con una quota dell'85% diventa l'uomo più ricco dell'Africa.

COSTRUISCE RAFFINERIE
Nel 2016 inizia la costruzione di una raffineria per produrre 650.000 barili di petrolio al giorno.

«Quando sei cresciuto da un genitore o un nonno imprenditore, fai tua **quell'ambizione. Ti fa... pensare che tutto sia possibile.»**

Aliko Dangote, 2015

Il canadese Chip Wilson ha mosso i primi passi disegnando e vendendo capi sportivi per le comunità di surfisti, skater e snowboarder di Calgary, poi si è dedicato al mercato in ascesa dell'abbigliamento per yoga. Ritenuto l'inventore dell'"athleisure", ha trasformato l'azienda in un business globale, oggi del valore di 30 miliardi di dollari.

EVENTI PRINCIPALI

PRIMO SUCCESSO
Nel 1979 apre la Westbeach Snowboard, vendendo capi per snowboard, skateboard e surf.

SCOPRE LO YOGA
Nel 1997 vende l'azienda e nel 1998, sfruttando la diffusione dello yoga, fonda la Lululemon.

TESSUTO INNOVATIVO
Nel 2005 brevetta il Luon, un tessuto elastico su 4 lati con cui produce gli indumenti Lululemon.

BALZO IN AVANTI
Tra il 2011 e il 2013 la Lululemon è tra le aziende nordamericane a crescita più rapida.

IN BORSA
Nel luglio 2007 quota l'azienda in borsa: vende 18,2 milioni di azioni per 320 milioni di dollari.

Nato nella California meridionale, sin da piccolo Dennis "Chip" Wilson si interessò allo sport e alla produzione di capi d'abbigliamento. Entrambi atleti del college, il padre era insegnante di educazione fisica, la madre sarta. Appassionato di nuoto, dedicò l'infanzia allo sport, ma aiutava anche la madre a tagliare modelli sul tavolo della cucina, imparando a cucire.

Mentre studiava economia alla Calgary University, Canada, fu assunto nell'oleodotto della Trans Alaska Pipeline; qui guadagnò 175.000 dollari in meno di due anni, che utilizzò per finanziare gli studi e avviare una ditta di abbigliamento. Lavorando ancora per la compagnia petrolifera, iniziò a cucire tessuto hawaiano per realizzare pantaloncini larghi di cotone dai colori sgargianti, che vendeva in uno stand del centro commerciale locale. Molto diversi dai bermuda attillati e dalle tinte spente disponibili all'epoca, i modelli riscossero un successo immediato tra la nascente comunità di skater. Decise perciò di licenziarsi e di dedicarsi a tempo pieno all'abbigliamento. Nel 1979 fondò la Westbeach Snowboard, disegnando, producendo e vendendo capi sportivi per chi praticava surf, skateboard e snowboard.

Mercato dello yoga

Negli anni '90 era pronto per un'altra sfida. Nel 1997 vendette l'azienda e, mentre valutava il futuro, si appassionò allo yoga. Notando un aumento rapido della partecipazione alle lezioni, individuò un mercato di giovani donne sportive e in carriera che potevano essere interessate ad acquistare indumenti per lo yoga.

> «Talvolta **gran parte del successo** consiste nel **farsi da parte** dopo aver impostato le basi.»
>
> **Chip Wilson**, 2012

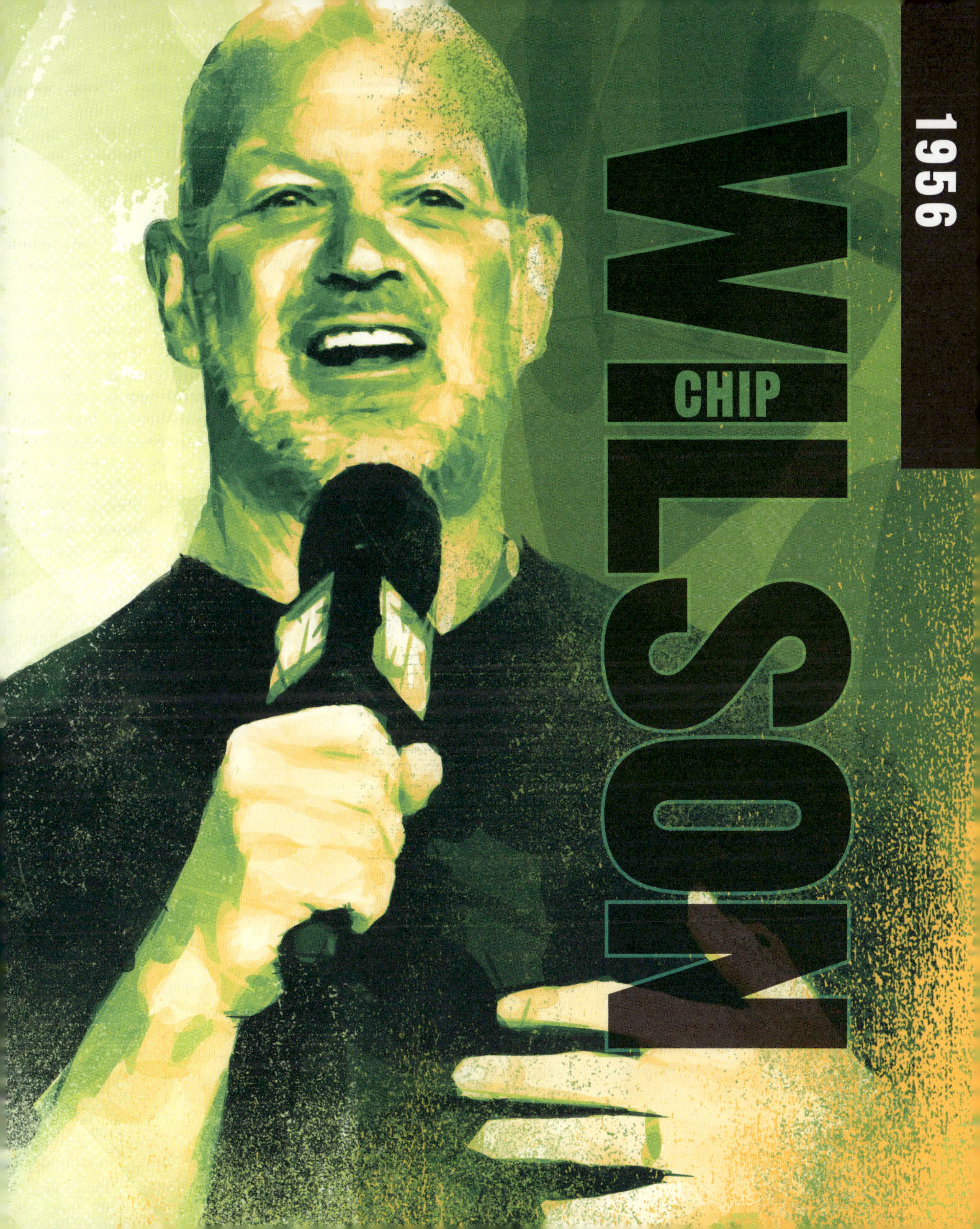
1956
CHIP
WILSON

KEVIN **PLANK**

Giocatore appassionato di calcio, stanco di indossare magliette di cotone impregnate di sudore, fonda il marchio di abbigliamento sportivo Under Armour.

Mentre gioca a calcio con la squadra universitaria Maryland Terrapins, Plank (1972-) comincia a cercare un tessuto che assorba il sudore meglio del cotone. Intorno al 1950 vende le prime magliette dal seminterrato della nonna, guadagnando in un anno 17.000 dollari. Con una pubblicità sulla rivista sportiva *ESPN*, nel 1999 ottiene vendite dirette per 1 milione di dollari e conquista una clientela tra le squadre di calcio. Dopo 10 anni, il reddito annuale di Under Armour supera il miliardo. Dal 2014 lancia app mobili per attività e diete, usate nel 2016 da 150 milioni di persone.

da indossare anche in strada. Attingendo all'esperienza nella confezione e nella vendita di abbigliamento sportivo, nel 1998 fondò la Lululemon Athletica. All'inizio vendeva i capi in una scuola di yoga a Kitsilano, Vancouver, usando gli insegnanti come ambasciatori del brand e gli allievi come pubblico di riferimento; due anni dopo aprì il primo negozio. Adottando la stessa strategia, sviluppò l'attività con la vendita nelle scuole di yoga e, prima di avviare il negozio, si assicurò il sostegno di insegnanti e clienti. Dopo meno di 20 anni, i punti vendita Lululemon erano più di 400, a cui si aggiungevano eccellenti vendite online. Rimase direttore generale fino al 2005, quando si fece da parte per lasciare spazio agli investitori, tra cui l'ex dirigente della Reebok Robert Meers, che nel 2007 gestirono la quotazione in borsa. Nel 2015 si è dimesso dal consiglio di amministrazione per dedicarsi ad attività filantropiche e ad altri progetti imprenditoriali.

Funzionalità e stile

Il fiuto per le tendenze emergenti e la passione per l'abbigliamento tecnico hanno dato vita a un capo per un nuovo mercato. L'introduzione di tessuti di alta qualità con colori accesi ha creato una linea funzionale e confortevole, che riduceva sudore e odori senza penalizzare lo stile. Per la prima volta, gli indumenti sportivi venivano indossati prima e dopo le lezioni, e perfino in altre occasioni. Inoltre, Wilson ha inaugurato una nuova era della fedeltà al brand, sostituendo il passaparola al marketing tradizionale e associando la linea di abbigliamento a una comunità e a una filosofia, promosse dagli incontri gratuiti di meditazione e dalle lezioni di yoga che si tenevano nei suoi negozi. Invece di limitarsi a diffondere l'attività fisica, indossare capi Lululemon rappresentava una scelta di vita e un'aspirazione, ben presto abbracciate dal più ampio pubblico dell'abbigliamento "athleisure".

CHIEDE A **100** PERSONE DI SCEGLIERE **TRA 20 OPZIONI IL NOME DELL'AZIENDA**

NEL 2004 APRE IL **PRIMO** NEGOZIO **FUORI DAL CANADA**

NEL 2014 VENDE IL **13,85%** DELLE **AZIONI** DI LULULEMON PER **845 MILIONI DI DOLLARI**

«NEL BRANDING, SE FAI QUALCOSA PER TUTTI, NON LA FAI PER NESSUNO. NOI CI SIAMO RIVOLTI SOLO A DONNE IN CARRIERA DI 32 ANNI, PROPRIETARIE DI UN APPARTAMENTO, CHE VIAGGIANO, SONO ATLETICHE E ALLA MODA.»

Chip Wilson
Intervista sul sito di KIMT3 News, 2018

Nota in Cina come la "regina dei rifiuti", Zhang Yin (in cantonese Cheung Yan) si è fatta strada comprando e riciclando carta usata per produrre cartoni in cui imballare le merci da esportazione. Possiede la cartiera più grande al mondo.

EVENTI PRINCIPALI

COMMERCIO DELLA CARTA
Fa esperienza nel settore della carta e, trasferitasi a Hong Kong, nel 1985 avvia un'azienda.

ACCORDI CON L'AMERICA
Nel 1990 visita le discariche della California stringendo accordi per la fornitura di carta.

BUSINESS DEGLI SCATOLONI
Nel 1995 torna a Hong Kong per espandersi nel settore degli imballaggi per le esportazioni.

COLOSSO DELLA CARTA
Nel 1995, con il marito e il fratello minore fonda la Nine Dragons Paper Holdings.

IN CIMA ALLA LISTA
Quota l'azienda in borsa e nel 2006 è la prima donna in cima alla lista delle persone più ricche della Cina.

Maggiore di 8 figli, nata nel 1957 come Zhang Xiuhua (poi modificato in Yin), Zhang iniziò a lavorare fin da piccola, dopo l'incarcerazione del padre durante la Rivoluzione culturale cinese. Assunta come commercialista di una fabbrica tessile, studiò contabilità in un istituto professionale, poi divenne manager di un'azienda che vendeva carta nella città di Shenzhen, nella provincia di Guangdong. Qui conobbe le opportunità offerte dal commercio di carta riciclata tra la Cina e Hong Kong.

Nel 1985, a 28 anni, investì 3.800 dollari di risparmi nell'apertura di un'azienda di carta a Hong Kong, la Ying Gang Shen. Il settore delle esportazioni cinese era in forte crescita e la domanda di cartone per imballaggi molto alta. A causa della scarsità di legna, si riciclava la carta usata e gli Stati Uniti erano un'ottima fonte di materia prima. Nel 1990 si recò a Los Angeles per stringere accordi e ottenere le forniture necessarie da spedire in Cina, sfruttando al meglio lo spazio vuoto sulle navi container che avevano trasportato merci cinesi in California. In società con il marito, fondò l'America Chung Nam, trasformandola nel principale esportatore di carta del territorio statunitense.

Di ritorno a Hong Kong, nel 1995 diede vita a Nine Dragons Paper Holdings, oggi la fabbrica di cartone realizzato con carta riciclata più grande al mondo, con una produzione di 13 milioni di tonnellate di imballaggi l'anno.

«Senza tagliare un solo albero, **ho trasformato la spazzatura americana in oro cinese.»**

Zhang Yin

ZHANG
1957

CHER
WANG

Spesso definita una delle donne più potenti del settore tecnologico, l'imprenditrice e filantropa Cher Wang è stata cofondatrice dell'azienda di elettronica di consumo taiwanese HTC. Da sempre orientata ad anticipare i tempi, ha trasformato l'impresa in un gigante globale.

Una di 9 figli del miliardario della plastica e del petrolchimico Wang Yung-Ching, Cher Wang nacque a Taipei, Taiwan, nel 1958. Il padre la introdusse sin da piccola alle pratiche aziendali e alla filantropia, incoraggiandola a studiare all'estero. Iniziò con la musica, poi si laureò in economia.

Nel 1982 venne assunta dalla First International Computer, che aveva tra i fondatori la sorella Charlene, per vendere schede madri e gestire la divisione dei personal computer. Il lavoro la portò in Europa, dove trasportava computer grossi e ingombranti nelle stazioni ferroviarie per essere recapitati ai clienti. Fu allora che le venne l'idea di un computer portatile, da tenere in mano. Nel 1987 fondò VIA Technologies, sviluppando la tecnologia dei chip di silicio in California, per poi spostare l'azienda a Taiwan e sfruttare il fiorente settore delle tecnologie dell'informazione.

Insieme all'amico H.T. Cho e all'ingegnere elettrico Peter Chou, nel 1997 fondò la HTC che produceva notebook, un segmento volatile e competitivo. Secondo Wang, il mercato dei dispositivi portatili offriva maggiori opportunità, e ben presto la HTC cominciò a fabbricare smartphone in collaborazione, tra gli altri, con Microsoft, Google e T-Mobile. Mantenersi al passo con le tendenze dei consumatori, del mercato e della tecnologia è stata la chiave del suo successo. Per il futuro, ha dichiarato di voler esplorare tecnologie nuove, come la XR (realtà estesa), rendendo HTC «un'azienda con un ecosistema completo».

«Ci vuole umiltà per capire che **non sappiamo tutto... **dobbiamo **continuare a imparare e a osservare.»**

Cher Wang, 2012

EVENTI PRINCIPALI

STUDIA ALL'ESTERO
Nel 1981 si laurea in economia all'università della California, Berkeley.

PENSA IN PICCOLO
Nel 1982 lavora per la First International Computer e sogna di creare un computer leggero e portatile.

TECNOLOGIA DEI CHIP
Nel 1987 fonda la VIA Technologies che progetta, sviluppa, produce e distribuisce chip.

TECNOLOGIA MOBILE
Nel 1997 è cofondatrice di HTC, per un periodo il terzo produttore di cellulari al mondo.

SOSTIENE LA SCUOLA
Nel 2012 dona più di 5.500 tablet HTC Flyer a 60 scuole secondarie di Taipei.

Dopo aver faticato per entrare al college e aver chiuso la prima impresa, durante un viaggio negli Stati Uniti Jack Ma ha avuto un'illuminazione, scoprendo il potenziale di Internet. Sebbene le prime due aziende online siano fallite, non si è dato per vinto e Alibaba è diventata uno dei giganti dell'e-commerce mondiale.

EVENTI PRINCIPALI

TEMPI DURI
Nel 1994 avvia a Hangzhou un'impresa di traduzioni, ma fatica a sbarcare il lunario.

IMPRESA DIGITALE
Dopo un viaggio negli Stati Uniti del 1995, fonda China Pages per costruire siti Web aziendali.

SUCCESSO DELL'E-COMMERCE
Con alcuni amici, nel 1999 a Hangzhou fonda Alibaba, che attira investimenti internazionali.

MULTIMILIARDARIO
Nel 2014 Alibaba è quotata alla borsa di New York con un profitto da record: 21,8 miliardi di dollari.

Jack Ma (alla nascita Ma Yun) crebbe a Hangzhou, una città della Cina orientale che non ha mai abbandonato. La famiglia disponeva di pochi mezzi, e per lui fu difficile accedere agli studi accademici. Tuttavia, convinto dell'importanza dell'inglese, decise di impararlo e, lavorando come guida per turisti anglofoni, ne approfondì la conoscenza e ottenne un guadagno.

Il successo non fu immediato: venne bocciato due volte all'esame di ingresso per l'università e respinto da molte aziende, tra cui la Kentucky Fried Chicken. Dopo la qualifica come docente di inglese, insegnò per sei anni all'Istituto di ingegneria elettronica di Hangzhou; nel 1994 fondò la Hangzhou Hope Translation Agency, integrando le entrate con la vendita di oggetti regalo e fiori.

La svolta avvenne nel 1995, durante una visita a Seattle dove scoprì Internet. Aveva sentito parlare di motori di ricerca da un amico, e ricordava che la sua prima ricerca su Internet, sulla birra cinese, non aveva dato risultati: per le imprese cinesi, i benefici della nuova tecnologia erano ovvi. Di ritorno in patria, fondò China Pages che sviluppava siti Web per le imprese. Tuttavia, dopo tre anni l'azienda perse la sua quota di mercato a favore del rivale Hangzhou Telecom e fu venduta. Dal 1998 al 1999 Jack fu a capo di un'impresa di Internet a Pechino, sostenuta dal Ministero del commercio estero e della cooperazione economica. Sentendosi limitato dai vincoli governativi,

Ma ha istituito una fondazione filantropica *nel 2014. Uno degli obiettivi era migliorare l'istruzione nelle aree rurali e povere della Cina.*

1964
JACK MA

DIVENTA "JACK" PERCHÉ UN TURISTA NON RIESCE A PRONUNCIARE IL SUO **NOME DI BATTESIMO**

È L'UNICO DI 24 CANDIDATI A NON ESSERE **ASSUNTO** DA **KFC**

NON HA UN **COMPUTER** FINO A **33** ANNI

due anni dopo abbandonò la posizione. Con svariati passi falsi alle spalle e ormai sui 35 anni, poteva essere tentato di rinunciare all'idea di un business di successo, ma la sua determinazione glielo impedì.

L'innovazione di Internet

Tornato a Hangzhou, insieme a 17 amici ed ex colleghi lanciò l'Alibaba Group, un sito di e-commerce che avrebbe trasformato il mondo imprenditoriale in Cina e all'estero. Si trattava di una piattaforma online che semplificava la compravendita tra aziende. Secondo Ma, infatti, il modello di commercio tra piccole imprese era più promettente dei siti di vendita al dettaglio. Per essere certificate come affidabili, le aziende pagavano una commissione, che aumentava nel caso in cui si rivolgevano a clienti esteri.

La visione di Ma diede i suoi frutti: nel 2005 lo sviluppo rapido dell'azienda spinse Yahoo! ad acquisire il 40% delle azioni, e due anni dopo Alibaba lanciò una società quotata a Hong Kong. L'offerta pubblica iniziale (IPO) raccolse 1,7 miliardi di dollari e favorì la crescita a un ritmo straordinario; nel 2014 la IPO alla Borsa di New York avrebbe aumentato il capitale di 21,8 miliardi di dollari.

Nel 2003 aveva avviato una piattaforma online per transazioni tra soggetti singoli. Chiamata Taobao (ricerca del tesoro), si distingueva dalla concorrenza per non applicare commissioni, garantendosi un profitto con la pubblicità online. All'epoca, il rivale americano eBay deteneva una quota del mercato cinese dell'80%, ma in quattro anni la

***Jack Ma ha creato un gigante globale dell'e-commerce**. Agli inizi piattaforma di commercio interaziendale, Alibaba ha poi incluso un sito per consumatori e un servizio di pagamento digitale. Le operazioni si estendono anche al cinema di Hollywood, allo sport e al cloud.*

strategia di Ma assicurò all'azienda il 67%. Sembrava che qualsiasi cosa toccasse nel settore dell'e-commerce si trasformasse in oro, un grande risultato per un imprenditore senza conoscenze tecniche né formazione.

Nel 2019, quando il valore di Alibaba superava i 400 miliardi di dollari, Jack ha lasciato la presidenza.

KATHRYN **PARSONS**

Imprenditrice britannica dedita alla tecnologia digitale, fonda la società di educazione Decoded allo scopo di demistificare il mondo digitale e promette di insegnare a chiunque a programmare in un giorno.

La visione di Kathryn Parson (1982-) si dimostra vincente. Nell'agosto 2011, il primo corso di Decoded a Londra ha solo 10 iscritti, ma negli anni seguenti la crescita è esponenziale: nel 2019 si contano 250.000 partecipanti, 500 insegnanti e sedi permanenti o pop-up in oltre 80 città in tutto il mondo. Parsons è consulente per il governo britannico e membro del direttivo del Dipartimento per le imprese, l'energia e la strategia industriale.

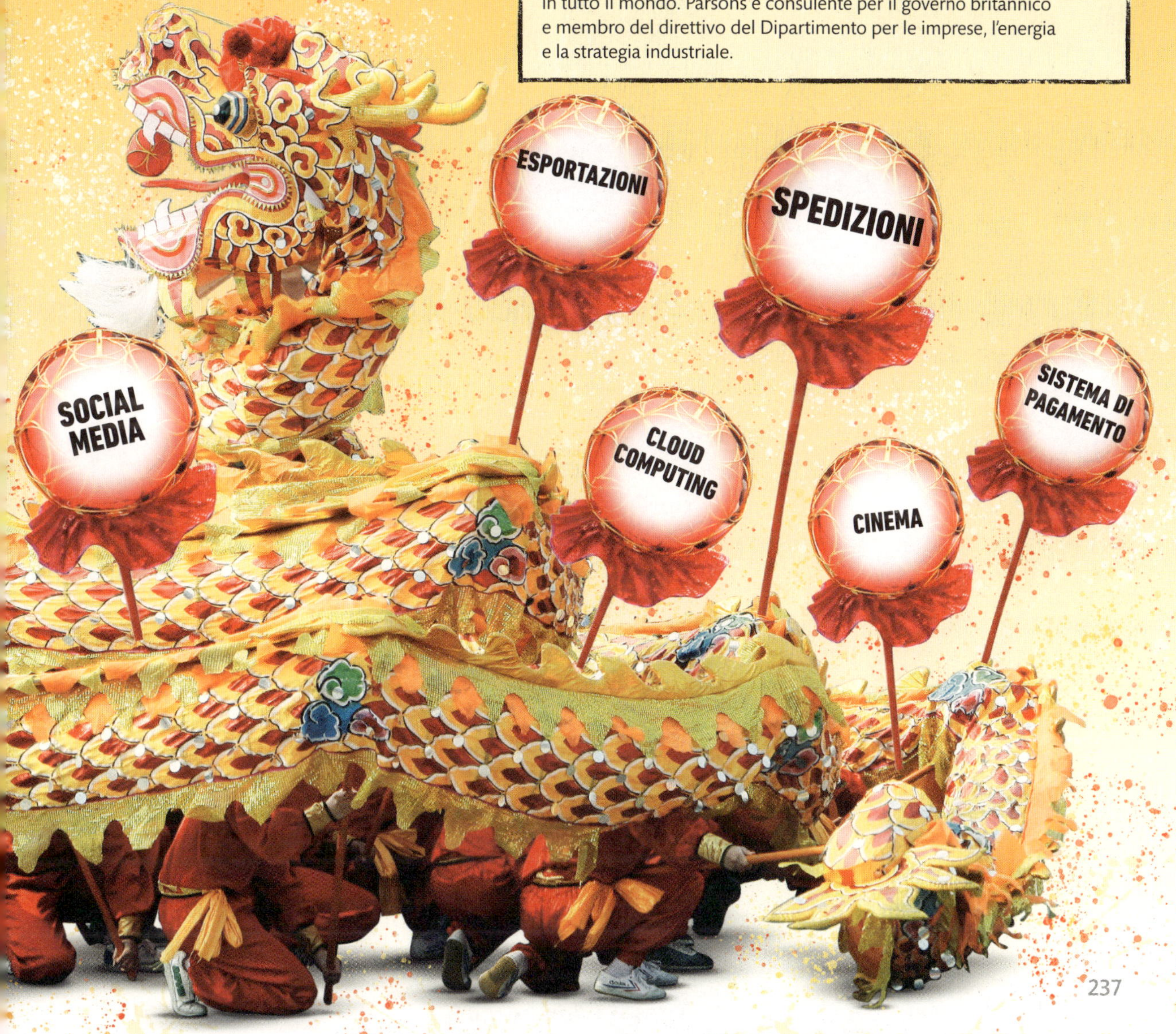

ND A BAND

«INVECE DI IMPARARE DAL SUCCESSO DEGLI ALTRI, IMPARA DAI LORO ERRORI. MOLTI FALLISCONO PER GLI STESSI MOTIVI, MENTRE IL SUCCESSO PUÒ ESSERE ATTRIBUITO A MOTIVI DIVERSI.»

Jack Ma

Intervista al Forum economico mondiale, settembre 2018

◀ ***Intrattenitore nato, Jack Ma**, il 10 settembre 2019 si è esibito sul palco durante il gala allo stadio del Centro sportivo olimpico di Hangzhou per il XX anniversario di Alibaba.*

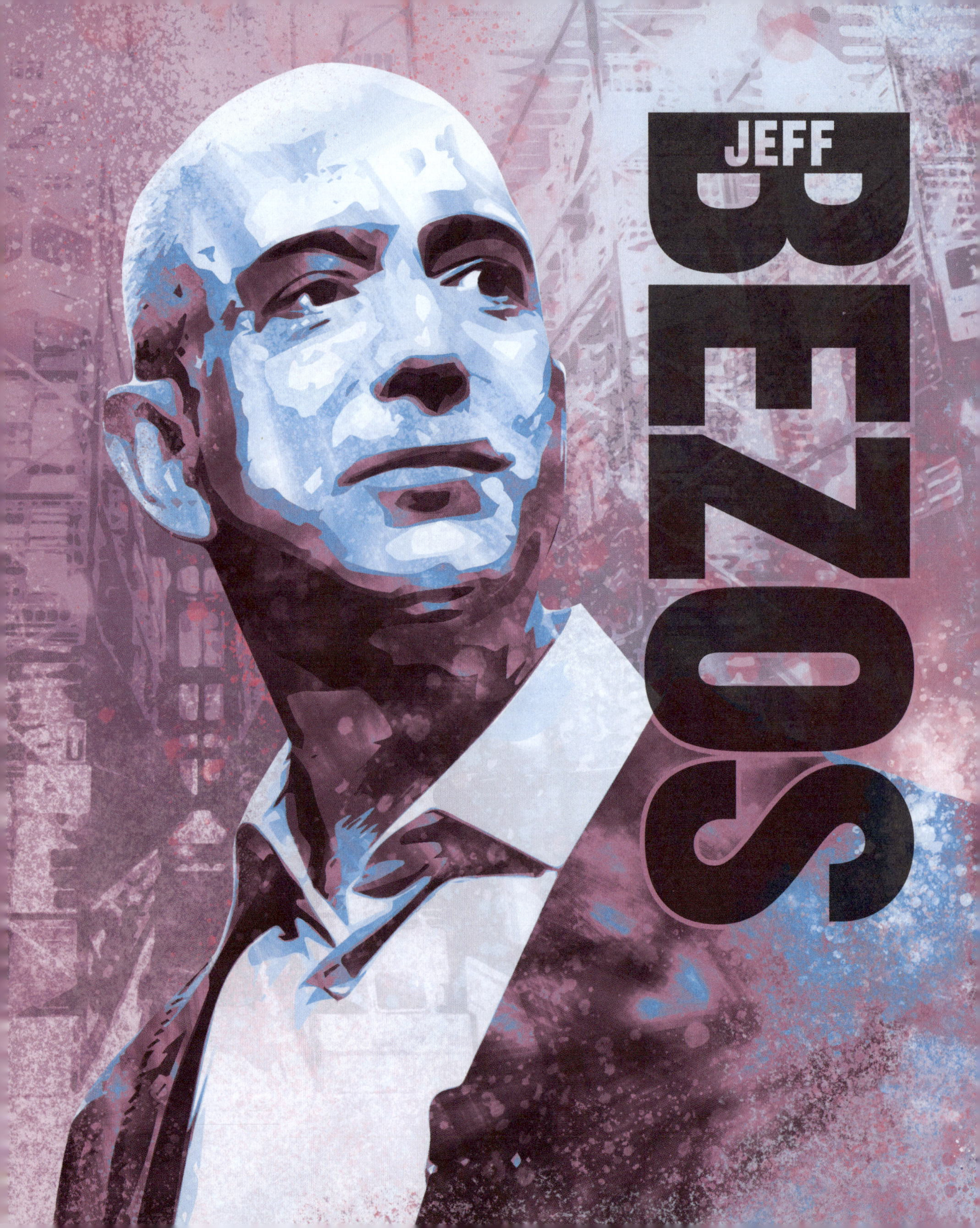
JEFF
BEZOS

L'imprenditore e pioniere dell'e-commerce americano Jeff Bezos è celebre per aver fondato nel 1995 un gigante leader della vendita online al dettaglio: Amazon. La lungimiranza e le eccellenti doti commerciali lo hanno reso uno degli imprenditori di maggior successo della storia.

Jeffrey Preston Jorgensen nacque nel 1964 in Nuovo Messico. Quando aveva 4 anni, la madre si risposò e il patrigno lo prese in adozione, cambiando il suo cognome in Bezos. Si laureò in scienze informatiche e ingegneria elettrica a Princeton, ricevendo molte offerte di lavoro. A 30 anni, divenne il vicepresidente senior più giovane di una banca di investimenti di Wall Street, raggiungendo il successo prima di creare Amazon.

Nel 1994, dopo aver lavorato per quattro anni nel settore bancario, lesse un articolo sulla crescita rapida della tecnologia innovativa di Internet. Intuito l'enorme potenziale della vendita al dettaglio online, sviluppò un business plan, abbandonando il lavoro newyorkese con uno stipendio a sei cifre e trasferendosi a Seattle, dove affittò una casa e avviò un'impresa dal garage. L'assortimento iniziale includeva 20 prodotti ma, secondo Bezos, erano i libri la vera occasione per fare affari: mentre una libreria disponeva di spazi limitati, un negozio online poteva offrire una gamma pressoché illimitata di titoli. Raccolto il capitale iniziale da parenti e amici e assunti 5 dipendenti, cominciò a cercare libri, sviluppando la tecnologia e creando un sito Web intuitivo con risorse innovative, come suggerimenti di acquisto

EVENTI PRINCIPALI

INTUISCE IL POTENZIALE
Nel 1984 si licenzia da una banca e avvia un'impresa online, sfruttando la tecnologia emergente di Internet.

FONDA AMAZON
Con 5 dipendenti, acquisisce la tecnologia per creare Amazon e nel luglio 1995 lancia il sito.

SALE ALLE STELLE
Nel 1997 quota in borsa Amazon, che raggiunge un valore di mercato di 400 milioni di dollari.

CONTINUA A INNOVARE
Nel 1998 include musica e video, nel 2002 abbigliamento, poi elettronica, giocattoli e generi alimentari.

ISTITUISCE UN FONDO
Nel 2020 lancia l'Earth Bezos Fund contro il cambiamento climatico, investendo 10 miliardi di dollari.

«Ottieni una **reputazione** facendo **bene le cose difficili.»**

Jeff Bezos, 2004

Il lander lunare **Blue Moon** *è stato mostrato al pubblico nel 2019. Parte del progetto di creare una colonia sulla Luna, è stato studiato per trasportare materiali sul satellite.*

La visione originale di Bezos era di offrire con Amazon tutti i libri pubblicati, inclusi quelli fuori stampa, creando un catalogo completo.

«Sapevo che l'unica cosa che **avrei rimpianto** era di **non aver provato.**»

Jeff Bezos, 2001

e recensioni dei clienti. L'azienda, all'inizio chiamata Cadabra, modificò il nome in Amazon per evocare la grandezza del Rio delle Amazzoni.

Successo immediato
Con oltre 1 milione di titoli, Amazon.com venne lanciata nel 1995 come "la libreria più grande della Terra". Dopo 30 giorni, il sito vendeva in tutti gli Stati Uniti e all'estero: in un anno aveva 100 dipendenti e un fatturato di oltre 15 milioni di dollari. Nel 1997, nonostante lo scetticismo del mercato, che vedeva molti rivenditori tradizionali affannarsi per competere con i propri siti Web, quotò l'azienda in borsa espandendo le operazioni a video e CD. Amazon ha poi incluso prodotti elettronici, videogiochi e giocattoli, offrendo a terzi una piattaforma di vendita su commissione e diventando leader dell'e-commerce.

Durante la bolla delle dot-com, Jeff dovette contrarre prestiti per evitare il fallimento ma, benché costretto a operare tagli al personale e a chiudere magazzini, riuscì a voltare pagina e nel 2004 l'azienda riportò il bilancio in positivo.

L'innovazione continua è stata la chiave del successo di Amazon, che ha incluso video su richiesta, il lettore di e-book Kindle, l'assistente virtuale Alexa, la fornitura di generi alimentari, il negozio Amazon Go, e ha sperimentato la consegna con droni. Nel 2005, il lancio del programma di fidelizzazione Amazon Prime ha garantito a Bezos una quota ulteriore del mercato.

NIKLA **ZENNSTRÖM**

Cofondatore di Skype, l'imprenditore svedese è uno dei massimi investitori del settore tecnologico e ha contribuito ad avviare altre imprese.

Nel 2003, insieme a Janus Friis, Niklas Zennström (1966-) fonda Skype, la prima azienda online globale di successo fuori dagli Stati Uniti, che nel 2005 è acquistata da eBay per 2,6 miliardi di dollari. Contribuisce ad avviare altre imprese tecnologiche redditizie, come Kazaa e Joltid. La società di capitale di rischio Atomico, fondata nel 2006, aiuta gli imprenditori a espandere le operazioni, mentre Zennström Philantropies, istituita nel 2007 con la moglie Catherine, si occupa di diritti umani e questioni ambientali.

Visione personale
Presidente, CEO e direttore di Amazon, è stato sempre sotto i riflettori per il motto "Get Big Fast" (cresci in fretta), le tasse pagate dall'azienda o l'enorme patrimonio personale. Nel 2000 ha cominciato a investire grosse somme nel settore aerospaziale, dichiarando di voler creare una colonia nello spazio nel 2016. Da allora, la sua società di voli spaziali Blue Origin ha lanciato vari razzi sub-orbitali.

Nel 2013 ha acquistato il *Washington Post* per 250 milioni di dollari allo scopo di creare una piattaforma digitale, chiudendo in attivo nel 2016 e aumentando il numero di lettori negli Stati Uniti e all'estero.

A **16** ANNI LAVORA ALLA **MCDONALD'S**

NEL 1994 **COMUNICA** AGLI INVESTITORI CHE **AMAZON** HA IL **70%** DI POSSIBILITÀ DI **FALLIRE**

GUADAGNA QUASI **9 MILIONI DI DOLLARI** L'ORA

«SE LA CLIENTELA INVECCHIA CON TE, ALLA FINE DIVENTERAI OBSOLETO... PERCIÒ DEVI CONTINUARE A CHIEDERTI CHI SONO I TUOI NUOVI CLIENTI E COSA STAI FACENDO PER RIMANERE SEMPRE GIOVANE.»

Jeff Bezos
Intervista dell'ABC News, 25 settembre 2013

Amazon ha oltre *175 centri operativi in tutto il mondo, che occupano più di 139 milioni di km².* ▶

1964

WU YAJUN

Wu Yajun è cofondatrice e presidente di Longfor Properties, che da piccola ditta di immobili residenziali si è trasformata in un'impresa commerciale di enorme successo.

Nata nel 1964 a Chongqing, Cina, nel 1984 Wu Yajun si laureò in ingegneria; lavorò per quattro anni in una fabbrica statale, guadagnando 16 dollari al mese. Tra il 1988 e il 1993 venne assunta come giornalista per una pubblicazione associata al Ministero per l'edilizia, occupandosi di proprietà.

Dopo varie difficoltà con l'acquisto di un appartamento, tra cui ritardi nei lavori, la fornitura inefficiente di gas e luce e un servizio di ascensore saltuario, lanciò l'azienda che sarebbe diventata la Longfor Properties. Nel 1997 vendette il primo progetto residenziale nella città natale di We, dando inizio a una crescita rapida e costruendo grandi centri commerciali, grattacieli residenziali e complessi aziendali in tutta la Cina.

"Regina del settore immobiliare cinese", nel 2013 ha fondato Wu Capital, investendo in aziende attive negli ambiti tecnologico, educativo e sanitario, con sedi a Pechino, Hong Kong e nella Silicon Valley californiana.

«Sono **solo** una persona che si **concentra** **sulla sua impresa.»**

Wu Yajun

EVENTI PRINCIPALI

FORMAZIONE TECNICA
Studia ingegneria alla Northwestern Polytechnical University, laureandosi nel 1984.

FONDA LA LONGFOR
Nel 1993 avvia una società immobiliare e quattro anni dopo vende il primo progetto residenziale.

CRESCITA
Nel 2018 il fatturato raggiunge i 17,5 miliardi di dollari con progetti in più di 48 città.

SETH GOLDMAN

Laureato a Harvard, Seth Goldman ha abbandonato una promettente carriera in politica per seguire un corso di management alla Yale, dove ha iniziato a occuparsi di bibite. Qualche anno dopo, si è associato a un ex docente per fondare la Honest Tea.

EVENTI PRINCIPALI

INTERESSE POLITICO
Nel 1988 lavora alla campagna presidenziale di Michael Dukakis, ma lascia la politica per il management.

PRIMA IDEA
Nel 1997 condivide l'idea di una bibita ipocalorica con Nalebuff, che aveva partecipato a un'asta di tè in India.

AVVIA UN'IMPRESA
Nel 1998 fonda un'azienda con Nalebuff, la chiama Honest Tea e si occupa della distribuzione.

DIVENTA MILIONARIO
Nel 2011 vende il 40% di Honest Tea alla Coca-Cola, investendo nei sostituti della carne Beyond Meat.

Seth Goldman nacque nel 1965 e crebbe nello Stato del Massachusetts. Studiò affari governativi alla Harvard University e, dopo un periodo nella politica, nel 1995 si iscrisse alla School of Management di Yale. Qui, analizzando un caso studio nel settore delle bevande, sviluppò l'idea di una bibita a basso contenuto calorico: il mercato offriva varie bibite zuccherate e acqua in bottiglia, ma nessuna via di mezzo. Non trovando una bibita per dissetarsi dopo una corsa al Central Park di New York, nel 1998 decise di fondare l'azienda Honest Tea con Barry Nalebuff, uno dei docenti alla Yale, producendo tè in bottiglia biologico non troppo zuccherato.

Nel 2011 la Coca-Cola ha acquistato il 40% dell'azienda per 43 milioni di dollari.

Nel 2015 Seth è diventato presidente esecutivo di Beyond Meat, un produttore di sostituti vegetali della carne. Alla fine del 2019 ha abbandonato la carica di "TeaEO" per dedicarsi all'attivismo ambientale e alla lotta contro il cambiamento climatico.

PETER
THIEL

Dopo che uno dei primi investimenti si è rivelato un costoso errore, l'imprenditore del settore software Peter Thiel ha imparato dall'esperienza, fondando Paypal, il primo e principale servizio di pagamento digitale. È celebre per aver investito nella start-up di rete sociale Facebook, guadagnando milioni con la vendita delle azioni.

EVENTI PRINCIPALI

INVESTE
Nel 1996 fonda la prima società di capitale di rischio, investendo in aziende tecnologiche.

LANCIA PAYPAL
Nel 1999 lancia il servizio di pagamento online Paypal e 3 anni dopo lo vende a eBay per 1,5 miliardi di dollari.

INVESTE IN FACEBOOK
Nel 2004 è il primo investitore esterno di Facebook; nel 2012 vende la quota del 10,2% per 400 milioni di dollari.

FINANZIA IDEE NUOVE
Nel 2006 avvia la Thiel Foundation, finanziando idee nuove con oltre 13 milioni di dollari l'anno.

Nato in Germania, Peter Andreas Thiel trascorse gli anni dell'infanzia perlopiù tra gli Stati Uniti e il Sudafrica. Era uno studente brillante: laureato in filosofia alla Stanford University nel 1989, tre anni dopo conseguì una specializzazione in legge alla Stanford Law School. Fino ai 30 anni svolse lavori come assistente giudiziario, avvocato in valori mobiliari e scrittore di discorsi politici, senza trovarli appaganti. Intorno alla metà degli anni '90 si trasferì nella Bay Area californiana, deciso a mettersi in proprio.

Con il sostegno finanziario di parenti e amici, raccolse 1 milione di dollari e nel 1996 fondò la Thiel Capital Management (TCM) per investire in start-up. Si trattava di una società a capitale di rischio che finanziava imprese tecnologiche con un grande potenziale di crescita e possibilità di fallire superiori alla media. Il successo non fu immediato: l'azienda perse 100.000 dollari in un calendario basato sul Web lanciato da un amico di Thiel.

Confinity e Paypal

Tuttavia Thiel non si dette facilmente per vinto. Nel settembre 1998 fondò Confinity (un gioco di parole tra *confidence* e *infinity*) insieme ai laureati Max Levchin, Ken Howery e Luke Nosek, con un'età media di 21 anni. Avendone 30, Thiel era il veterano del gruppo e contribuì a finanziare la start-up. Lo scopo era quello di sviluppare un software per il trasferimento digitale di denaro, che si sarebbe rivelato di enorme successo. Alla metà del 1999 Confinity presentò Paypal, un prodotto che permetteva l'invio di denaro tramite palmari o cellulari. Thiel aveva convinto altre aziende che si trattava

«Le **'buone pratiche'** di oggi portano a **vicoli ciechi;** le **strade migliori** sono **nuove e intentate.»**

Peter Thiel, 2014

Thiel è campione di scacchi *ed è classificato tra i 100 migliori scacchisti negli Stati Uniti. Il gioco ha influenzato la strategia aziendale.*

«[Paypal] un giorno diventerà proprio come il **tuo portafoglio.»**

Peter Thiel 1999

di un buon investimento e, al lancio, Nokia Ventures utilizzò il software per inviare all'azienda 3 milioni di dollari in capitali di rischio tramite Palm Pilot, un dispositivo portatile all'avanguardia. Nel 2000, Confinity si fuse con la banca online X.com e gli investimenti proseguirono.

Cinque mesi dopo il lancio, Paypal aveva 1 milione di clienti e un anno dopo era disponibile in 26 Paesi. Nel 2001 si iscrisse una media di 20.000 nuovi utenti al giorno e nel febbraio 2002 la società venne quotata in borsa: alla chiusura, il prezzo iniziale delle azioni di 13 dollari era salito a 20, e l'azienda valeva 800 milioni di dollari. Solo cinque mesi dopo, ancora in crescita, fu venduta a eBay per 1,5 miliardi di dollari; nel 2015 aveva un valore di 50,8 miliardi.

Progetti nuovi

Dopo il coinvolgimento diretto in Paypal, nel 2004 Thiel contribuì a finanziare Facebook, il nuovo servizio di rete sociale: acquisì una quota del 10,2% per 500.000 dollari, e dopo 8 anni vendette le azioni con un profitto considerevole.

Inoltre, investì in altre imprese, tra cui Clarium Capital, un fondo speculativo globale che incassò milioni con le fluttuazioni del dollaro, e Palantir Technologies, una società privata di software specializzata nei big data, che svolgeva analisi antiterrorismo e antifrode. Anche molti suoi ex colleghi di Paypal fecero investimenti redditizi in altre start-up, e Thiel fu soprannominato «il don della mafia di Paypal». Nel 2005 si unì agli ex colleghi di Paypal Ken Howery e Luke Nosek per fondare la società di capitale di rischio Founders Fund. L'attività di finanziamento andò avanti, e oggi Thiel è ritenuto uno dei principali investitori al mondo in tecnologia.

Finanziare il futuro

Nel 2006 istituì la Thiel Foundation, un ente filantropico che ha elargito sovvenzioni a vari progetti all'avanguardia, tra cui l'intelligenza artificiale e la ricerca contro l'invecchiamento. Tramite la Thiel Fellowship, fondata nel 2011, ha inoltre finanziato giovani imprenditori che desiderano avviare un'impresa invece che frequentare il college.

Nel 2014 è stato coautore di *Da zero a uno*, basato su una conferenza che ha tenuto alla Stanford University sulla storia dei computer, le start-up e il futuro della tecnologia.

SI **CLASSIFICA** **TRA I 10 MIGLIORI** GIOCATORI DI **SCACCHI** UNDER 13 DEGLI STATI UNITI

CHIAMA **6** AZIENDE COME **PERSONAGGI** O **LUOGHI** DEL *SIGNORE DEGLI ANELLI*

PATRICK E JOHN **COLLISON**

Fondatori dell'azienda di software Stripe, i fratelli irlandesi semplificano la comunicazione tra aziende e banche.

Patrick Collison (1988-) nel 2006 si iscrive al Massachusetts Institute of Technologies per studiare matematica ma, invece di completare il corso, si unisce al fratello John (1990-) per fondare Automatic. Dopo due anni, vendono l'azienda per 5 milioni di dollari e sviluppano un software che consente alle imprese di accedere a siti Web e app per collegarsi istantaneamente a carte di credito e sistemi bancari. Commercializzato dalla loro società, Stripe velocizza e semplifica le transazioni online, soprattutto per le start-up. Nel 2018 è usato da oltre 100.000 imprese.

PIERRE
OMIDYAR

L'imprenditore statunitense Pierre Omidyar ha rivoluzionato il commercio elettronico, trasformando un servizio sperimentale di aste online nel mercato digitale più grande al mondo: eBay. Con una piattaforma e una comunità per la compravendita diretta, l'azienda ha promosso il suo successo e quello di altre imprese.

Quando Pierre Omidyar aveva 6 anni, i genitori iraniani si trasferirono da Parigi a Baltimora, Stati Uniti. A scuola cominciò a interessarsi alla codifica informatica, sviluppando il primo programma a 14 anni. Dopo la laurea in scienze informatiche, ottenuta nel 1991, con tre amici fondò un'azienda di software, la Ink Development Corporation. Dopo l'aggiunta al sito di un negozio di e-commerce, il successo fu tale che nel 1996 Microsoft acquistò l'impresa, ribattezzandola eShop.

Affascinato dalle possibilità offerte dall'e-commerce, Pierre iniziò a scrivere il codice di un mercato digitale dove le persone potevano vendere e acquistare i loro prodotti. Nel giorno della Festa dei lavoratori del 1995, aggiunse al suo sito personale una pagina, che offriva un servizio online chiamato AuctionWeb, che ebbe subito successo: pagando tra 25 centesimi e 2 dollari per ogni annuncio, gli utenti vendevano una serie di oggetti da collezione e per la casa. Riscuotendo una piccola percentuale su ogni vendita, guadagnava più dello stipendio che riceveva dall'azienda di telefonia e Internet dove era assunto. Il marketplace che aveva avviato favoriva sia i venditori che i compratori, che potevano pubblicare una valutazione sull'acquisto, e gli garantiva un reddito a ogni transazione. In 9 mesi, il successo di AuctionWeb gli consentì di lasciare l'impiego per dedicarsi al nuovo business, aprendo nel 1996 un ufficio a San Jose, California. L'anno dopo spostò il sito di aste su una nuova piattaforma, chiamata eBay.

«Nasciamo con **le stesse capacità**, ma **senza le stesse opportunità.»**

Pierre Omidyar, 2011

EVENTI PRINCIPALI

INIZIA A PROGRAMMARE
Nel 1981, in prima superiore, scrive un programma per catalogare i libri della biblioteca scolastica.

COMPLETA GLI STUDI
Nel 1988 si laurea in scienze informatiche alla Tufts University del Massachusetts.

AVVIA UN SITO DI ASTE
Nel 1995 sviluppa il codice del marketplace AuctionWeb, la futura eBay.

OFFERTA PUBBLICA
Nel 1998 quota eBay alla borsa di New York: in 24 ore il prezzo delle azioni si triplica.

INNOVAZIONE E FILANTROPIA
Con la moglie Pam, nel 2004 fonda l'ente di investimento filantropico Omidyar Network.

È PAGATO 6 DOLLARI L'ORA DAL PRESIDE **DELLA SCUOLA** PER **SCRIVERE** IL PRIMO PROGRAMMA

IL **PRIMO** ARTICOLO OFFERTO SU AUCTIONWEB È STATA UNA PENNA LASER **ROTTA,** VENDUTA PER **14,83 DOLLARI**

A 31 ANNI **QUOTA EBAY IN BORSA** E DIVENTA MILIARDARIO **IN 1 GIORNO**

Voleva chiamare il sito come Echo Bay, in Nevada, ma il nome di dominio era già in uso. Nel 1997 eBay ospitava fino a 800.000 aste al giorno; un anno dopo, aveva 2,1 milioni di utenti registrati e ricavi annui per 750 milioni di dollari. Consapevole che il suo punto di forza era l'innovazione e non il management, nel 1998 affidò la carica di direttore generale all'esperta imprenditrice Meg Whitman che, in dieci anni, attuò una crescita esponenziale. Il 24 settembre 1998 eBay fu quotata in borsa, lanciando un'offerta pubblica iniziale di grande successo: le azioni, con un prezzo stimato di 18 dollari, in 24 ore raggiunsero il valore di 53,50 dollari.

Nonostante la crescita vertiginosa, eBay ha mantenuto un servizio clienti di alta qualità. Nel 1999, quando

Nel 1998 ha assunto l'esperta *di business Meg Whitman, che in dieci anni ha aumentato il fatturato da 4 milioni a 8 miliardi di dollari.*

un'interruzione del sito di 22 ore minacciava di rovinare la sua reputazione, l'azienda ha telefonato a ognuno dei 10.000 venditori principali per scusarsi.

Nel decennio successivo si è diversificata, aggiungendo al portafoglio un marketplace per automobili, un sito di case in affitto, il sito di annunci immobiliari Gumtree e le aziende Paypal, Skype e StubHub.

Pur rimanendo l'azionista di maggioranza, Omidyar ha iniziato a dedicarsi alla filantropia e ad altri progetti online.

Il mercato della filantropia

Poiché eBay aveva promosso il business di milioni di persone, Omidyar ha provato a trasferire il modello al settore filantropico. Nel 2004, insieme alla moglie Pam ha lanciato la Omidyar Network, introducendo i cosiddetti "investimenti a impatto". Finanziando imprese commerciali e no profit, la fondazione ha investito milioni di dollari per sostenere piccoli imprenditori e progetti comunitari.

Il sito di aste, avviato come un esperimento, ha rivoluzionato il settore del commercio digitale e democratizzato il processo di compravendita, permettendo a chiunque di mettere in vendita i propri prodotti e ottenere un profitto. Inoltre, sfruttando l'ascesa di Internet, ha creato nuove opportunità imprenditoriali e comunità commerciali in tutto il mondo.

MIKE **LAZARIDIS**

Lasciato il college per avviare un'azienda di software, trasforma il settore delle comunicazioni personali con il lancio del BlackBerry.

Nel 1984 Mihal "Mike" Lazaridis (1961-) lascia il corso di ingegneria elettrica all'università di Waterloo, Canada, per fondare con l'amico Douglas Fregin Research in Motion (RIM), un'azienda che si occupa di tecnologia wireless. Nel 1999 sviluppa BlackBerry, il primo cercapersone a due vie senza fili che, collegandosi ai sistemi di posta aziendali, permette agli utenti di accedere alle e-mail. Nel 2003 aggiunge un telefono integrato, il primo smartphone moderno, attirando milioni di clienti in tutto il mondo.

«Vorrei che le persone diventassero imprenditori... **perché credono di poter cambiare il mondo...** Non perché credono di poter guadagnare molti soldi.»

Pierre Omidyar, 2000

ROBIN
LI

L'informatico e imprenditore del digitale Robin Li è stato cofondatore di Baidu, il primo motore di ricerca della Cina. Sviluppando una tecnologia e una pubblicità Web innovative, ha rivoluzionato l'utilizzo e l'accesso alle informazioni di Internet, creando uno dei portali più usati del mondo.

EVENTI PRINCIPALI

ABILITÀ ACCADEMICHE
Nel 1988 migliora le sue prospettive assicurandosi un posto nella rinomata università di Pechino.

PRIMI ALGORITMI
Nel 1996, mentre lavora alla Dow Jones, sviluppa l'algoritmo RankDex, la base di Baidu.

FONDA UN'AZIENDA
Nel 2000 è cofondatore di Baidu, il primo motore di ricerca della Cina, che nel 2004 chiude in attivo.

GUARDA AL FUTURO
Nel 2013 apre un centro di ricerca nella Silicon Valley per sviluppare prodotti con intelligenza artificiale.

Quarto di cinque figli, Robin Li Yanhong nacque da una coppia di agricoltori che viveva nella città di Yangquan, nella provincia dello Shanxi. Nonostante le umili origini, era uno studente brillante che, incoraggiato dalla madre, si iscrisse all'università di Pechino, laureandosi nel 1991 in gestione dell'informazione. Poi si trasferì negli Stati Uniti, dove nel 1994 ottenne un master in scienze informatiche alla State University of New York, Buffalo, un trampolino di lancio che lo avrebbe trasformato in uno degli ingegneri informatici più abili e innovativi al mondo.

Primi passi

Nel 1994 venne assunto dalla divisione IDD Information Services della Dow Jones, lavorando ad algoritmi per motori di ricerca e contribuendo a sviluppare un programma per l'edizione online del *Wall Street Journal*. In questo periodo progettò RankDex, un algoritmo che indicizzava le pagine Internet in base al numero dei link con altri siti Web. Il brevetto, depositato da Li nel 1997, anticipò di un anno quello di PageRank, un algoritmo molto simile sviluppato da Larry Page e Sergey Brin (v. pp. 284-289), fondatori di Google. Rifiutata dalla Dow Jones, la tecnologia avrebbe formato la base del primo motore di ricerca cinese.

Nel 1997 lavorò come ingegnere software nell'azienda Infoseek. Tramite l'amico e futuro socio Eric Xu, entrò in contatto con John Wu, capo del team per i motori di ricerca di Yahoo!; l'azienda non riconobbe tuttavia il potenziale commerciale del prodotto e non dette seguito all'incontro. Nel 1998, quando la Disney assunse il controllo di Infoseek, spostando l'accento

«Le aziende **raccolgono frutti** solo se pianti i semi all'**incrocio tra passione e abilità.**»

Robin Li, 2017

JACK **DORSEY**

L'imprenditore e programmatore statunitense è cofondatore del servizio di rete sociale Twitter, che ha rivoluzionato il nostro modo di comunicare.

Nato e cresciuto a Saint Louis, Missouri, durante l'adolescenza Jack Dorsey (1976-) scrive un programma per organizzare spedizioni, tuttora usato dalle compagnie di taxi. Nel 2000 individua una possibilità di applicazione che combina il software con un servizio di messaggistica istantanea che permette agli amici di mantenersi in contatto. Nel 2006, insieme ad altri fonda Twitter, che raggiunge 600 milioni di tweet al giorno. Nel 2010 avvia una nuova impresa tecnologica: la piattaforma di pagamento Square.

dai motori di ricerca ai contenuti, Li, deciso a seguire l'istinto e a puntare sulla tecnologia di ricerca Internet, si licenziò per fondare nel 1999 un'impresa con Eric Xu.

Nascita di Baidu

Li voleva creare un motore di ricerca cinese usando il software per l'indicizzazione che aveva sviluppato quando lavorava alla Dow Jones. Con un investimento iniziale di 1,2 milioni di dollari in capitale di rischio proveniente da contratti nella Silicon Valley, e un finanziamento di 10 milioni di dollari da parte di due società di media, Li e Xu tornarono a Pechino. Concessero il programma in licenza alle aziende Web cinesi Sina e Sohu.com, che ricavavano un guadagno ogni volta che un utente eseguiva una ricerca.

Dopo una controversia sui pagamenti per la licenza, nel gennaio 2000 lanciarono un sito di ricerca proprio, Baidu (infinite volte), aprendo un ufficio nella stanza di un albergo vicino all'università di Pechino.

Dal 2001 applicarono una commissione per apparire in cima ai risultati di ricerca e per ogni click ricevuto dall'annuncio, incrementando il traffico Web, il giro d'affari degli inserzionisti e i ricavi di Baidu. Nel 2003 Li aggiunse motori per la ricerca di notizie e immagini.

Successo immediato

Xu lasciò l'azienda nel 2004 per avviare una società di capitale di rischio, mentre Li divenne CEO di Baidu. Dopo aver ricevuto proposte di acquisto miliardarie

da Yahoo!, Microsoft e Google, il 5 agosto 2005 Li lanciò un'offerta pubblica iniziale alla borsa statunitense NASDAQ, chiudendo con un aumento del prezzo del 354%: le azioni valevano oltre 900 milioni di dollari.

Sotto la sua guida, Baidu è diventato uno dei siti Web più usati del mondo. Riconosciuto ovunque come un pioniere della tecnologia di ricerca Internet moderna, ha raggiunto il successo intuendo il potenziale dei motori di ricerca e commercializzandoli sul florido mercato cinese del digitale.

Ha continuato ad aggiungere prodotti di successo per gli utenti di Baidu, per esempio l'accesso a file musicali, mappe, forum di discussione e la navigazione su dispositivi mobili, e oggi ha incluso anche la televisione via Internet e l'intelligenza artificiale, tra cui autovetture autonome e assistenti vocali.

PRENDE IL NOME **BAIDU** DA UNA POESIA SCRITTA **800** ANNI FA

BAIDU PRESENTA 2.368 DOMANDE DI BREVETTI **IA**

PER **3** ANNI DI SEGUITO È INSERITO NELLA LISTA ***FORBES*** **DEI PIÙ POTENTI** AL MONDO

Li ha esteso le operazioni di Baidu *per includere l'intelligenza artificiale. Pensando alla costruzione di città "intelligenti", i prodotti comprendono aiutanti robot, veicoli autonomi, l'assistente domestico a controllo vocale Little Fish e l'altoparlante intelligente Raven R.*

1968

JERRY YANG

L'incontro con il compagno di studi David Filo ha svelato al laureato in ingegneria elettrica Jerry Yang un interesse comune per la catalogazione di siti Web, che ha dato vita al portale Internet Yahoo!. Poi, ha avviato AME Cloud Ventures, investendo in start-up "data-driven".

Nato nel 1968 come Yang Chi-Yuan a Taipei, Taiwan, a 10 anni Jerry Yang si trasferì con la famiglia a San Jose, California. Ottenne un master in ingegneria elettrica alla Stanford University, dove conobbe David Filo. Nel 1994, mentre studiavano per il dottorato, stilarono un elenco di siti Web (Web directory) organizzato in categorie e sottocategorie secondo criteri specifici, in modo da raccogliere le informazioni rilevanti. Lo chiamarono «Jerry and David's Guide to the World Wide Web», poi modificato in Yahoo!. Nel 1995 aggiunsero un motore di ricerca, dando inizio a una crescita rapida. Nell'aprile 1996 Yahoo! fu quotata in borsa, diventando il portale Internet più usato. Yang venne inserito nei 100 migliori innovatori under 35 del mondo.

Nel 2005 investì nel conglomerato cinese Alibaba, definito dal fondatore del fondo speculativo Eric Jackson come «il miglior investimento che una società americana abbia mai fatto in Cina», e nel 2007 divenne CEO di Yahoo! Nello stesso anno, avviò lo Yahoo! Human Rights Fund.

«Il successo non deriva da un QI alto o da un talento innato, ma dalla **volontà di lavorare sodo.»**

Jerry Yang, 2009

EVENTI PRINCIPALI

LANCIA YAHOO!
Yang e Filo si accordano sul nome "Yahoo!" e ricevono quasi 2 milioni di dollari di investimenti.

INVESTE IN ALIBABA
Nel 2005 gestisce l'acquisto di una quota del 40% nel gigante dell'e-commerce cinese Alibaba.

FINANZIA START-UP
Nel 2012 lascia Yahoo! e fonda AME Cloud Ventures, finanziando oltre 50 start-up tecnologiche.

1972

ANA MAIQUES

Quando l'azienda tecnologica per cui lavorava ha dichiarato bancarotta, Ana Maiques l'ha rilevata, certa che la divisione di ricerca avesse un futuro. Ha creato così una società spin-off all'avanguardia delle neuroscienze, la Neuroelectrics, di cui è diventata CEO.

Ana Maiques nacque a Valencia, Spagna, nel 1972. Dopo un MBA in economia europea alla London Metropolitan University, Regno Unito, si unì alla divisione di ricerca con sede a Barcellona di Starlab, una società tecnologica che nel 2001 dichiarò bancarotta. Convinta del potenziale commerciale delle neuroscienze, insieme al marito (il fisico Giulio Ruffini, anch'egli dipendente dell'azienda) e a un altro collega, rilevò la divisione. Nel 2011 fondò la società spin-off Neuroelectrics, lanciando sul mercato le ricerche della Starlab sulla salute cerebrale e fornendo la tecnologia necessaria a trattare vari disturbi neurologici con dispositivi di stimolazione del cervello accessibili. Per esempio, sviluppò uno stimolatore simile a una cuffia da nuoto, da portare in casa e usare sotto supervisione; con l'invio di piccole scosse elettriche al cervello, il dispositivo migliora la depressione, il dolore cronico e i disturbi del sonno, e accelera la riabilitazione in seguito a ictus. Continua a tenere dimostrazioni durante convegni internazionali ed eventi scientifici, commercializzando il prodotto in più di 40 Paesi.

EVENTI PRINCIPALI

RILEVA UN'AZIENDA
Nel 2001 rileva la divisione di Barcellona dell'istituto di ricerca Starlab in bancarotta.

RICONOSCIMENTI
Nel 2010 è ritenuta una degli imprenditori under 40 più influenti della Spagna.

VINCE UN PREMIO
È terza al Premio europeo per le donne innovatrici 2014, istituito dalla Commissione Europea.

TRATTA L'EPILESSIA
Nel 2019 comunica i risultati positivi del trattamento dell'epilessia con la tecnologia Starstim.

«[La] cosa più importante da imparare è **non perdere mai di vista il perché hai avviato** un'impresa.**»**

Ana Maiques, 2019

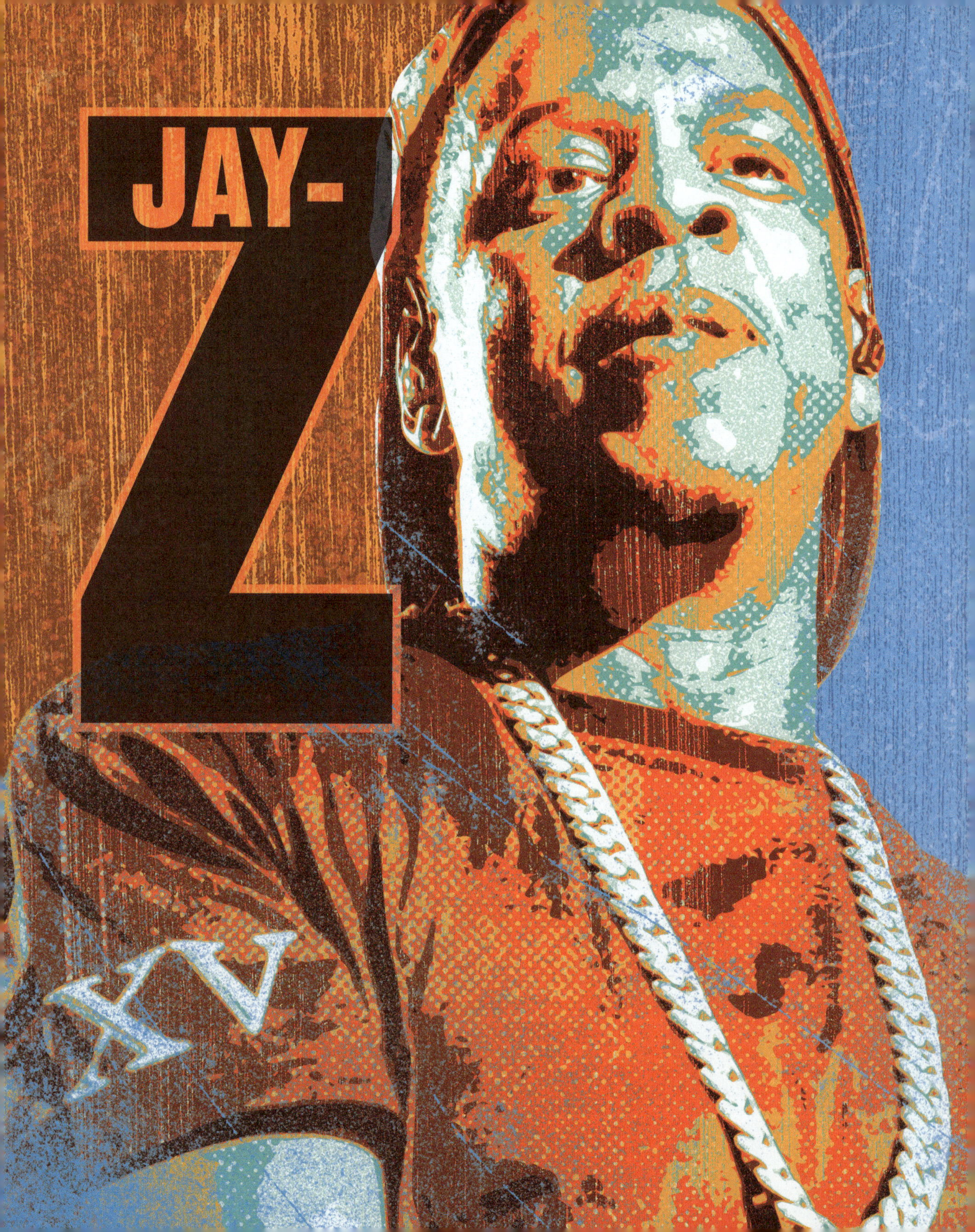
JAY-
Z
XV

L'infanzia e l'adolescenza di Jay-Z sono state segnate dalla povertà, dalla droga e dalla violenza delle bande, ma grazie al talento di rapper è riuscito a fuggire dal ghetto per salire alla ribalta dell'hip-hop. Investendo nello spettacolo e nell'abbigliamento, è diventato il primo rapper miliardario del mondo.

Shawn Corey Carter, noto come Jay-Z, crebbe nelle case popolari Marcy Houses, Brooklyn, tra i ghetti più violenti di New York City. Quando aveva 11 anni, il padre abbandonò la famiglia, lasciando la madre Gloria a occuparsi di quattro figli. L'adolescenza fu un periodo duro, durante il quale entrò in contatto con bande di spacciatori e, come ha affermato in varie interviste, vendette crack e rimase coinvolto in sparatorie, riportando ferite in tre occasioni. La madre incoraggiò la sua passione per la musica, regalandogli uno stereo portatile con cui cominciò a scrivere canzoni e a cimentarsi con il freestyle.

Per sfuggire alla povertà, nel 1989 si unì al rapper Jaz-O, adottando il soprannome di Jay-Z. Era deciso a sfondare ma, non riuscendo a trovare un contratto discografico, vendeva CD dal bagagliaio della macchina. Poi, nel 1995, con gli amici Damon "Dame" e Kareem "Biggs" Burke, fondò un'etichetta indipendente, la Roc-A-Fella Records. L'anno seguente lanciò l'album di esordio *Reasonable Doubt* che, pur non ottenendo un successo commerciale immediato, venne inserito dalla rivista *Rolling Stone* tra i 500 migliori album di tutti i tempi e oggi è ritenuto un classico dell'hip-hop. Nel 1998, il singolo *Hard Knock Life (Ghetto Anthem)* si posizionò al quindicesimo posto della classifica statunitense Billboard, diventando una hit internazionale. *Vol. 2... Hard Knock Life*, il terzo album da cui era

«Rosa Parks si è seduta in modo che Martin Luther King potesse camminare. **Martin Luther King ha camminato** in modo che Obama potesse correre. **Obama sta correndo in modo che tutti noi possiamo volare.»**

Jay-Z, 2008

EVENTI PRINCIPALI

ETICHETTA
Nel 1995 fonda la Roc-A-Fella Records, lanciando nel 1996 *Reasonable Doubt*, acclamato dalla critica.

IN CIMA ALLE CLASSIFICHE
Nel 1998, il terzo album *Vol. 2... Hard Knock Life* ottiene vendite multimilionarie in tutto il mondo.

ESTENDE GLI INTERESSI
Nel 1999 è cofondatore di Rocawear; investe in prodotti di bellezza, sport, bibite e immobili.

MATRIMONIO
Nel 2008 sposa Beyoncé, formando una delle collaborazioni musicali di maggior successo.

GRANDE SUCCESSO
Nel 2017 è inserito nella Songwriters Hall of Fame; nel 2019 è il primo rapper miliardario.

BANG **SI-HYUK**

Nato nella Corea del Sud, ignora il consiglio dei genitori di abbandonare la carriera musicale, ritenuta troppo rischiosa, dimostrando quanto si sbaglino.

Si-hyuk Bang (1972-), noto come Hitman Bang, lavora come compositore, arrangiatore e produttore musicale per la JYP Entertainment; nel 2005 si mette in proprio fondando la Bit Hit Entertainment che scrittura le boy band coreane BTS e TXT, famose in tutto il mondo. Non soddisfatto dell'attività di produttore, continua a scrivere e arrangiare canzoni, tra cui 6 testi dell'album *Wings* dei BTS, acclamato dalla critica. Nel 2019 i premi ricevuti sono in totale 16.

NEL **2003** AVVIA LA **SHAWN CARTER** FOUNDATION PER PROMUOVERE **L'ISTRUZIONE SUPERIORE**

VINCE **22** GRAMMY AWARD

tratto, vendette più di 5 milioni di copie solo negli Stati Uniti, garantendo a Jay-Z ricchezza e celebrità e inaugurando una serie di singoli e album di successo.

Nel 2003 uscì dalle scene per tre anni, usando il senso degli affari e la conoscenza del mondo musicale per dare vita ad altri progetti: cedette Roc-A-Fella all'etichetta americana Def Jam, e nel 2008 firmò un contratto del valore di 150 milioni di dollari con il promotore di festival e concerti Live Nation; dopo nove anni, ha rinnovato l'accordo di altri 10 anni per 200 milioni.

Diversificazione

Jay-Z ha investito nella musica, sport e abbigliamento, avviando progetti di interesse personale che spesso si sono rivelati miniere d'oro: la scelta di lanciare un brand invece di sponsorizzare terzi si è rivelata vincente. Il primo business è stato il marchio di moda Rocawear, fondato nel 1999 insieme al rapper Dame. Otto anni dopo, quando registrava vendite annue di 700 milioni di dollari, è stato venduto all'Iconix Brand Group per 204 milioni. Nel 2003 ha aperto a New York City il primo di una catena di locali, i 40/40 Club, con concerti dal vivo. Grande tifoso di baseball e basket, nel 2004 ha investito nella squadra di pallacanestro New Jersey Nets, partecipando al gruppo di investimento che nel 2012 l'ha riportata nel quartiere originario, ribattezzandola Brooklyn Nets. In seguito, ha venduto la quota per finanziare la Roc Nation Sports, un'agenzia che rappresenta gli interessi di donne e uomini dello sport. Nel 2014 l'azienda ha acquisito Armand de Brignac, uno dei marchi di champagne più venduti al mondo.

Tra le iniziative filantropiche, ha contribuito a inviare aiuti ai sopravvissuti dell'uragano Maria di Porto Rico; si dice che abbia pagato la cauzione di molti attivisti di Black Lives Matter e ha finanziato un progetto per riunire i padri detenuti con i figli in occasione della festa del papà.

***Jay-Z ha usato il rap** per uscire dal ghetto e, grazie al fiuto per gli affari, ha concluso investimenti redditizi in altri ambiti, come locali notturni, moda e sport.*

ROC NATION
ROCAWEAR
40/40 CLUB
ROC-A-FELLA RECORDS

Pioniere della tecnologia, ingegnere e filantropo, Elon Musk è celebre come CEO della casa produttrice di veicoli elettrici Tesla, ma i suoi successi imprenditoriali includono anche il servizio di mappe Web Zip2, il sistema di pagamento Internet Paypal e la società aerospaziale SpaceX, che nel 2012 ha effettuato lo storico lancio di una navicella commerciale.

EVENTI PRINCIPALI

SFRUTTA INTERNET
Nel 1995 abbandona un dottorato alla Stanford per fondare con il fratello Zip2.

INVESTE NELLO SPAZIO
Nel 2002 fonda SpaceX, firmando un contratto con la NASA per rifornire la Stazione Spaziale Internazionale.

DONA IN BENEFICIENZA
Nel 2002 avvia con il fratello la Musk Foundation per finanziare ricerche sulle energie rinnovabili.

A CAPO DELLA TESLA
Nel 2014 diventa CEO della Tesla per accelerare il passaggio mondiale alle energie sostenibili.

Nato in Sudafrica nel 1971, sin da piccolo Elon Reeve Musk dimostrò uno spiccato interesse per l'informatica. Dai 9 anni visse con il padre e a 12 sviluppò e vendette il primo videogioco. Nel 1989 lasciò Pretoria per frequentare l'università in Canada. Proseguì gli studi negli Stati Uniti alla Stanford University, abbandonando il corso per cogliere l'occasione d'oro di avviare un'azienda. Era il 1995, e la California era in fermento per le notizie su Internet. Insieme al fratello Kimbal fondò Zip2, uno dei primi servizi di mappe e indicazioni Web, che contribuì al lancio online di pubblicazioni come il *New York Times*. Dopo quattro anni, i fratelli cedettero l'azienda alla Compaq, diventando multimilionari.

Investire nelle idee

Il secondo progetto imprenditoriale con il fratello si rivolgeva ai servizi finanziari online. Con il ricavato dalla vendita di Zip2, dettero vita al sistema di pagamento digitale X.com, la futura Paypal, acquisito nel 2002 da eBay. Musk, che deteneva una quota dell'11%, era ora miliardario.

Il settore successivo era lo spazio. Nel 2002 fu cofondatore della società aerospaziale Space Exploration Technologies (SpaceX), che suscitò un interesse mondiale con progressi cruciali, come razzi innovativi e, nel 2012, con il lancio della prima navicella privata per rifornire la Stazione Spaziale Internazionale.

__Musk ha supervisionato__ lo sviluppo di tutti i prodotti Tesla, tra cui una rete di stazioni di ricarica rapida, lanciata nel 2012.

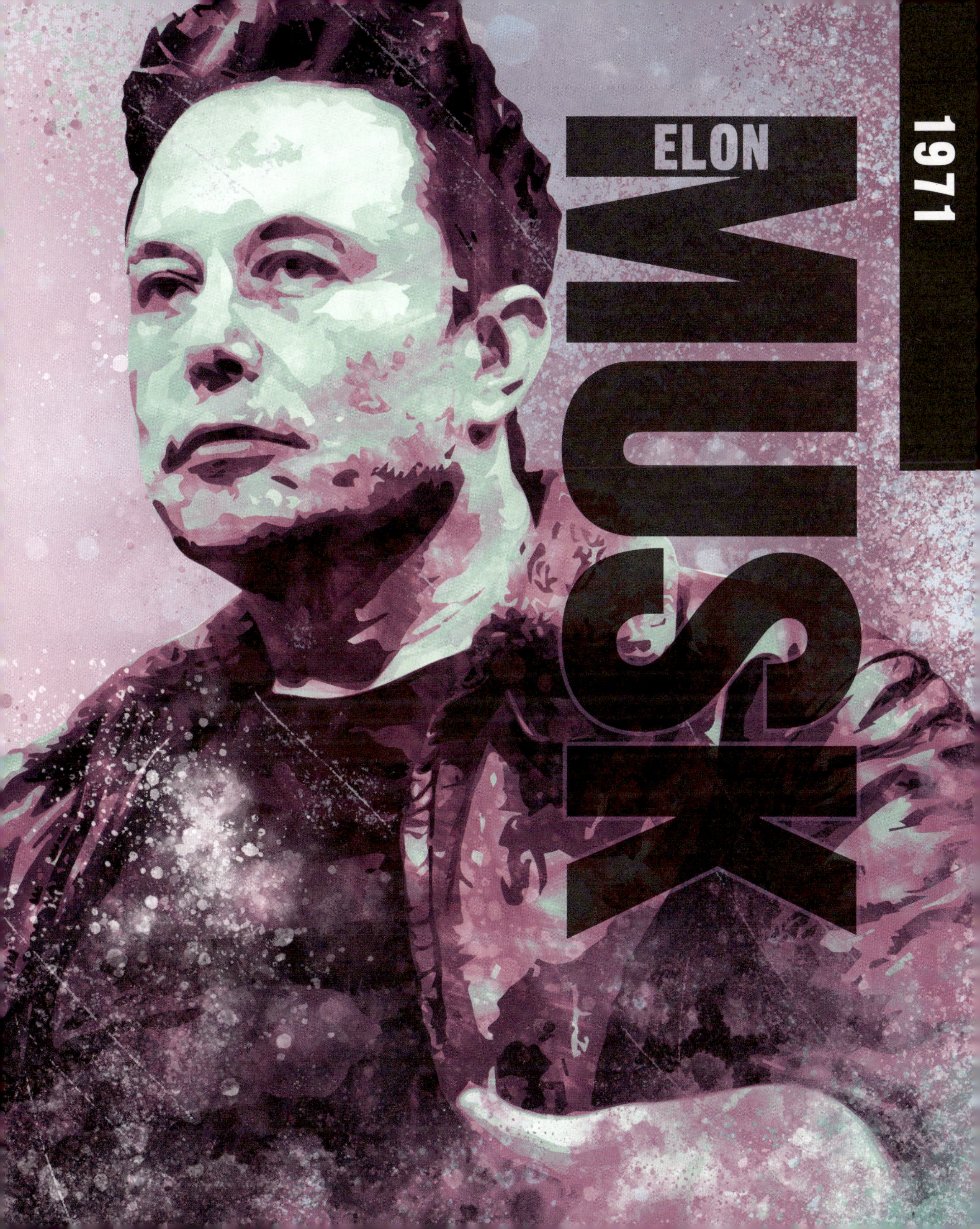
ELON
MUSK
1971

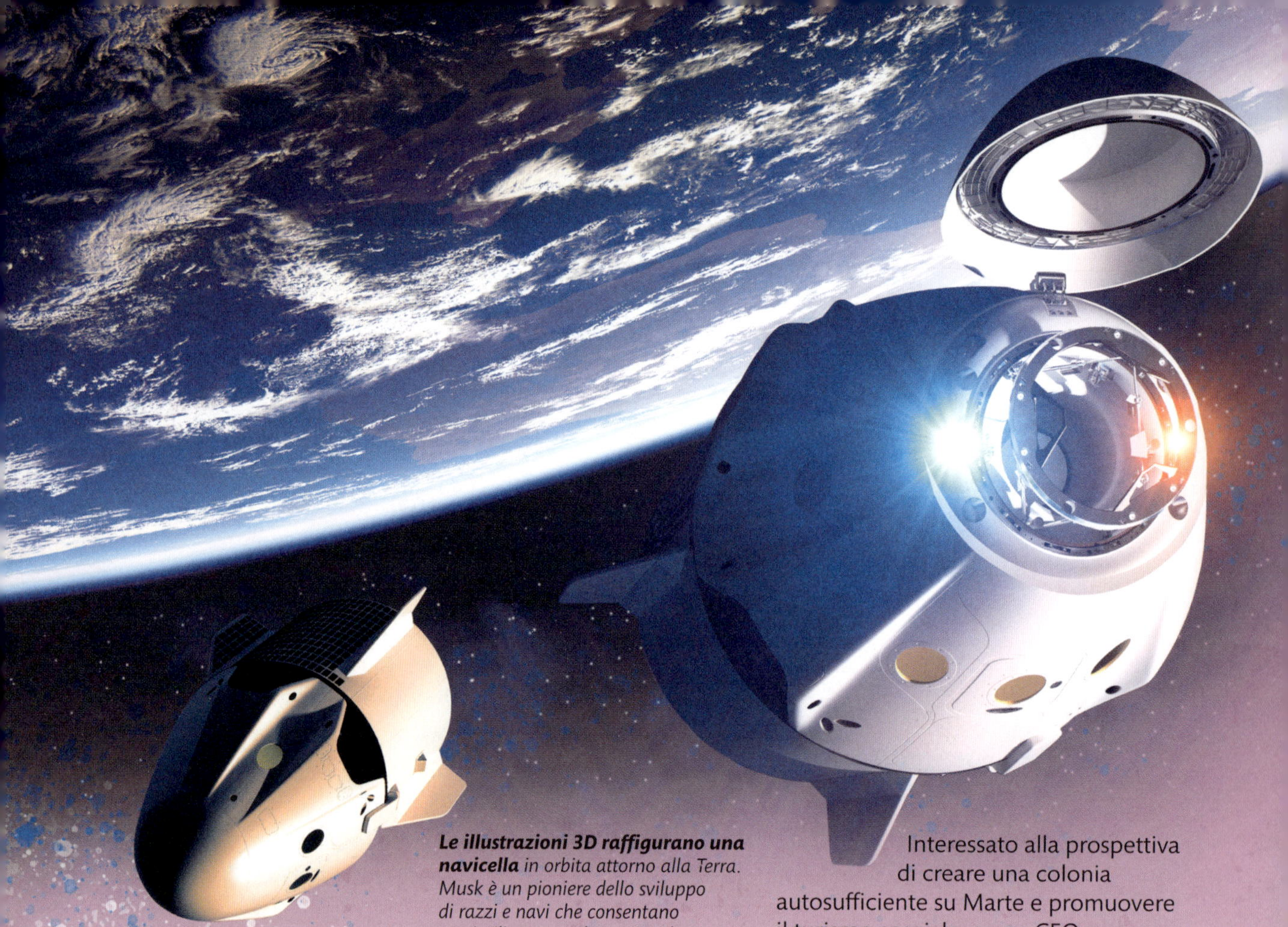

Le illustrazioni 3D raffigurano una navicella *in orbita attorno alla Terra. Musk è un pioniere dello sviluppo di razzi e navi che consentano un riutilizzo completo e rapido, riducendo i costi dei viaggi spaziali.*

Interessato alla prospettiva di creare una colonia autosufficiente su Marte e promuovere il turismo spaziale, come CEO e capo progettista ha continuato a guidare lo sviluppo di nuovi razzi. Nel 2016 ha fondato The Boring Company. All'inizio un ramo di SpaceX, combinava una tecnologia per costruire tunnel, veloce ed economica, con un sistema di trasporti pubblici interamente elettrico, migliorando gli spostamenti tra e in città.

Acquisire Tesla

Da vero eclettico, si è occupato anche di imprese associate all'energia sostenibile. Tesla Motors era stata fondata nel 2003 da Martin Eberhard e Marc Tarpenning per costruire e vendere una vettura completamente elettrica. Nel 2004, Musk subentrò come presidente e

MARC **BENIOFF**

Innovatore tecnologico e importante filantropo americano, con l'azienda di cloud computing Salesforce ha cambiato il nostro modo di accedere ai software e di usarli.

Marc Benioff (1964-) programma e vende il primo software a 14 anni. Studia gestione aziendale, poi lavora tredici anni alla Oracle, diventando il vicepresidente più giovane dell'azienda. Nel 1999 fonda Salesforce, lanciando i primi servizi software e di cloud computing e ricevendo premi per l'innovazione. Promuove la filantropia aziendale creando un modello 1-1-1, in cui le imprese si impegnano a investire l'1% di prodotti, tempo e risorse nella comunità.

principale investitore. Il primo prodotto Tesla, l'auto sportiva Roadster, fu lanciata nel 2008. Grazie a collaborazioni con importanti case automobilistiche, tra cui Daimler e Toyota, nel 2010 l'azienda è stata quotata in borsa per 226 milioni di dollari. Nel 2016 ha acquistato SolarCity, il produttore leader del mercato statunitense di sistemi fotovoltaici, realizzando la visione di Musk di fornire agli utenti i mezzi per produrre, conservare e usare l'energia in autonomia.

Oggi CEO e portavoce di Tesla, sovrintende al design, all'ingegneria e alla produzione di veicoli elettrici, batterie e pannelli solari. Tuttavia, dopo tweet fuorvianti sui fondi aziendali, nel 2018 è stato costretto a dimettersi dalla presidenza per tre anni e a pagare una sanzione di 20 milioni di dollari.

Neurotecnologie

Nel 2015 ha fondato l'azienda specializzata in intelligenza artificiale (IA) OpenAI per promuovere gli sviluppi nel campo. L'interesse nel rapporto tra cervello umano e tecnologia è convogliato nella Neuralink, fondata nel 2017 per sviluppare interfacce neurali a larghezza di banda elevata, da impiantare nel cervello per collegarlo a un computer.

> **«Il fallimento** da noi è una **possibilità.** Se le cose **non falliscono** significa che **non stai innovando** abbastanza.»
>
> **Elon Musk**, 2005

Ha ottenuto premi e riconoscimenti per progetti pionieristici in svariati ambiti, e nel 2019 è stato nominato da *Forbes* il leader più innovativo al mondo, a pari merito con Jeff Bezos. Gli interessi diversificati si rispecchiano anche nelle donazioni in beneficienza della Musk Foundation, che includono finanziamenti alla ricerca sull'energia rinnovabile, all'IA, all'esplorazione dello spazio e all'educazione.

COMINCIA A PROGRAMMARE COMPUTER A **9** ANNI

DONA **1 MILIONE** DI ALBERI ALLA **RACCOLTA FONDI** #TEAMTREES

SPACEX HA OLTRE **6.000** DIPENDENTI

L'imprenditrice statunitense Sara Blakely ha creato Spanx, l'innovativa linea di biancheria contenitiva e modellante per donne, venduta in 65 Paesi. È proprietaria unica del brand senza partner, azionisti né consiglio di amministrazione; è la donna più giovane a diventare miliardaria partendo da zero ed è famosa anche come filantropa.

EVENTI PRINCIPALI

LA SCOPERTA
Nel 1998 taglia il fondo dei collant per sembrare più snella e slanciata nell'abito da festa.

IN PRODUZIONE
Nel 2000 trova una fabbrica per produrre intimo modellante, scegliendo il nome Spanx.

SPINTA PUBBLICITARIA
Nel 2000, la star della TV Oprah Winfrey cita Spanx tra i suoi prodotti favoriti e le vendite salgono alle stelle.

DONAZIONI
Lancia la Sara Blakely Foundation per finanziare imprenditrici donne; nel 2013 aderisce a Giving Pledge.

Nata in Florida nel 1971, Sara Blakely frequentò la Clearwater High School. Alla fine di ogni settimana, il padre non le chiedeva dei successi, ma degli insuccessi, per farle capire come imparare dai fallimenti. Si laureò in comunicazione alla Florida State University e, dopo una candidatura infruttuosa alla facoltà di giurisprudenza, lavorò per 3 mesi al Walt Disney World in vari ruoli. Poi, vendette fax per l'azienda di forniture per ufficio Danka. Aveva un talento naturale per la vendita e a 25 anni venne nominata formatrice nazionale.

L'idea di Spanx nacque mentre si preparava per andare a una festa. Non aveva la biancheria adatta da mettere sotto i pantaloni bianchi e con un paio di forbici tagliò la parte inferiore dei collant contenitivi, creando un indumento che, usato sotto i vestiti, snelliva il corpo. Ma non solo: le permetteva anche di indossare i sandali senza cuciture sul piede. Sapeva di aver fatto una scoperta. Di giorno continuava a vendere fax, ma di notte conduceva ricerche su modelli, brevetti e marchi commerciali. Nel 2000 iniziò a lavorare alla prima idea di calze senza piede e, usando i 5.000 dollari dei suoi risparmi, trovò una fabbrica nella Carolina del Nord disposta a produrle.

***Nel 2010 i supereroi Spanx** compiono buone azioni a Oxford Street, Londra, per promuovere il lancio della linea Spanx per uomo ai grandi magazzini Selfridges.*

«Non farti **intimidire** da **ciò che non sai.»**

Sara Blakely

SARA
BLAKELY
1971

«Avere un'immagine mentale di **dove sei, dove stai andando e verso cosa ti stai dirigendo** ha un potere incredibile.»

Sara Blakely

Effetto Oprah

Blakely presentò il brevetto, disegnò il logo e propose il nome Spanx. Il primo ordine importante giunse dal prestigioso grande magazzino americano Neiman Marcus. Da esperta venditrice, si licenziò per offrire il prodotto ai rivenditori, facendo lei stessa da modella. La svolta avvenne quando la presentatrice Oprah Winfrey incluse Spanx nella lista dei suoi articoli preferiti del 2000, il primo anno di produzione: le vendite salirono alle stelle e altri grandi magazzini negli Stati Uniti, tra cui Bloomingdale e Saks, cominciarono a commercializzare le calze Spanx. In seguito, anche Michelle Obama avrebbe sostenuto il brand.

La linea da allora si è estesa, includendo reggiseni, mutande, leggings e un'ampia gamma di indumenti da donna.

Celebre per evitare la pubblicità – si è avvalsa dei primi annunci pubblicitari nel 2016 – Blakely ha lavorato sodo per diventare il volto del brand che aveva creato e comparire in pubblico con regolarità. Nel 2004 partecipò al reality televisivo *Rebel Billionaire*, viaggiando in tutto il mondo con il fondatore del Virgin Group sir Richard Branson che, colpito dal suo spirito imprenditoriale, le aveva donato 750.000 dollari. Blakely utilizzò il denaro per avviare la Sara Blakely Foundation, un ente filantropico che finanzia borse di studio e sovvenzioni per aspiranti imprenditrici.

Nel 2012, dodici anni dopo la nascita, Spanx valeva 1 miliardo di dollari. Lo stesso anno, Sara aprì il primo negozio in Virginia e apparve sulla copertina di *Forbes* come la più giovane miliardaria che si è fatta da sé.

Nel 2013 ha firmato il Giving Pledge, lanciato da Bill e Melinda Gates: l'impegno a donare in beneficienza metà della ricchezza personale.

CATH **KIDSTON**

La designer britannica fonda l'azienda omonima per la vendita diretta di accessori per la casa: la Cath Kidston.

Catherine Isabel Audrey Kisdton (1958-) comincia a lavorare come assistente interior designer. Nel 1993 apre il primo negozio a Holland Park, Londra, che vende articoli vintage, tessuti decorativi e oggetti restaurati provenienti da mercatini dell'usato, creando il concetto originale di "vintage moderno". Poi, disegna e produce stampe e articoli per la casa (il primo è un copriasse da stiro con motivo floreale), aprendo un'azienda di vendita per corrispondenza. Il numero dei negozi aumenta, e nel 2015 i punti vendita Cath Kidston nel mondo sono più di 200. Nel 2010 è nominata membro dell'Ordine dell'Impero Britannico.

Sara Blakely assiste nel 2009 al lancio della collezione Spanx Haute Contour ai grandi magazzini Saks Fifth Avenue, New York.

È BOCCIATA 2 VOLTE ALL'ESAME DI INGRESSO A **GIURISPRUDENZA**

NEL 2004 ARRIVA **SECONDA** AL **PROGRAMMA TV** *REBEL BILLIONAIRE* DI RICHARD BRANSON

INVESTE **5.000 DOLLARI** DI RISPARMI PER **AVVIARE** SPANX

Nel 1998 Ma Huateng, spesso chiamato "Pony Ma", è stato cofondatore della società di software Tencent. Grazie alla passione per i programmi informatici e al fiuto per le opportunità nel crescente mercato online cinese, ha trasformato l'azienda in uno dei più grandi conglomerati Internet del mondo.

EVENTI PRINCIPALI

FONDATORI AMICI
Nel 1998 fonda insieme ad amici l'azienda software Tencent e, nonostante la timidezza, diventa CEO.

MESSAGGISTICA ISTANTANEA
Nel 1999 lancia in Cina il servizio di messaggistica OICQ (poi QQ), che riscuote un successo immediato.

GIOCO D'AZZARDO
Nel 2003 avvia Tencent Games, che nel 2019 diventa leader mondiale dei giochi d'azzardo.

LANCIA UN'APP
Nel 2011 lancia il servizio di messaggistica WeChat, che nel 2018 ha 1 miliardo di utenti.

Nato a Chaoyang, nella provincia meridionale del Guangdong, Cina, Ma Huateng si trasferì a Shenzhen, vicino Hong Kong, dove il padre era stato assunto come gestore portuale. Da bambino aveva la passione per le scienze, che lo portarono a studiare scienze informatiche, laureandosi nel 1993 all'università di Shenzhen.

Dopo gli studi, lavorò nella società di telecomunicazioni China Motion Telecom Development, sviluppando software per cercapersone. Sebbene amasse il suo lavoro, guadagnava meno di 200 dollari al mese e decise così di passare alla concorrenza, pur coltivando il sogno di mettersi in proprio. All'epoca solo un cinese su 100 aveva un computer, eppure Ma aveva intuito il potenziale dell'imminente rivoluzione digitale. Individuando grandi opportunità per chi aveva idee ed era disposto a investirvi, insieme a quattro ex compagni di università nel 1998 fondò l'azienda software Tencent.

Spiccare il volo

Due anni prima aveva partecipato a un evento per promuovere ICQ, il primo servizio di messaggistica istantanea personale basato su computer. Deciso a proporlo sul mercato cinese, nel febbraio 1999 lanciò la versione di Tencent: OICQ. Ben presto l'azienda venne citata in giudizio dal gigante americano AOL, proprietario di ICQ: ribattezzato QQ, il prodotto riscosse un successo immediato, con oltre 1 milione di utenti alla fine del 1999. Notando la diffusione rapida dei cellulari, nel 2001 estese il servizio, aggiungendo una piattaforma per la messaggistica mobile. Dopo 3 anni, l'incremento

«Prova con coraggio, **senza esitazione.»**

Ma Huateng

1971
MA
HUATENG

DENISE **COATES**

Dopo aver creato Bet365 in un prefabbricato in un parcheggio, l'imprenditrice britannica la trasforma in una delle società di scommesse più grandi al mondo.

Mentre va ancora a scuola, Denise Coates (1967-) inizia a lavorare come cassiera nell'agenzia di scommesse di famiglia, per poi capovolgere le sorti di una piccola catena di ricevitorie. Intuendo che con l'avvento di Internet milioni di persone avrebbero preferito scommettere comodamente da casa, chiede un prestito per lanciare Bet365. La società cresce a un ritmo vertiginoso: nel 2018 ha oltre 45 milioni di utenti e un giro di scommesse di oltre 50 miliardi di dollari. Nel 2012 istituisce Bet365 (oggi Denise Coates) Foundation, investendo i profitti in enti di beneficienza locali, nazionali e internazionali.

dei profitti lo spinse a quotare l'azienda alla borsa di Hong Kong, raccogliendo 200 milioni di dollari.

Con la diffusione di Internet a livello mondiale, sviluppò un ampio ventaglio di prodotti per fidelizzare gli utenti di QQ e rendere il portale Tencent parte integrante della vita quotidiana: giochi d'azzardo online e mobili, e-commerce e servizi di intrattenimento. Nel 2011 l'approccio culminò nel lancio dell'app WeChat, che in poco tempo divenne uno dei servizi di messaggistica istantanea più usati nel mondo. Con una chat, una piattaforma di pagamento mobile e funzionalità di social media, permetteva agli utenti di soddisfare tutte le esigenze digitali quotidiane con una sola applicazione.

Il successo di Ma si basava sulla profonda comprensione dei desideri del pubblico e sulla capacità di rispondere con prontezza al mutevole panorama digitale offrendo servizi rilevanti. Curando la qualità e l'architettura dei prodotti, per promuovere l'innovazione sfruttò la competizione interna e assunse una forza lavoro giovane ed esperta di tecnologia. Inoltre, è famoso per la regola "10/100/1000", secondo cui ogni mese i manager della produzione devono sottoporre a sondaggi 10 utenti finali, leggere 100 blog

QQ

Lanciando una gamma *di app mobili di successo, Ma ha sfruttato la preferenza degli utenti cinesi per gli smartphone (al posto dei computer) come mezzo per accedere ai servizi Internet.*

«Un servizio inizia pensando alla **soddisfazione e alle esigenze degli utenti** ed è definito da questi due aspetti.»

Ma Huateng

e raccogliere 1.000 feedback riguardanti l'esperienza d'uso.

Sapere cosa desidera il pubblico ed essere in grado di fornire servizi mobili adeguati ha permesso a Ma di dominare il mercato digitale e di diventare uno dei protagonisti del settore più influenti della Cina. Coltivando l'ambizione di espandersi all'intelligenza artificiale, alla robotica e alla tecnologia spaziale, continua ad ampliare l'offerta Tencent a livello globale, e oltre.

CON IL PRIMO LAVORO GUADAGNA SOLO **176** DOLLARI AL MESE

A **27** ANNI **FONDA** TENCENT

NEL 2016 **DONA** AZIONI PER UN VALORE DI **2 MILIARDI** DI DOLLARI

«LA RICCHEZZA NON TI DARÀ SODDISFAZIONE; CREARE UN OTTIMO PRODOTTO, ACCOLTO BENE DAGLI UTENTI, È CIÒ CHE CONTA DAVVERO.»

Ma Huateng
Post su Facebook, ottobre 2019

Ma Huateng ha esteso l'influenza *e l'offerta di prodotti Tencent, acquistando azioni di società attive in ambiti affini, tra cui BTech Robotics, specialista in intelligenza artificiale (IA) e produttore di robot umanoidi, che nel 2018 ha ricevuto da Tencent 120 milioni di dollari.* ▶

L'imprenditrice australiana Abigail Forsyth è cofondatrice e direttrice generale di KeepCup, la prima tazza standard da bar riutilizzabile. L'instancabile lotta per eliminare i contenitori monouso ha contribuito a trasformare le abitudini dei consumatori di tutto il mondo.

EVENTI PRINCIPALI

PRIMO SUCCESSO
Nel 1998 dà vita a una fiorente catena di caffè a Melbourne, basata su sostenibilità e alimentazione sana.

OPERA RIVOLUZIONARIA
Nel 2007 lancia KeepCup, una tazza riutilizzabile che riduce i rifiuti; nel 2009 avvia il brand.

SUCCESSO GLOBALE
Nel 2013 apre un ufficio e un magazzino a Los Angeles, nel 2016 una sede nel Regno Unito.

VENDITE DA RECORD
Dopo il documentario dalla BBC *War on Waste* (2017), incrementa le vendite del 400%.

FAMA MONDIALE
Per il contributo all'ambiente, dal 2012 riceve premi negli Stati Uniti, Regno Unito, Australia ed Europa.

Nata in Scozia nel 1971, Abigail Forsyth ha trascorso gran parte della vita a Melbourne, Australia. Lo spirito imprenditoriale emerse già a 11 anni, quando raccolse denaro sufficiente a comprare un paio di pattini a rotelle con la vendita di sandwich fatti in casa nel polo industriale dove lavorava il padre. Studiò legge e arte all'università di Melbourne. Mentre lavorava come avvocato, faceva volontariato presso un centro che forniva consulenze legali a rifugiati e immigrati. Tuttavia, l'inclinazione per il mondo imprenditoriale la spinse a fare il grande passo, abbandonando il diritto per perseguire i suoi interessi.

Ricominciare da zero

Con il fratello Jamie, nel 1998 lanciò a Melbourne Bluebag, un concetto di bar specializzato in alimentazione sana (piatti freschi e stagionali e caffè di alta qualità). Gli affari prosperavano, e Bluebag aprì sei locali in città e un servizio di catering. Tuttavia, insieme alle attività aumentavano anche i rifiuti: le tazze monouso rivestite il polietilene in cui si serviva il caffè non erano riciclabili, e ogni settimana ne venivano mandate in discarica migliaia.

Cercando alternative, scoprì che i prodotti riutilizzabili erano studiati per caffè filtro all'americana e non si adattavano alle macchine espresso; inoltre avevano un design poco attraente. Non le restava che un'opzione: disegnare e produrre le sue tazze multiuso.

Prodotto rivoluzionario

In società con il fratello, accolse la sfida di ridurre l'impatto ambientale dell'azienda. Trovare le persone giuste non era facile – un designer le disse perfino che era «l'idea più stupida che avesse mai sentito» – ma continuò per la sua strada. Nel 2007, con Jamie fondò KeepCup per produrre una tazza

«Molti **piccoli gesti** faranno una **grande differenza.**»

Abigail Forsyth, 2019

ABIGAIL
FORSYTH
1971

KATIE **PAGE**

Una delle donne più influenti del business australiano, nel corso di due decenni trasforma il rivenditore Harvey Norman in una multinazionale florida.

Assunta nel 1983 dalla Harvey Norman come assistente, Kay Leslie "Katie" Page (1956-) dimostra un senso degli affari che la porta a una rapida ascesa professionale. Dopo aver rivestito posizioni di vendita, marketing, promozione e pubblicità, nel 1999 è nominata CEO. Nel 2001 introduce la vendita online e nel 2016 apre 280 tra filiali e franchising in 8 Paesi. Inoltre, è una sostenitrice delle donne nello sport, e sponsorizza premi femminili di corse di cavalli, football australiano e rugby a 13.

adatta sia ai baristi sia ai consumatori, sostenibile ed elegante.

Nel giugno 2009, con il suo design accattivante, piacevole al tatto e dai colori sgargianti, KeepCup venne lanciata in occasione del Melbourne Design Market, dove in sole 6 ore vendette 1.000 pezzi. Distinguendosi per l'eleganza e l'obiettivo commerciale chiaro, KeepCup è parte di una campagna che mira a ridurre la plastica monouso e l'impatto ambientale dei prodotti usa e getta. Abigail ha anche

«Tutto ruota attorno alla **produzione locale:** ci consideriamo parte della comunità e **riduciamo l'impatto ambientale** dell'azienda.»

Abigail Forsyth, 2018

NEL 2017, IL **LLOYDS BANK GROUP** AFFERMA CHE, GRAZIE A **KEEPCUP**, SONO STATE RISPARMIATE

43.489 TAZZE

USANDO UNA **KEEPCUP**

24 VOLTE

SI COMPENSA L'ENERGIA NECESSARIA A **PRODURLA**

***Forsyth ha stimato** che dal lancio, avvenuto nel 2009, KeepCup ha evitato di produrre e smaltire 3,5 miliardi di tazze monouso.*

avviato un'iniziativa per persuadere i rivenditori di caffè a includere il prodotto nell'offerta, ampliando la rete di distribuzione e la presenza del brand in punti vendita fisici.

Cambiare il mondo

Nel 2010, i fratelli hanno venduto BlueBag per concentrarsi su KeepCup. Proprietaria unica dal 2014, Abigail mantiene l'impronta di carbonio il più bassa possibile e, quando i volumi lo consentono e sussistono le strutture, privilegiando la produzione locale. Le tazze KeepCup sono assemblate a mano per i mercati locali australiano, britannico e statunitense.

Nel 2019 sono stati venduti 10 milioni di prodotti in 65 Paesi, evitando di fabbricare e smaltire miliardi di tazze monouso. Scegliendo di fare della sostenibilità un obiettivo fondamentale del business invece di risparmiare per aumentare i margini di profitto, in meno di dieci anni Abigail è riuscita a ottenere un fatturato annuo superiore ai 15 milioni di dollari.

Nel 2015 ha lanciato KeepCup Reuse HQ, una piattaforma online che aiuta gli utenti a misurare il loro impatto ambientale. Ha ricevuto riconoscimenti in tutto il mondo per le vittorie finanziarie e ambientali.

LARRY PAGE

Figlio di esperti di programmazione, l'imprenditore Internet americano Larry Page ha fondato Google con Sergey Brin quando erano ancora studenti. Il motore di ricerca leader nel mondo ha trasformato il nostro modo di accedere alle informazioni sul Web.

EVENTI PRINCIPALI

INCONTRA SERGEY BRIN
Nel 1995 inizia un dottorato in scienze informatiche a Stanford e, visitando il campus, incontra Brin.

SVILUPPA PAGERANK
Nel 1996 crea un algoritmo per classificare i siti Web, la base del motore di ricerca Google.

FONDA GOOGLE
Nel 1998 fonda Google.com e si trasferisce nel primo ufficio: un garage a Menlo Park, California.

SOCIETÀ GLOBALE
Nel 2015 annuncia la creazione della holding Alphabet per controllare il portafoglio Google.

Lawrence Edward Page trascorse l'infanzia circondato da computer. Nato in Michigan nel 1973, il padre era professore di informatica e la madre insegnava programmazione. La casa era sommersa da riviste tecnologiche e libri scientifici e, incoraggiato dal fratello maggiore, il piccolo Page era solito smontare gli elettrodomestici per vedere come funzionavano. Inoltre, era appassionato di musica e studiava flauto, sassofono e composizione che, come affermò in seguito, hanno ispirato l'ossessione per il tempismo e la velocità in informatica. Nel 1995 si iscrisse a un dottorato in scienze informatiche alla Stanford University, dove incontrò Sergey Brin, anch'egli dottorando. Insieme, avrebbero sviluppato il motore di ricerca Google come parte del progetto di ricerca di Page. L'attrazione per gli sviluppi tecnologici proseguì con i contributi alle start-up produttrici di "auto volanti" Kitty Hawk e Opener, e a un'azienda per l'esplorazione spaziale che mira a sfruttare le risorse minerarie degli asteroidi.

Mentre svolgeva un dottorato alla Stanford, l'informatico e matematico Sergey Brin ha fondato Google insieme a Larry Page. La capacità del motore di ricerca di classificare le pagine in base alla popolarità ha rivoluzionato l'uso di Internet e reso Brin miliardario.

Nato a Mosca nel 1973 come Sergej Michailovič Brin, a 6 anni lasciò la Russia con la famiglia per sfuggire alla persecuzione degli ebrei. I genitori, entrambi con una formazione all'università statale di Mosca, trovarono lavoro negli Stati Uniti: la madre come ricercatrice al Goddard Space Flight Center della NASA, il padre come docente di matematica all'università del Maryland. Incoraggiato dal padre, sviluppò la sua abilità con i numeri, laureandosi a 19 anni in scienze informatiche e matematica. Nel 1993 iniziò un dottorato in informatica alla Stanford University, dove incontrò Larry Page. Nonostante l'antipatia reciproca, Brin si unì al progetto di Page di analizzare i collegamenti tra i siti Web e, grazie alle competenze matematiche, sviluppò un metodo per classificare i link per importanza. Nel 1996 avevano creato l'algoritmo per motori di ricerca alla base di Google. Dalla fondazione di Google.com, avvenuta nel 1998, si dedicò allo sviluppo di nuove tecnologie come parte del programma "chimera" dell'azienda, tra cui autovetture autonome, occhiali intelligenti, fonti di energia sostenibile e l'uso dei droni per consegne.

SERGEY BRIN

EVENTI PRINCIPALI

SI SPOSTA NEGLI STATI UNITI
Nel 1979 si sposta con la famiglia negli Stati Uniti e, incoraggiato dal padre, segue la passione per la matematica.

STUDIA A STANFORD
Nel 1993 vince una borsa della National Science Foudation per studiare a Stanford, dove incontra Page.

SETACCIA IL WEB
Aiuta Page a sviluppare un sistema per contare i link alle pagine Web, che nel 1998 dà vita a Google.

GUARDA AL FUTURO
Nel 2012 lancia Google Glass, un computer innovativo, parte del continuo sviluppo di prodotti.

«Vogliamo che **Google** sia la **terza metà del tuo cervello.»**

Sergey Brin, 2010

Nel 2004, Page e Brin hanno aggiunto *ai prodotti Google le mappe, acquisendo la società di immagini satellitari Keyhole e ribattezzandola Google Earth. Le funzionalità Street View e Google Map sono state introdotte nel 2008, semplificando la pianificazione di itinerari.*

ALL'UNIVERSITÀ, PAGE COSTRUISCE CON I **LEGO** UNA **STAMPANTE A** GETTO D'INCHIOSTRO

PAGE GIUNGE ALL'**IDEA** DI UN **MOTORE DI RICERCA** GRAZIE A UN SOGNO

PIANIFICANO DI **VENDERE GOOGLE** PER **1 MILIONE DI DOLLARI**

NEL 2009 BRIN E PAGE SONO **QUINTI** NELLA LISTA ***FORBES*** DEI **PIÙ POTENTI** DEL MONDO

Quando incontrò Page, Brin frequentava il secondo anno e aveva collaborato a vari progetti, tra cui una piattaforma per valutare i film e uno strumento per convertire gli articoli accademici in file HTML. Si dice che all'inizio non si trovassero d'accordo su nulla, ma nel giro di un anno strinsero un'amicizia e una collaborazione solide.

Insieme allo studente Scott Hassan, che li abbandonò prima del lancio di Google, svilupparono un motore di ricerca chiamato BackRub. A differenza di altri prodotti meno efficienti, che ordinavano i siti usando parole chiave, il nuovo motore si avvaleva di un algoritmo che contava e classificava i backlink, visualizzando pagine singole in ordine di importanza. All'inizio, BackRub operava sui server universitari, ma ben presto la larghezza di banda risultò insufficiente.

Poco dopo ribattezzarono il motore Google, registrandolo nel settembre 1997. Il nome derivava dal termine matematico "googol", un numero seguito da 100 zeri, e si riferiva alla capacità di accedere a enormi quantità di informazioni e di organizzarle. Ben presto, il prodotto attirò l'attenzione della comunità accademica della Stanford e degli investitori della Silicon Valley. Nell'agosto 1998, grazie all'investimento di 100.000 dollari da parte di Andy Bechtolsheim, cofondatore della Sun Microsystems, nacque la società Google Inc. Page a Brin lasciarono l'università per trasferirsi nel loro primo ufficio, un garage a Menlo Park, California, di proprietà di Susan Wojcicki, una delle prime dipendenti Google, poi CEO di YouTube.

Azienda anticonformista

Dopo aver tentato senza successo di vendere Google ai motori di ricerca concorrenti, nel 1999 decisero di avviare un'azienda. Con il primo server fatto di Lego, vari loghi "doodle" e una cultura del «si può essere seri anche senza un completo», Google ruppe da subito con ogni convenzione.

L'azienda crebbe in fretta, spostandosi nel 1999 dal garage a un ufficio a Palo Alto, poi in un complesso a Mountain View, California, il cosiddetto

MIKE CANNON-**BROOKES**
E SCOTT **FARQUHAR**

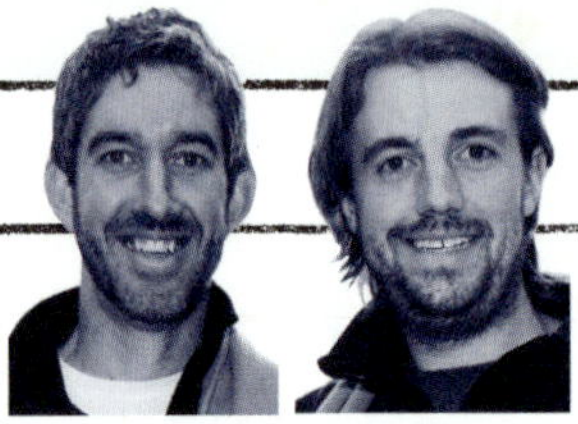

Entrambi australiani, hanno fondato l'azienda di strumenti di sviluppo software Atlassian.

Michael Cannon-Brookes (1979-) e Scott Farquhar (1979) si conoscono all'università del Nuovo Galles del Sud e poco dopo la laurea fondano Atlassian, con sede a Sidney, finanziandola con carte di credito. Fornendo prodotti software che facilitano la collaborazione in team, il rilevamento di problemi e la gestione di progetti, annoverano tra i clienti NASA, Tesla e SpaceX. Il principio che adottano è lavorare per se stessi, guadagnando quanto neolaureati in aziende contabili o grandi banche: 48.500 dollari australiani l'anno. Quotata al NASDAQ, attualmente l'azienda vale 25 miliardi di dollari. Nel 2006 si sono impegnati a donare in beneficienza l'1% di capitali, prodotti, profitti e tempo del personale.

"Googleplex". Attorno al 2000 adottarono il motto «Don't be evil» (non essere cattivo) schierandosi dalla parte degli utenti ma, man mano che la società si ingrandiva, gli investitori pretesero una gestione più solida, spingendo verso la vendita di pubblicità associata alle parole chiave di ricerca. Venne assunto Eric Schmidt come presidente e CEO, che inaugurò un periodo di forte crescita.

Nell'agosto 2004, con l'offerta pubblica iniziale (IPO) delle azioni Google, Page e Brin diventarono miliardari, ma continuarono a lavorare nell'azienda: il primo come presidente dei prodotti, il secondo della tecnologia.

Nel decennio successivo, l'acquisizione di società come YouTube, Motorola Mobility, Waze e DeepMind ha esteso notevolmente l'ambito delle operazioni. Nel 2015, per gestire le varie aziende, è stata annunciata la creazione di un nuovo soggetto, la holding Alphabet. Società separate, come il laboratorio di ricerca Google X, l'azienda di sviluppo biologico Calico e l'azienda di prodotti domestici Nest, sono passate sotto il controllo di Alphabet, che ha nominato Page CEO e Brin presidente. Tuttavia, entrambi hanno rinunciato alla carica nel 2019, mantenendo un'ampia partecipazione nell'organizzazione.

***Mini**, l'altoparlante intelligente di Google, è stato lanciato nel 2017 con il brand Nest.*

Oltre Internet

Oltre all'attività principale di Google, Page e Brin si sono dedicati allo sviluppo di tecnologie che migliorassero la vita quotidiana. Nel 2004, con un fondo iniziale di 1 miliardo di dollari, hanno creato l'ente filantropico Google.org per affrontare le questioni del cambiamento climatico e della povertà nel mondo. Hanno continuato inoltre a investire in vari progetti di ricerca e sviluppo, come la digitalizzazione dei libri, l'esplorazione di fonti di energia rinnovabile, l'intelligenza artificiale e auto senza conducente. Con Google, hanno creato una delle aziende più influenti e potenti dell'era digitale. L'intento iniziale di migliorare l'accesso alle informazioni ha dato vita a società globali che toccano ogni aspetto della vita moderna, dal modo in cui comunichiamo e navighiamo a come gestiamo il riscaldamento e l'illuminazione delle nostre case.

«OVVIAMENTE TUTTI VOGLIONO AVERE SUCCESSO, MA IO VOGLIO ESSERE RICORDATO COME MOLTO INNOVATIVO, MOLTO FIDATO ED ETICO E, IN DEFINITIVA, FARE UNA GRANDE DIFFERENZA NEL MONDO.»

Sergey Brin
Intervista dell'ABC News al "personaggio della settimana", 2004

1973
MARTHA
LANE FOX

L'imprenditrice britannica Martha Lane Fox ha fondato il più grande sito Web d'Europa di viaggi e intrattenimento: Lastminute.com. Oggi si dedica a sviluppare progetti digitali per il bene della società ed è fondatrice di Doteveryone, un ente di beneficienza che promuove la tecnologia responsabile e aiuta a orientarsi nel mondo digitale.

EVENTI PRINCIPALI

LANCIA UNA DOT-COM
Nel 1998, con Brent Hoberman fonda Lastminute.com, che dai viaggi si espande ad altri settori.

IN BORSA
Nel 2000 quota l'azienda in borsa, poco prima della bolla delle dot-com.

VITTIMA DI UN INCIDENTE
Dopo che nel 2004 un incidente d'auto le cambia la vita, si dedica alla beneficienza e alla società.

VENDE LASTMINUTE
Nel 2005 vende Lastminute.com alla Sabre Holdings, con un utile netto di 18,5 milioni di sterline.

NUOVO SCOPO
Nel 2015 fonda Doteveryone, un think tank per promuovere la tecnologia etica e responsabile.

Figlia del celebre storico e autore di libri sul giardinaggio Robin Lane Fox, Martha nacque a Londra nel 1973. Benché da adolescente ambisse a lavorare nei penitenziari, il primo impiego dopo l'università fu presso lo studio di consulenza su media e telecomunicazioni Spectrum Strategy. Quando le chiesero di scrivere un articolo sull'ascesa di Internet, approfondì la conoscenza della tecnologia in rapido sviluppo e delle opportunità che offriva. Mentre era alla Spectrum, incontrò Brent Hoberman, anch'egli ex studente della Oxford. Lasciata l'azienda, mentre Martha lavorava per un canale televisivo, Brent le chiese di unirsi alla sua nuova impresa Internet.
Il concetto alla base di Lastminute.com era semplice: offrire occasioni last minute, da voli a biglietti per concerti. Era il 1998, e Internet era ancora agli albori. All'inizio declinò l'invito, ma Ben fu persuasivo e la convinse a licenziarsi.

Ascesa di Lastminute.com

La prima sfida era reperire 600.000 sterline da capitali di rischio e investitori, la successiva incoraggiare i fornitori di viaggi a collaborare. Entrambi giovani e senza esperienza nel campo, dovettero dimostrarsi tenaci, facendo centinaia di chiamate a compagnie aeree. Per dare credibilità all'iniziativa, crearono un consiglio di esperti di viaggi affidando la presidenza all'ex presidente e CEO della compagnia olandese KLM. Nonostante il rischio che nessuno acquistasse su Internet, il sito Web riscosse un successo immediato, e in soli due anni Lastminute.com contava oltre 650.000 utenti abituali. Nel 2000, con uffici a

«Non ho mai visto uno **strumento di emancipazione così potente come Internet.**»

Martha Lane Fox, 2015

A **25** ANNI **FONDA** **LASTMINUTE.COM**

A **40** È IL MEMBRO **DONNA PIÙ GIOVANE** DELLA CAMERA DEI LORD

È UNA DELLE **100** **DONNE** PIÙ **POTENTI** DEL REGNO UNITO

Londra, Parigi, Monaco e Stoccolma, l'azienda venne quotata in borsa e, qualche settimana prima dello scoppio della bolla delle dot-com, raccolse 100 milioni di sterline da Regno Unito, Stati Uniti ed Europa. Nonostante il crollo del mercato, la società prosperava, aumentando la clientela e operando acquisizioni oculate e tempestive di vari siti e imprese di viaggio. Nel 2004, Lane Fox lasciò la carica di direttrice generale e l'anno seguente cedette l'azienda alla Sabre Holdings per 577 milioni di sterline.

A 32 anni, un'ottima reputazione e vari milioni, era preparata al futuro. Stava per concludere un accordo con i grandi magazzini Selfridges, quando rimase vittima di un grave incidente stradale in Marocco, che la costrinse un anno in ospedale. La determinazione la aiutò a superare il calvario, ma cambiò la sua vita.

Nel 2005 fondò l'azienda di karaoke Little Voice e cominciò a occuparsi degli aspetti sociali, più che commerciali, della tecnologia e di Internet.

Tecnologia inclusiva

Nel 2009 si orientò alla sfera pubblica e venne nominata Digital Champion per il Regno Unito. Con il compito di diffondere l'uso di Internet tra il grande pubblico e di lanciare online i servizi pubblici, fu consulente sulle riforme e sulle politiche tecnologiche. Come parte dell'iniziativa, nel 2012 dette vita a Go ON UK per promuovere le competenze digitali tra la popolazione.

BELINDA **PARMAR**

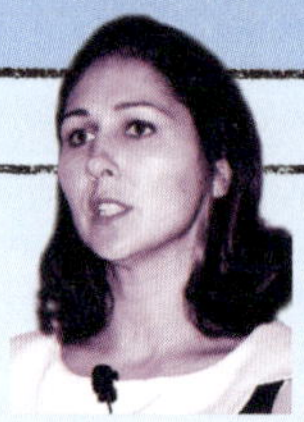

L'imprenditrice britannica è CEO di The Empathy Business e pioniera del primo Indice di empatia, che valuta le imprese in base a empatia e prestazioni.

Belinda Parmar (1974-) fonda Lady Geek nel 2010 per aumentare il numero di donne nell'ambito della tecnologia, ma scopre presto che è l'empatia, non il genere, a influenzare le prestazioni. L'azienda cambia nome e Belinda comincia a offrire consulenze a imprese su come aumentare l'empatia in ogni aspetto delle operazioni. Nel 2014 è nominata Young Global Leader dal Forum economico mondiale e lancia la campagna Little Miss Geek, che incoraggia le donne a diventare pioniere della tecnologia.

«Sii ambizioso per quanto riguarda **i problemi** da **risolvere:** fatti valere.**»**

Martha Lane Fox, 2019

Con Lastminute.com, Martha Lane Fox *ha sfruttato l'immediatezza di Internet proponendo ai clienti offerte last minute su intrattenimento, viaggi e alloggi in un solo sito Web.*

Lasciò la carica nel 2013 per diventare il membro donna più giovane della Camera dei Lord, come pari indipendente con il titolo di baronessa Lane-Fox of Soho.

Nel 2015 ha lanciato Doteveryone, un'organizzazione che promuove un uso equo di Internet e una tecnologia responsabile al servizio di tutti. Finanzia molti enti di beneficienza ed è parte del consiglio di aziende come Twitter e Chanel.

Martha ha seguito un percorso professionale insolito, che dalla tecnologia l'ha portata a diventare un'imprenditrice sociale.

GARRETT
CAMP

Il pioniere della tecnologia canadese Garrett Camp ha fondato il servizio di auto su richiesta Uber per risolvere i problemi di tempo e costi legati all'uso di taxi. Innovatore costante, ha sviluppato lo strumento di esplorazione Web StumbleUpon ed Expa, una piattaforma che aiuta ad avviare nuove imprese.

Nato da genitori imprenditori che avevano avviato con successo un'impresa edile, Garrett Camp lanciò la prima azienda da studente. Nel 2002, mentre seguiva un master in ingegneria software alla Calgary University, creò il "motore di scoperta" StumbleUpon. Studiato per aiutare gli utenti a trovare siti Web rilevanti, attirò investimenti dalla Silicon Valley. Nel 2006 si trasferì a San Francisco e l'anno seguente vendette l'impresa a eBay.

Nel 2008 ebbe l'idea di un'app che aiutasse gli amici ad accorciare i tempi negli spostamenti in città, creando la base per Uber. Lanciata nel 2009 da Camp e dall'imprenditore Travis Kalanick (v. p. 309) con poche automobili, l'app si diffuse rapidamente negli Stati Uniti e nel mondo: nel 2019, gli utenti che prenotavano un servizio taxi da autisti privati erano più di 100 milioni. Con l'esperienza di una start-up da condividere e sempre in cerca di idee nuove, nel 2013 ha fondato Expa per aiutare gli imprenditori ad avviare un'azienda.

«Ogni volta che commetto un errore con un'impresa, lo **scrivo** e provo a **capire perché è successo.»**

Garrett Camp, 2013

EVENTI PRINCIPALI

STUDIA TECNOLOGIA
Nel 2001 ottiene una laurea in ingegneria elettrica, poi un master in ingegneria software.

FONDA STUMBLEUPON
Nel 2002 sviluppa il motore di scoperta StumbleUpon e nel 2007 lo vende a eBay per 75 milioni di dollari.

AVVIA UBER
Nel 2009 lancia il servizio di trasporto UberCab, ribattezzandolo Uber nel 2011 per placare i tassisti.

PROMOTORE
Nel 2013 avvia lo "studio per start-up" Expa per favorire sviluppo, lancio e finanziamento di nuove imprese.

Nel 2008 Camp ha acquisito *JUMP per aggiungere a Uber un servizio biciclette e scooter.*

BEYONCÉ

Leader di uno dei gruppi femminili di maggior successo degli anni '90, Beyoncé Knowles-Carter ha sfruttato il talento eccezionale e il carisma come cantante R&B, compositrice di canzoni e ballerina per crearsi un profilo globale che ha attirato milioni di fan. È diventata imprenditrice ed è un modello per le donne nere di tutto il mondo.

Cresciuta a Houston, Texas, negli anni '80, sin da piccola Beyoncé Giselle Knowles-Carter venne incoraggiata dai genitori a esibirsi. A 9 anni si unì alla cugina Kelly Rowland e a due compagne di scuola per formare il gruppo Girls Tyme, partecipando al talent show *Star Search* senza vincere la competizione. La svolta avvenne quando il padre Matthew, convinto del loro talento, si licenziò per fare da manager al gruppo.

Gli anni di studio del canto e del ballo diedero i loro frutti nel 1997, quando il gruppo, ribattezzato Destiny's Child e guidato da Beyoncé, firmò un contratto con la Columbia Records. L'album di esordio omonimo riscosse successo, ma il secondo, *The Writing's on the Wall*, vendette milioni di copie solo negli Stati Uniti e fu premiato con due Grammy Award; la canzone *Bills, Bills, Bills*, scritta da Beyoncé, arrivò in cima alla classifica Billboard e fu seguita da una serie di successi internazionali.

In cerca del successo

Nel 2003 iniziò una carriera da solista con l'album *Dangerously in Love*, in cui venne accreditata come coautrice e coproduttrice, rafforzando la reputazione di essere più di una semplice performer. L'album ottenne 5 Grammy Award, vendendo 11 milioni di copie in tutto il mondo. La carriera di attrice era iniziata con il ruolo da protagonista nel film televisivo del 2001

EVENTI PRINCIPALI

TALENTO PRECOCE
Nel 1990 forma le Girl's Tyme (poi Destiny's Child), che nel 1992 partecipano al talent show *Star Search*.

È SCRITTURATA
Nel 1997 Destiny's Child è scritturato dalla Columbia Records: il primo singolo è terzo nelle classifiche americane.

CARRIERA DA SOLISTA
Nel 2003 lancia il primo album da solista, che nella prima settimana vende 300.000 copie.

SPOSA JAY-Z
Nell'aprile 2008 sposa la star del rap Jay-Z, e diventano la prima coppia miliardaria del pop.

«**Tutti abbiamo** il nostro **scopo;** tutti **abbiamo** i nostri **punti di forza.**»

Beyoncé, 2012

***Nel 2018*, On the Run Tour II**, *il secondo tour con il marito Jay-Z, ha incassato oltre 250 milioni di dollari.*

TORY **BURCH**

Nata a Filadelfia, nel 2004 avvia un marchio di abbigliamento e stile di vita omonimo. A 10 anni dall'aperura della prima boutique a New York è miliardaria e proprietaria di negozi in tutto il mondo.

Dopo gli studi di storia dell'arte, Tory Burch (1966-) lavora come scrittrice di moda, poi sviluppa modelli propri. Nel 2004 lancia il marchio TRB by Tory Burch, aprendo un negozio a Manhattan. La pubblicità di Oprah Winfrey innalza il profilo del brand, che nel 2018 ha 250 negozi e prodotti in vendita in migliaia di esercizi in tutto il mondo. I progetti filantropici includono Embrace Ambition, che incoraggia le aspiranti imprenditrici a realizzare il loro sogno.

Carmen: A Hip Hopera, e l'anno seguente recitò con Mike Myers in *Goldmember*. Nel 2019 ha prestato la voce al personaggio di Nala nel film di animazione Disney *Il re leone*.

Altri ambiti

Tuttavia, la musica e la recitazione non erano le uniche fonti di ricchezza. L'associazione a marchi globali come Pepsi, L'Oréal, Samsung, Tommy Hilfiger e Giorgio Armani ha fruttato milioni. Nel 2006 creò un brand di moda insieme alla madre Tina, fondando la House of Deréon, mentre nel 2010 proseguì la diversificazione lanciando il primo di una linea di profumi – *Heat* – che superò il record di vendite dei magazzini Macy's, incassando 75.000 dollari in un solo giorno.

Assumere il controllo

Decisa ad assumere il controllo di ogni aspetto della carriera di musicista e attrice, nel 2010 fondò la Parkwood Entertainment, con cui lanciò tre album e realizzò altri progetti.

Puntando a estendere la sua presenza al campo della moda, avviò una collaborazione tra Parkwood e Topshop per creare, nel 2014, la linea d'abbigliamento sportiva Ivy Park. Tuttavia, in seguito a una controversia con Philip Green, a capo di Topshop, Beyoncé ha assunto il controllo di tutto, lanciando una linea sportiva insieme ad Adidas. Oltre alla moda, ha interessi anche nell'industria alimentare, con investimenti in una start-up specializzata in bevande e in un servizio di consegna di piatti vegani. Ha collaborato a molti progetti filantropici, istituendo nel 2005 la Survivor Foundation, che ha fornito alloggi alle vittime dell'uragano Katrina e aiuti finanziari ai sopravvissuti al terremoto che ha colpito Haiti nel 2010. Nel 2013 ha fondato BeyGOOD, una raccolta fondi che collabora con enti di beneficienza, per accrescere la consapevolezza sui temi umanitari.

LA **MUSICISTA NERA** PIÙ PAGATA DELLA **STORIA**

A **UN'ORA** DAL LANCIO IL PROFUMO ***HEAT*** HA VENDUTO **72.000** FLACONI

«NON SONO MAI AL SICURO, PROVO SEMPRE AD ANDARE CONTROCORRENTE. NON APPENA REALIZZO UNA COSA, FISSO UN OBIETTIVO PIÙ ALTO. È COSÌ CHE SONO ARRIVATA DOVE SONO.»

Beyoncé

Da un'intervista sulla rivista *Billboard*, 2011

Prima di fondare Facebook a 19 anni, oggi l'azienda di social media più grande del mondo, il genio della programmazione Mark Zuckerberg sviluppava videogiochi per gli amici. È uno dei miliardari che si sono fatti da sé più giovani della storia e ha devoluto in beneficienza una parte considerevole dei profitti.

Nato a New York nel 1984, a 11 anni Mark Elliot Zuckerberg imparò a programmare dal padre. Aveva una passione per lo studio, ottenendo ottimi risultati a scuola e dedicando il tempo libero a sviluppare videogiochi. Attorno ai 12 anni creò il primo software di rete - ZuckNet - che collegava i computer di casa con quelli dello studio dentistico del padre. Durante il liceo, lavorò a un sistema che usava l'intelligenza artificiale per scoprire i gusti musicali degli utenti e suggerire musica nuova. Nonostante Microsoft e AOL si offrirono di acquistare il programma e assumerlo, si iscrisse a Harvard per studiare psicologia e scienze informatiche.

Facebook

Qui si fece subito un nome come mago della programmazione e iniziò a lanciare siti dalla stanza dello studentato. Nel corso del secondo anno sviluppò Course Match per aiutare gli utenti a formare gruppi di studio e scegliere le classi in base alle preferenze degli altri. Fece seguito FaceMash, un sito che consentiva di esprimere giudizi sulla bellezza rispondendo alla domanda «Chi è il più figo?». Accusato di essere offensivo e di sovraccaricare la rete del campus, il sito venne chiuso dalla Harvard e Zuckerberg si scusò affermando che si trattava di un esperimento. Un semestre dopo, nel 2004 lanciò The Facebook. Ispirandosi agli annuari pubblicati dalle scuole private, sviluppò l'idea insieme ai compagni di stanza Eduardo Saverin, Andrew McCollum,

«Muoviti rapido e rompi le cose. **Se non rompi nulla,** non ti stai muovendo **abbastanza rapidamente.**»

Mark Zuckerberg, 2009

EVENTI PRINCIPALI

INIZIA A PROGRAMMARE
Nel 1996, per lo studio dentistico del padre sviluppa ZuckNet, la prima chat che usa Atari BASIC.

LANCIA FACEBOOK
Nel febbraio 2004 fonda Facebook, che in dicembre ha 1 milione di utenti in 4 campus universitari.

IN BORSA
Nel 2012, l'offerta pubblica più grande della storia in ambito tecnologico raccoglie 16 miliardi di dollari.

DIVERSIFICA IL BUSINESS
Nel 2012 per espandersi in altri ambiti acquisisce Instagram, seguita nel 2014 da WhatsApp e Oculus.

Zuckerberg e il cofondatore di Facebook *Chris Hughes lavorano al sito su laptop nel dormitorio di Harvard, febbraio 2004.*

1984
MARK
ZUCKERBERG

«Aiutare un miliardo di persone a connettersi è straordinario, ed è di gran lunga la cosa di cui **vado più fiero nella vita.»**

Mark Zuckerberg

***Zuckerberg ha acquistato Oculus**, il produttore di visori per realtà virtuale (VR) nel 2014 per rendere la VR la futura piattaforma per l'informatica e le comunicazioni.*

Dustin Moskovitz e Chris Hughes. La notte in cui venne lanciato ottenne centinaia di iscrizioni e nel primo mese quasi la metà degli studenti di Harvard vi era registrata. Nell'estate affittò una casa nella Silicon Valley, California, per lavorare a The Facebook (di lì a poco, Facebook) e, abbandonati gli studi, avviò un'impresa. A fine anno la registrazione era aperta a quasi ogni università degli Stati Uniti e del Canada e l'entusiasmo degli studenti cresceva.

L'idea era vincente, e gli investimenti non si fecero attendere. Estese l'accesso a scuole e aziende come Microsoft e Apple, ampliando la rete oltre l'ambito studentesco e rifiutando numerose offerte di acquisto.

JAN **KOUM**

Programmatore americano di origine ucraina, nel 2009 è cofondatore di WhatsApp, il servizio di messaggistica più grande del mondo, venduto nel 2014 a Facebook per 19 miliardi di dollari.

Emigrato in California a 16 anni da un villaggio povero vicino Kiev, Jan Koum (1976-) è un autodidatta che impara a programmare con manuali di seconda mano. All'università comincia a lavorare per Yahoo!, poi lascia l'impiego a tempo pieno insieme a Brian Acton, cofondatore di WhatsApp. Nel 2009, intuendo il potenziale per lo sviluppo di app nuove, acquista un iPhone. L'idea di un servizio di messaggistica che sincronizza i contatti telefonici e indica gli aggiornamenti dello stato diventa un successo globale.

Influenza globale

Nel settembre 2006 Facebook era aperto a chiunque avesse più di 13 anni e un indirizzo e-mail valido e, grazie all'aggiunta di sempre nuove funzionalità come il Diario, i Like e Messenger, divenne un fenomeno globale.

Nel maggio 2012 l'azienda è stata quotata al NASDAQ. È stata una delle offerte pubbliche più attese della storia e ha reso Zuckerberg multimiliardario. Il successo non lo ha però risparmiato dalle controversie che hanno preso di mira la portata e l'influenza massiccia di Facebook: ha vinto una causa intentata da tre studenti della Harvard che rivendicavano la paternità dell'idea e ha affrontato le accuse di divulgare notizie false e, nel caso dello scandalo di Cambridge Analytica, di usare in modo improprio i dati personali degli utenti. Nonostante ciò, la missione di promuovere la comunicazione a livello mondiale ha continuato a rispecchiarsi nell'acquisizione di aziende come Instagram e WhatsApp e in iniziative filantropiche.

Devolvendo gran parte della ricchezza in beneficienza, nel 2015 con la moglie Priscilla Chan ha dato vita a un progetto che mira a usare la tecnologia per risolvere problemi urgenti, dalle malattie all'istruzione dei bambini.

SVILUPPA IL PRIMO PROGRAMMA A **12** ANNI

FONDA FACEBOOK A **19** ANNI

PERCEPISCE UNO STIPENDIO **ANNUO** DI **1 DOLLARO**

«COSTRUIRE UNA MISSIONE E COSTRUIRE UN'IMPRESA VANNO DI PARI PASSO. LA COSA CHE PIÙ MI ENTUSIASMA È LA MISSIONE, MA ABBIAMO SEMPRE MANTENUTO LA SANA CONSAPEVOLEZZA CHE DOBBIAMO FARE ENTRAMBE.»

Mark Zuckerberg
Intervista alla conferenza TechCrunch Disrupt, 2012

L'attesissima quotazione di Facebook al NASDAQ *il 18 maggio 2012 è stata trasmessa dal vivo a Times Square, New York.* ▶

facebo
f
09:28:20

1990
ANNE-MARIE
IMAFIDON

Mentre assiste a una conferenza, l'ex bambina prodigio in matematica e informatica Anne-Marie Imafidon è colpita dal numero decrescente di donne in ambiti associati alla scienza, alla tecnologia, all'ingegneria e alla matematica (STEM), e così ha sviluppato un programma che potesse invertire la rotta.

EVENTI PRINCIPALI

BAMBINA PRODIGIO
Nel 2001, a soli 11 anni ottiene un A-level in informatica e un AS-level in matematica.

LAUREA A OXFORD
Nel 2010 completa un master in matematica e scienze informatiche all'università di Oxford.

L'IDEA DI STEMETTES
Nel 2012 partecipa a una conferenza che celebra le donne nell'informatica e avvia STEMettes.

RICONOSCIMENTI
Nel 2017 è nominata MBE e nel 2018 è inserita da *Forbes* tra le 50 donne più importanti nella tecnologia.

Anne-Marie Imafidon nacque nel 1990 in Gran Bretagna da genitori nigeriani e crebbe a Walthamstow, Londra. A 10 anni parlava sei lingue e l'anno dopo superò l'esame AS-level in matematica e diventò la più giovane a ottenere l'A-level in informatica. A 13 anni vinse una borsa per studiare matematica alla Hopkins University a Baltimora, Stati Uniti, e a 20 fu la studentessa più giovane a ottenere un master in matematica e scienze informatiche all'università di Oxford, Regno Unito.

Dopo la laurea, lavorò nei servizi finanziari per banche globali come la Goldman Sachs e la Deutsche Bank. Partecipando a una conferenza a Baltimora, apprese che le donne in carriere STEM erano in calo: benché a scuola le ragazze superassero spesso i ragazzi nelle discipline STEM, meno di un quarto della forza lavoro britannica in questi ambiti era femminile. Decisa a cambiare la situazione, nel 2013 fondò l'impresa sociale STEMettes, finanziandola con sponsorizzazioni.

L'azienda organizza laboratori nel Regno Unito e in Europa per bambine dai 5 anni e giovani donne, incoraggiandole a seguire una carriera scientifica o tecnologica. In sei anni, STEMettes ha sostenuto 40.000 donne con eventi gratuiti, esposizioni e programmi di mentoring. Nel 2014 ha avviato Outbox Incubator, un progetto residenziale per insegnare lo sviluppo dei prodotti e promuovere il contatto con gli investitori. Dopo tre anni è stata nominata membro dell'Ordine dell'Impero Britannico (MBE) per i settori STEM.

«La **tecnologia** è all'avanguardia dell'economia e le **donne** hanno un **ruolo cruciale da svolgere.**»

Anne-Marie Imafidon, 2013

ALTRI IMPRENDITORI

Negli ultimi tre decenni, per gli imprenditori e le reti sociali e professionali la crescita rapida di Internet ha creato sfide e opportunità che valicano i confini nazionali. La diffusione degli smartphone ha generato una piattaforma globale che collega consumatori e prodotti.

LAURA TENISON
(1967-)

Di origine gallese, nel 1993 Laura Tenison ha fondato la catena di abbigliamento premaman e prodotti per bambini JoJo Maman Bébé. All'inizio vendeva per corrispondenza, per poi lanciare un sito Web quattro anni dopo. Nel 1999, la crescita rapida l'ha spinta a spostare l'ufficio in un magazzino del Galles, aprendo il primo negozio a Londra nel 2002. Oggi l'azienda ha 90 punti vendita nel Regno Unito e in Irlanda e si è espansa negli Stati Uniti. Nel 2003 è stata nominata membro dell'Ordine dell'Impero Britannico.

SERGEY GALITSKY
(1967-)

Nato nella Russia meridionale come Sergey Arutyunyan, dopo il matrimonio ha adottato il cognome della moglie. Nel 1998, durante una grave recessione, ha aperto a Krasnodar il primo negozio Magnit, attirando i clienti con prezzi bassi e trasformando l'azienda in una catena nazionale di supermercati, bazar e negozi di cosmetica. Nel 2006 ha quotato Magnit in borsa e due anni dopo ha fondato una squadra di calcio, la FC Krasnodar, costruendo uno stadio e strutture all'avanguardia. Nel 2018 ha venduto il 29,1% delle azioni alla VTB Bank per 2,4 miliardi di dollari e si è dimesso come CEO.

PHIL HUNT
(1967-)

Di origine britannica, dopo aver lavorato nella pubblicità e come fotografo musicale, negli anni '90 Phil Hunt ha iniziato la carriera di produttore cinematografico di film indipendenti. Nel 2002 è stato cofondatore di Head Gear, che fornisce servizi di produzione e fondi di investimento a media come il cinema, la televisione e i videogiochi. Nel 2007 ha fondato insieme ad altri un'azienda mediatica che vende, finanzia e distribuisce a livello internazionale film indipendenti per case di produzione. Con Hunt come direttore generale, nel 2010 l'azienda ha investito in oltre 50 pellicole.

SAHAR HASHEMI
(1968-)

Nel 1995 la londinese Sahar Hashemi ha abbandonato la carriera di avvocatessa societaria per fondare con il fratello la catena di bar Coffee Republic. Dopo l'apertura del primo esercizio a Londra, ha espanso l'azienda con 100 punti vendita in tutto il Regno Unito. Nel 2001 ha lasciato Coffee Republic, avviando nel 2005 la Skinny Candy che produce dolci ipocalorici. Nel 2012 è stata nominata ufficiale dell'Ordine dell'Impero Britannico per il contributo all'economia e alla beneficienza. È stata consulente del governo britannico e autrice di due libri sul business.

SEAN COMBS
(1969-)

Nato a New York, il magnate dei media Sean "Puffy" Combs ha lasciato l'università dopo due anni per svolgere un tirocinio presso Uptown Records, specializzata in hip-hop e R&B. Diventato presidente, nel 1993 ha fondato l'etichetta Bad Boy Entertainment. Ha scoperto, scritturato e prodotto artisti importanti, tra cui The Notorious B.I.G. Con il nome di "Puff Daddy" nel 1997 ha lanciato il primo di 6 album, l'anno seguente un marchio di abbigliamento e stile di vita: Sean John. Nel 2001 ha assunto lo pseudonimo "P. Diddy" (nel 2005 ha eliminato la "P") e oggi è uno dei personaggi più influenti del mondo dello spettacolo statunitense.

MARTIN LORENTZON
(1969-)

Di origine svedese, Martin Lorentzon ha studiato economia e ingegneria all'università. Nel 1995 si è trasferito in California per lavorare per il motore di ricerca AltaVista. Conosciuto lo svedese

Felix Hagnö, nel 1999 insieme hanno fondato l'azienda di pubblicità online Netstrategy (poi TradeDoubler). Nel 2006 ha incontrato Daniel Ek, fondatore di un sito Web di pubblicità, con cui nel 2008 ha lanciato il servizio di streaming musicale Spotify. Lorentzon ha rivestito la carica di presidente fino al 2016.

SHONDA RHIMES
(1970-)

La sceneggiatrice e produttrice statunitense Shonda Rhimes è cresciuta nella periferia di Chicago. Ha scritto la prima sceneggiatura importante per un film televisivo trasmesso su HBO nel 1998. Dopo aver lavorato a due lungometraggi, è tornata alla televisione creando il celebre medical drama *Grey's Anatomy*, che ha debuttato nel 2005. La serie è stata lanciata dalla sua casa di produzione, la Shondaland, che da allora ha realizzato molti prodotti di successo, tra cui *Scandal* (2012) e *Le regole del delitto perfetto* (2014). Nel 2017 ha firmato un accordo per sviluppare progetti di streaming online.

TAMARA HILL-NORTON
(1972-)

Imprenditrice britannica che si è fatta da sé, Tamara Hill-Norton ha lavorato come addetta agli acquisti per Knickerbox, ma è stata licenziata nel 1997. Ha fondato con il marito la Sweaty Betty, producendo e vendendo abbigliamento sportivo. Il primo negozio ha aperto a Londra nel 1998, lanciando una linea di indumenti per donna che hanno riscosso grande successo. Con lei come direttrice creativa, l'azienda ha esteso la gamma di prodotti, tutti disegnati e realizzati dal brand. Oggi nel Regno Unito, e più di recente negli Stati Uniti, sono presenti oltre 60 punti vendita Sweaty Betty.

STEWART BUTTERFIELD
(1973-)

Cresciuto in una comune canadese, a 12 anni Dharma Jeremy Butterfield ha modificato il nome. All'inizio uno sviluppatore di siti, ha fondato Flickr, il sito Web per la condivisione di foto, acquistato da Yahoo! l'anno dopo; ha mantenuto la carica di direttore generale fino al 2008. Nel 2009 è stato cofondatore di Tiny Speck, che si occupava di videogiochi, ribattezzata Slack nel 2014 dopo il lancio dell'app di messaggistica aziendale, usata da oltre 600.000 organizzazioni.

KELSEY RAMSDEN
(1976-)

Dopo aver completato un MBA, la canadese Kelsey Ramsden è diventata presidente dell'appaltatore Belvedere Place Development che, sotto la sua guida, ha acquisito progetti importanti di infrastrutture ed edilizia civile in Canada e nei Caraibi. In seguito, ha avviato un'azienda di sviluppo immobiliare e gestione di complessi residenziali. Guarita da un cancro alla cervice, nel 2012 ha fondato SparkPlay, un servizio ad abbonamento mensile che fornisce scatole di giocattoli e articoli didattici per incoraggiare l'apprendimento e l'interazione tra genitori e figli. È mentor alla School of Entrepreneurship, ha avviato uno studio di consulenza sul management e ha scritto un libro sulla sua vita privata e imprenditoriale.

TRAVIS KALANICK
(1976-)

L'americano Travis Kalanick ha abbandonato l'università nel 1998 per lavorare a Scour, un servizio di ricerca e scambio di file, fondato con alcuni compagni di studio e venduto nel 2000. Un anno dopo, ha fondato la RedSwoosh, un'altra azienda di condivisione, venduta nel 2007 per 19 milioni di dollari. Con i ricavi, insieme al programmatore Garrett Camp (v. pp. 294-295) nel 2009 ha lanciato il servizio di trasporto Uber. Dal 2010 l'azienda è diventata globale con Kalanick come CEO, una carica che ha lasciato nel 2017 a causa di controversie. Nel 2019 ha venduto tutte le azioni Uber per 2,5 miliardi di dollari, uscendo dal consiglio.

PIERRE ANDURAND
(1977-)

Nel 2000 l'imprenditore francese Pierre Andurand si è occupato del commercio di petrolio per la Goldman Sachs e nel 2002 è passato alla Bank of America. È stato cofondatore di BlueGold, un fondo speculativo lanciato nel 2008, che all'apice ha gestito 2,4 miliardi di dollari, ma nel 2012 è stato chiuso per utili in calo. Poi, ha avviato il fondo Andurand Capital specializzato in petrolio ed energia. È stato cofondatore di Glory World Series, un'azienda di promozione delle arti marziali.

JULIANA ROTICH
(1977-)

Nata in Kenya, Juliana Rotich ha studiato scienze informatiche negli Stati Uniti. Nel 2008 è stata cofondatrice dell'organizzazione no profit Ushahidi per rispondere alla crisi elettorale del Paese. Con il crowdsourcing, ha raccolto dati sulla violenza dal Web, da dispositivi mobili e dalla geolocalizzazione, mappandoli. Per diffondere Internet in zone con una scarsa copertura elettrica, nel 2013 ha fondato BRCK, oggi il principale fornitore Wi-Fi dell'Africa subsahariana. Continua a sviluppare software open-source gratuiti.

OSCAR SALAZAR
(1977-)

Nato in Messico, Oscar Salazar ha completato un dottorato in telecomunicazioni all'università di Calgary, Canada, dove ha incontrato il programmatore Garrett Camp (v. pp. 294-295); nel 2008 questi gli ha illustrato l'idea della start-up di trasporto, allora chiamata UberCab, che stava sviluppando con Travis Kalanick. Salazar li ha aiutati a creare un prototipo dell'app con un compenso in capitale azionario che, dopo il lancio di Uber nel 2011, si è dimostrato molto redditizio. Lasciata l'azienda, ha investito e fondato varie società tecnologiche.

MATT FLANNERY
(1977-)

Nel 2005 il programmatore statunitense Matt Flannery ha fondato, insieme a Jessica Jackley (v. p. 166), Kiva, un'organizzazione no profit di crowdfunding che concede piccoli prestiti a persone con basso reddito, perlopiù donne, titolari di aziende e studenti. I primi crediti sono stati ripagati lo stesso anno, e Flannery è diventato CEO. Kiva è attiva in oltre 80 Paesi, finanziando oltre 1,6 milioni di prestiti per un valore di 1,3 miliardi di dollari. Nel 2015 Flannery ha lasciato l'azienda e oggi è CEO di Branch, una banca che concede prestiti usando la tecnologia smartphone.

BHARGAV SRI PRAKASH
(1977-)

Mentre studiava negli Stati Uniti, l'ingegnere indiano Bhargav Sri Prakash ha fondato la CADcorporation per sviluppare motori per automobili. Nel 2005 ha venduto l'azienda alla General Motors per creare Vmerse, una piattaforma di gioco che aiutava le università ad attirare iscrizioni e donazioni. Venduta nel 2009, due anni dopo ha lanciato FriendsLearn per promuovere la sanità pubblica tramite dispositivi mobili. Nel 2012 ha sviluppato l'app Fooya!, che usava giochi per incoraggiare i bambini a mangiare cibi sani e a conoscere l'alimentazione.

QAIS AL KHONJI
(1978-)

Nato e cresciuto a Mascate, Oman, Qais Al Khonji ha studiato nel Regno Unito, poi ha lavorato in banca. Nel 2010 ha avviato un'impresa propria in Oman, la Qais United Enterprises Trading, che importava merci dalla Cina. È il fondatore dell'azienda IT Genesis International, e di Genesis Projects and Investments, che analizza il petrolio e gli stabilimenti di molte delle principali corporazioni petrolchimiche dell'Oman. Dedito al settore educativo, promuove progetti locali per i giovani e aiuta gli studenti ad accedere a università estere.

SHAWN FANNING
(1980-)

Ancora liceale, il programmatore americano Shawn Fanning ha iniziato a lavorare a un servizio di condivisione di file per scaricare musica da Internet. Ha abbandonato l'università per completare il software, chiamato Napster e lanciato nel giugno 1999 insieme a Sean Parker. Benché avesse milioni di utenti, nel 2001 è stato chiuso per cause legali avviate dall'industria musicale. Nel 2002 è stato cofondatore di Snocap, un'impresa di musica online, che ha lasciato nel 2006; inoltre, ha lanciato due social network: Rupture e Path.com, che ha poi venduto. Nel 2012 si è riunito a Parker per creare la piattaforma di videochat Airtime.com.

HERNÁN BOTBOL
(1981-)

Nel 2005, insieme al fratello e a un socio, l'argentino Hernán Botbol ha fondato la prima azienda, la Wiroos Internet Hosting. Dopo un anno, hanno acquisito Taringa!, un social network che si rivolgeva a un pubblico latino-americano. Con Botbol come CEO, l'azienda è cresciuta nel mondo di lingua spagnola fino a raggiungere 30 milioni di utenti registrati. Nel 2015 è entrato in società con il produttore di portafogli bitcoin Xapo, permettendo agli utenti di Taringa! di guadagnare criptovaluta per la pubblicazione di contenuti molto visitati. Noto come Taringa! Creators, il sistema ha aumentato i ricavi dalla pubblicità e quasi raddoppiato il volume di contenuti caricati sul sito.

BRIAN CHESKY
(1981-)

Mentre studiava alla Scuola di design di Rhode Island, l'americano Brian Chesky ha incontrato il compagno di studi Joe Gebbia, con cui ha condiviso un appartamento a San Francisco. Nel 2007 lo hanno affittato ai relatori di un convegno, da cui è nata l'idea che ha formato la base di Airbnb, fondata formalmente nel 2008 insieme a Nathan Blecharczyk. Come CEO, Chesky ha ottenuto capitali da investitori e ha trasformato la start-up in un'azienda globale che offre ai proprietari di immobili una piattaforma di locazione.

JOE GEBBIA
(1981-)

Nato ad Atlanta, l'americano Joe Gebbia è uno dei tre fondatori del portale di locazione Airbnb. Dopo aver lavorato nell'editoria, con gli amici Brian Chesky e Nathan Blecharczyk nel 2008 ha avviato a San Francisco l'impresa, che è cresciuta rapidamente fino a includere proprietà in quasi 200 Paesi. Tuttora parte importante del business, è a capo di Samara, il team di Airbnb che si occupa di design, sviluppando prodotti innovativi. Inoltre, ha disegnato una linea di mobili modulari lanciata nel 2017.

NATHAN BLECHARCZYK
(1983-)

Ingegnere informatico di Boston, Nathan Blecharczyk ha lanciato la prima azienda IT quando era ancora al liceo. Ha studiato a Harvard, continuando a programmare e sviluppare siti Web; dopo la laurea, ha lavorato come ingegnere informatico. Nel 2008, insieme a Brian Chesky e Joe Gebbia, è stato cofondatore di Airbnb e responsabile dello sviluppo del primo sito Web. Ha svolto un ruolo importante nella rapida ascesa dell'azienda, supervisionando la formazione dei team responsabili di scienza dei dati, ingegneria e performance marketing. Nel 2017 è stato nominato direttore della strategia, una posizione che mantiene tuttora, e presidente di Airbnb China (anche detto Aibiying).

DANIEL EK
(1983-)

Nato in Svezia, già da adolescente Daniel Ek sviluppava siti Web e ha ben presto lasciato l'università per dedicarsi all'azienda in crescita. Nel 2006 ha venduto Advertigo, l'impresa di pubblicità online, alla società di marketing svedese TradeDoubler, avviando il servizio di streaming legale Spotify con Martin Lorentzon, cofondatore di TradeDoubler. Spotify è stata lanciata nel 2008, pagando royalties ai musicisti e usando la pubblicità per garantire un servizio gratuito. Con Ek come CEO, aggiungendo al catalogo milioni di canzoni e attirando investitori, la società ha avuto una crescita rapida. È stata quotata in borsa nel 2018.

PAVEL DUROV
(1984-)

Figlio di un accademico russo, Pavel Durov è nato a Leningrado (oggi San Pietroburgo). Dopo la laurea, nel 2006 ha fondato VKontakte (poi VK), un sito di rete e social media per utenti di lingua russa. Insieme al fratello, ha trasformato l'impresa in uno dei siti Web più grandi del Paese, acquistato nel 2014 dall'azienda Internet Mail.ru. Lasciata la carica di CEO, oggi gestisce Telegram, un servizio di messaggistica sviluppato con il fratello nel 2013.

DAVID KARP
(1986-)

Nato a New York, David Karp ha iniziato a programmare sin da piccolo. Ha lavorato come sviluppatore per il forum Internet UrbanBaby e, dopo la vendita nel 2006, ha avviato un'azienda di consulenza software. Inoltre, ha fondato un sito Web per creare blog e reti sociali, chiamato Tumblr e lanciato nel 2007. In cinque anni, ospitava 70 milioni di blog e contava 100 dipendenti. Nel 2013 è stato acquisito da Yahoo! per 1,1 miliardi di dollari. Ha mantenuto la carica di CEO fino al 2017.

MICHELLE PHAN
(1987-)

Originaria di Boston, Michelle Phan è cresciuta in Florida e nel 2005 ha avviato un blog sul trucco, dove realizzava e pubblicava tutorial. Nel 2007 ha aperto un canale YouTube e i video hanno ricevuto miliardi di visualizzazioni. Nel 2011 è cofondatrice di MyGlam (poi ipsy), un servizio su abbonamento che consegna cosmetici su base mensile. Ha lavorato per L'Oréal creando una linea di trucchi.

PHIWA NKAMBULE
(1992-)

Nato a Swaziland (oggi Eswatini), Phiwa Nkambule ha cominciato a riparare computer durante l'adolescenza. Nel 2007 si è trasferito in Sudafrica e nel 2014 ha lasciato l'università per fondare Cybatar, un'azienda software attiva nella fornitura di carburanti. L'anno dopo è stato cofondatore di Riovic, che si avvale di soluzioni online per assistere i clienti nella ricerca di un'assicurazione, abbassando il premio con il crowdfunding e aiutando molti sudafricani ad acquistare un'automobile, una casa o l'assistenza sanitaria. Inoltre, ha sviluppato un portale per sostenere gli studenti nel pagamento delle tasse universitarie.

CARL KRONIKA
(2000-)

Nel 2014 il danese Carl Kronika ha fondato un'agenzia di comunicazioni e soluzioni Web: Copus. Con sede a Oldense, vicino Copenaghen, fornisce servizi di pubbliche relazioni a start-up, tra cui sviluppo Web, produzione video e campagne di social media. Ha attirato clienti lavorando a titolo gratuito per organizzazioni no profit, poi ha assunto un socio maggiore di cinque anni. L'azienda ha iniziato ad attrarre clienti importanti e di alto profilo, tra cui, nel 2017, il produttore di birra Carlsberg. Ha continuato gli studi mantenendo la carica di CEO di Copus.

INDICE

Le pagine principali sono riportate in **neretto**.

B

C

J

K

L

M

Q

R

S

T

N

O

P

Q

R

S

T

U

V

W

X Y

Z

RINGRAZIAMENTI

Dorling Kindersley desidera ringraziare: Rachel Doern per la consulenza sui contenuti; Jess Cawthra per l'assistenza supplementare alla grafica; Sonia Charbonnier, Andy Hilliard e Gillian Reid per l'assistenza supplementare alla produzione, e:

Correzione delle bozze: Debra Wolter
Indice: Helen Peters
DTP Designer: Rakesh Kumar
Jackets Editorial Coordinator: Priyanka Sharma
Managing Jackets Editor: Saloni Singh

REFERENZE FOTOGRAFICHE

L'Editore desidera ringraziare per la gentile concessione a riprodurre le loro immagini:

(Legenda: a-alto; b-basso/in fondo; c-centro; f-estrema; l-sinistra; r-destra; t-sopra)

1 Alamy Stock Photo: Pictorial Press Ltd. **2-3 Getty Images:** David Paul Morris. **8-9 Alamy Stock Photo:** Interfoto. **10 Getty Images:** DEA / G. Roli / Contributor (Background). **Musei Comunali di Rimini:** Rimini, Museo della Città "Luigi Tonini". **12 Alamy Stock Photo:** World History Archive (clb). **Dreamstime.com:** Roman Egorov (Ribbons); Bernd Schmidt (c). **Getty Images:** DEA / A. Dagli Orti (Florins); Universal History Archive (Crowns); Heritage Images / Hulton Archive (crb). **Musei Comunali di Rimini:** Rimini, Museo della Città "Luigi Tonini" (tc). **13 123RF.com:** Vladimir Yudin / rrraven (tc). **Alamy Stock Photo:** Granger Historical Picture Archive (crb). **14 Alamy Stock Photo:** Classic Image. **15 Alamy Stock Photo:** Interfoto. **16-17 123RF.com:** Marek Uliasz. **17 Alamy Stock Photo:** Dpa Picture Alliance (tr). **19 Alamy Stock Photo:** Artexplorer. **20 Alamy Stock Photo:** GL Archive. **21 Alamy Stock Photo:** Pictorial Press Ltd. **22 Alamy Stock Photo:** Ian Dagnall. **24-25 Library of Congress, Washington, D.C.:** LC-USZC4-7217. **25 Dreamstime.com:** Teewara soontorn / Slalomp (crb). **26 Alamy Stock Photo:** The Artchives. **30 Getty Images:** Apic / Hulton Archive. **32 Alamy Stock Photo:** Science History Images. **33 Alamy Stock Photo:** The Print Collector. **34-35 Alamy Stock Photo:** Prisma Archivo. **35 Getty Images:** Bettmann (tr). **37 Alamy Stock Photo:** The Granger Collection. **38 Alamy Stock Photo:** Niday Picture Library. **39 Library of Congress, Washington, D.C.:** LC-USZC4-4160. **40-41 Alamy Stock Photo:** Unknown. **40 Library of Congress, Washington, D.C.:** LC-USZC4-4160 (tr). **41 Alamy Stock Photo:** Unknown (t). **Getty Images:** Bettmann (tc); Museum of the City of New York / Archive Photos (crb). **42 Library of Congress, Washington, D.C.:** LC-DIG-ppmsca-32620. **43 Library of Congress, Washington, D.C.:** LC-DIG-ppmsca-35586. **44 Alamy Stock Photo:** Granger Historical Picture Archive. **46 Alamy Stock Photo:** Granger Historical Picture Archive. **47 Getty Images:** Fotosearch / Stringer (br); Heritage Images / Hulton Archive (clb). **48 Getty Images:** Popperfoto. **49 Getty Images:** Hulton Deutsch / Corbis Historical. **50 Alamy Stock Photo:** Agefotostock. **51 Alamy Stock Photo:** Science History Images. **52 Getty Images:** Apic / Hulton Archive. **53 Library of Congress, Washington, D.C.:** LC-DIG-det-4a19413. **54-55 Alamy Stock Photo:** History and Art Collection. **54 Dreamstime.com:** Teewara soontorn / Slalomp (tr). **Library of Congress, Washington, D.C.:** LC-USZ62-68497 (cb). **58 Getty Images:** Heritage Images / Hulton Archive. **60 Courtesy Tata Central Archives**. **62 Getty Images:** Transcendental Graphics / Archive Photos. **62-63 Getty Images:** General Photographic Agency / Hulton Archive. **63 Getty Images:** Bettmann. **64 Alamy Stock Photo:** The History Collection (tc). **64-65 Alamy Stock Photo:** Imago History Collection. **67 Getty Images:** Bettmann. **68 Getty Images:** Heritage Images / Hulton Archive. **69 Alamy Stock Photo:** Hi-Story. **70 Getty Images:** Ullstein bild Dtl. (br). **Library of Congress, Washington, D.C.:** LC-DIG-ggbain-26953 (tc). **70-71 Dreamstime.com:** Swisshippo (cb). **71 Getty Images:** ND / Roger Viollet (c); Print Collector / Hulton Archive (crb). **72 Library of Congress, Washington, D.C.:** LC-DIG-ds-13079. **73 Library of Congress, Washington, D.C.:** LC-USZ62-105139. **74 Getty Images:** Bettmann (tc); Welgos / Stringer / Archive Photos (cla); Vintage Images / Archive Photos (clb); Schenectady Museum Association / Corbis Historical (tr). **Library of Congress, Washington, D.C.:** LC-USZ62-98067 (cl). **74-75 Dreamstime.com:** Maryna Kriuchenko (Railroad). **Getty Images:** Hulton Archive / Stringer (Telegraph poles). **75 Getty Images:** Bettmann (tl); Hulton Archive (tc); Science & Society Picture Library / SSPL (fcrb, crb). **76 Getty Images:** Bettmann. **77 Getty Images:** Hulton Archive / Stringer / Archive Photos. **78-79 Getty Images:** Underwood Archives / Contributor / Archive Photos (cb). **Library of Congress, Washington, D.C.:** LC-DIG-det-4a27964. **78 Alamy Stock Photo:** Martin Bennett (cb/Tractor). **Getty Images:** Fotosearch / Stringer / Archive Photos (clb, fclb); Underwood Archives / Contributor / Archive Photos (cb). **Library of Congress, Washington, D.C.:** LC-DIG-hec-28787 (tc). **79 123RF.com:** Kittisak Taramas (tr). **Dreamstime.com:** Roman Belogorodov (br). **Getty Images:** Bettmann (tc); Underwood Archives / Contributor / Archive Photos (bc, fbr). **80 Getty Images:** Bettmann. **82 Alamy Stock Photo:** GL Archive. **83 Alamy Stock Photo:** Science History Images. **84 Alamy Stock Photo:** The History Collection. **85 Getty Images:** adoc-photos / Corbis Historical. **88 Getty Images:** Bill Ray / The LIFE Picture Collection. **90 Library of Congress, Washington, D.C.:** LC-USZ62-25665. **91 Library of Congress, Washington, D.C.:** LC-DIG-ggbain-35656. **92-93 Library of Congress, Washington, D.C.:** LC-DIG-npcc-30671. **92 Getty Images:** Bettmann (tc). **93 Dreamstime.com:** Teewara soontorn / Slalomp (br); **Getty Images:** Francis Miller / Contributor / The LIFE Picture Collection (bc). **94-95 Alamy Stock Photo:** Pictorial Press Ltd. **94 Getty Images:** Lipnitzki / Contributor / Roger Viollet. **96-97 Alamy Stock Photo:** Hugh Threlfall (Chanel pin). **Dreamstime.com:** Molotok007. **96 123RF.com:** Chris Mouyiaris (bc/Coachman). **Dreamstime.com:** Valentyna Chukhlyebova (br); Isselee (bc, bc/Horse). **Getty Images:** Mark Von Holden / Stringer / WireImage (tc). **97 Getty Images:** Lipnitzki / Contributor / Roger Viollet. **99 Getty Images:** Lipnitzki / Contributor / Roger Viollet. **100 Getty Images:** John Kobal Foundation / Moviepix. **101 Getty Images:** John Springer Collection / Corbis Historical. **102 Alamy Stock Photo:** Everett Collection Inc (ca). **Dreamstime.com:** Irochka (c). **Getty Images:** Bettmann (b); Universal History Archive / Universal Images Group (cra). **102-103 Dreamstime.com:** Gl0ck33 (Filmstrip). **Getty Images:** LMPC (c). **103 Library of Congress, Washington, D.C.:** LC-DIG-ds-13079 (tr). **104 Panasonic**. **105 Getty Images:** Bill Ray / The LIFE Picture Collection. **106 123RF.com:** Saranya2908 (l). **Panasonic:** (cl). **107 123RF.com:** Nikola Roglic (ca). **Getty Images:** The Asahi Shimbun (r). **Panasonic:** (cb). **108 Getty Images:** Ullstein bild Dtl. (cb). **109 Getty Images:** Bill Ray / The LIFE Picture Collection. **111 Getty Images:** Mondadori Portfolio. **112 Getty Images:** Bettmann (bl). **Library of Congress, Washington, D.C.:** LC-DIG-highsm-12949 (br). **113 Getty Images:** Bettmann. **115 Getty Images:** Bloomberg (Background); Dinodia Photos / Hulton Archive. **116-117 Alamy Stock Photo:** Andrew Oxley. **116 Getty Images:** Bettmann (cb). **117 Alamy Stock Photo:** Uwe Deffner (tr). **Getty Images:** Howard Sochurek / The LIFE Picture Collection. **Magnum Photos:** (cla). **120 Getty Images:** Steve Dykes / Getty Images Sport. **122 Alamy Stock Photo:** Everett Collection Inc / CSU Archives. **124 123RF.com:** Kittisak Taramas (clb). **124-125 Getty Images:** Terry Fincher / Hulton Archive. **125 Alamy Stock Photo:** Granger Historical Picture Archive (cr). **127 Getty Images:** Ron Galella / Ron Galella Collection. **129 Alamy Stock Photo:** Archive PL. **130-131 Alamy Stock Photo:** The History Collection. **131 Getty Images:** Thomas D. McAvoy / The LIFE Picture Collection. **132 Getty Images:** Mondadori Portfolio (tc). **132-133 Getty Images:** Mondadori Portfolio. **134 Getty Images:** Graham Bezant / Toronto Star. **136 Alamy Stock Photo:** Agefotostock (crb). **Getty Images:** R. Gates / Staff / Archive Photos (br). **137 Getty Images:** Luke Frazza / AFP. **138-139 Alamy Stock Photo:** Ilene MacDonald (b). **Dreamstime.com:** Beata Becla / Acik (c/fruits). **138 123RF.com:** nito500 (Yogurt). **Dreamstime.com:** Yvdavyd (Bagels). **140-141 Getty Images:** Jack Garofalo / Paris Match Archive. **142 Getty Images:** Jack Garofalo / Paris Match Archive (cr). **Rex by Shutterstock:** Neal Ulevich / AP (c). **142-143 Getty Images:** Science & Society Picture Library / SSPL. **143 Dreamstime.com:** Julynx (cra). **Getty Images:** Clodagh Kilcoyne / Getty Images News (crb). **144 Getty Images:** The Washington Post. **145 Getty Images:** Henry Groskinsky / The LIFE Picture Collection. **146 Alamy Stock Photo:** Tom Bible. **147 Getty Images:** Daniel Acker / Bloomberg. **148-149 Rex by Shutterstock:** Ibl. **149 Getty Images:** Jonathan Nackstrand / Stringer / AFP (Background). **150 Alamy Stock Photo:** Roger Tillberg (cr). **Dreamstime.com:** Ifeelstock (tr); Kettaphoto (br). **Getty Images:** Casper Hedberg / Bloomberg (ftr); Don Werner / The Enthusiast Network (c). **151 Alamy Stock Photo:** ALDI SÜD / Dpa Picture Alliance (cra). **152 Getty Images:** Sven Nackstrand / Staff / AFP. **153 Alamy Stock Photo:** Marka. **154 Alamy Stock Photo:** Independent Photo Agency Srl. **155 Getty Images:** Jean-Claude Deutsch / Paris Match Archive. **156 Getty Images:** Steve Dykes / Getty Images Sport. **157 Dreamstime.com:** Ruslan Gilmanshin. **158-159 123RF.com:** Kchung (Shoe box, Shoe box lid); Sihasak Prachum (Stadium). **158 Alamy Stock Photo:** Alexey Panferov (cb, cr); xMarshall (ca/Onitsuka Tiger shoes). **Dreamstime.com:** Sergey Kohl (c/Car). **Getty Images:** Rich Clarkson / Sports Illustrated Classic (fcr); Patrick McMullan (tc); Focus on Sport (crb). **159 Alamy Stock Photo:** xMarshall (clb). **Dreamstime.com:** Pojoslaw (cb). **162 Getty Images:** Steve Granitz / WireImage. **164 Getty Images:** Andrew Harrer / Bloomberg. **165 Getty Images:** Adam Dean / Bloomberg. **167 Getty Images:** Christian Liewig / Corbis Historical. **168 Dreamstime.com:** Ilyach (cl); Teewara soontorn / Slalomp (fclb). **Getty Images:** John van Hasselt / Sygma (crb); Noah Seelam / Stringer / AFP (cb, br). **168-169 123RF.com:** Kolesnikov90 (Palm trees). **Dorling Kindersley:** Amit Pashricha / Avinash Pasricha / (Path). **169 Getty Images:** Chip HIRES / Gamma-Rapho (cb); Viviane Moos / Corbis Historical (clb); Farjana K. Godhuly / Stringer / Afp (crb); Michael Loccisano (tr). **170 Alamy Stock Photo:** Christopher Pillitz. **171 Alamy Stock Photo:** David Pearson. **172 123RF.com:** Martin Spurny (Recycle sign). **Dreamstime.com:** 7xpert (c). **Getty Images:** Georges Gobet / AFP (cla); Edward Wong / South China Morning Post (bc). **173 Dreamstime.com:** Teewara soontorn / Slalomp (cr). **Rex by Shutterstock:** Times Newspapers (crb). **174 123RF.com:** Martin Spurny. **175 Getty Images:** Staff / Mirrorpix. **176 Alamy Stock Photo:** Photo 12. **177 Getty Images:** Terry O'Neill / Iconic Images. **179 Getty Images:** Dickson Lee / South China Morning Post. **180 Alamy Stock Photo:** Angus Lamond. **Dreamstime.com:** Jeremy Swinborne (l). **182 Alamy Stock Photo:** Adrian Sherratt. **184 Alamy Stock Photo:** Razorpix (fcr). **Dorling Kindersley:** Museum of Design in Plastics, Bournemouth Arts University, UK (cr). **Getty Images:** Michael Nagle / Bloomberg (l). **184-185 Dreamstime.com:** Zoya Fedorova. **185 Alamy Stock Photo:** Frankie Angel (c); Hugh Threlfall (cla, tc); Alistair Heap (crb). **Getty Images:** Alex Tai / SOPA Images / LightRocket (cr). **186-187 Getty Images:** Chalkie Davies / Premium Archive. **187 Getty Images:** Fairfax Media Archives (Background). **188 Alamy Stock Photo:** James Jagger (cra); Jan Palmer (cb). **Getty Images:** Simon Dawson / Bloomberg (cla); Chris Ratcliffe / Bloomberg (tc); Chris Jackson (cr); Fairfax Media Archives (crb). **188-189 Dreamstime.com:** creativecommonsstockphotos; Sdbower (Turntable). **Getty Images:** Oli Scarff / Getty Images News (c/Train). **189 Getty Images:** David Paul Morris / Bloomberg (cl). **191 Getty Images:** John Downing / Hulton Archive. **192 Alamy Stock Photo:** Wenn Rights Ltd. **194 Getty Images:** George Osodi / Bloomberg. **195 Getty Images:** Bandeep Singh / The India Today Group. **196 Getty Images:** Daniel Acker / Bloomberg. **198 Dreamstime.com:** Teewara soontorn / Slalomp (cra). **Getty Images:** Jeff Haynes / AFP (clb, ca, cr); Stephen Hilger / Bloomberg (c). **199 Getty Images:** Jeff Haynes / AFP (cl); Neil Rasmus / Patrick McMullan (tr). **200-201 Getty Images:** Steve Granitz / WireImage. **202 Dreamstime.com:** Akkaranant (cla/TV). **Getty Images:** Jamie McCarthy / WireImage (cla, ca). **202-203 Dreamstime.com:** Monkey Business Images. **203 Getty Images:** Jim Spellman (tr). **205 Getty Images:** Andrew Chin. **206 Alamy Stock Photo:** Imaginechina Limited. **207 Alamy Stock Photo:** Imaginechina Limited. **210 Getty Images:** Chesnot. **212-213 Getty Images:** Elsa. **213 Alamy Stock Photo:** Craig Joiner Photography (Background). **214 123RF.com:** Agnieszka Murphy (cl). **Dreamstime.com:** Scott Winer / Rewniwimagery (c). **215 123RF.com:** Sergey Nivens (b). **Alamy Stock Photo:** Dpa Picture Alliance Archive (cla); IndiaPicture (tr). **216 Get Images:** David Paul Morris. **218 Getty Images:** Phillip Faraone (tc). **218-219 Getty Images:** Apic / Hulton Archive. **219 Getty Images:** Ty Wright / Bloomberg (c **221 Getty Images:** Justin Sullivan. **223 Getty Images** Ron Galella, Ltd. / Ron Galella Collection. **224 Getty Images:** Wei Leng Tay / Bloomberg. **227 Getty Images:** Jim Bennett. **228 Dreamstime.com:** Julynx (clb). **Getty Images:** G Fiume (tc). **231 Alamy Stock Photo:** Imaginechina Limited. **232 Getty Images:** Tibrina Hobson. **234 Getty Images:** Visual China Group. **235 Getty Images:** Fabrice Coffrini / AFP. **236 Dreamstime.com:** 7xpert (cra). **Getty Images:** Wang HE (cb). **236-237 Getty Images:** China Photos. **237 Getty Images:** David M. Benett (tr). **238 Getty Images:** STR / AFP. **240 Getty Images:** Emmanuel Dunand / AFP; Matthew Horwood (Background). **241 Getty Images:** Saul Loeb / AFP. **242 Alamy Stock Photo:** WorldFoto. **243 Getty Images:** Marlene Awaa / Bloomberg. **245 Getty Images:** David Paul Morris / Bloomberg. **246 Alamy Stock Photo:** Imaginechina Limited. **247 Getty Images:** KK Ottesen / The Washington Post. **248 Getty Images:** Noah Berger / Bloomberg. **250 Getty Images:** Digital First Media Group / Bay Area News (tl). **251 Getty Images:** Brian Ach (fcrb); David Paul Morris / Bloomberg (crb). **252 Getty Images:** JB Reed / Bloomberg. **254-255 Getty Images:** James D. Wilson / Liaison Agency / Hulton Archive. **255 Getty Images:** Norm Betts / Bloomberg (tr). **256 Getty Images**. **258 Alamy Stock Photo:** Imaginechina Limited (br). **Getty Images:** Bertrand Rindoff Petroff / French Select (tc). **258-259 Alamy Stock Photo:** Imaginechina Limited (Background). **259 Alamy Stock Photo:** Imaginechina Limited (cb). **Getty Images:** Glenn Chapman / AFP (crb); Gilles Sabrie / Bloomberg (clb); Giulia Marchi / Bloomberg (fcrb). **260 Getty Images:** Drew Angerer. **261 Neuroelectrics:** Daniel Loewe. **262 Getty Images:** Ollie Millington / WireImage. **264 Alamy Stock Photo:** Newscom (tc). **264-265 123RF.com:** Olaf Herschbach (b). **Getty Images:** Ollie Millington / WireImage. **265 Dreamstime.com:** Maksym Yemelyanov (c/Speakers). **266 Alamy Stock Photo:** Allen Creative / Steve Allen. **267 Alamy Stock Photo:** Alex Mateo. **268 Alamy Stock Photo:** Konstantin Shaklein (cl, t). **Getty Images:** Nicholas Kamm / AFP (cb). **270 Getty Images:** Samir Hussein. **271 Getty Images:** Paul Morigi. **272 Getty Images:** Rune Hellestad / Corbis Entertainment (cb). **273 Getty Images:** Joe Kohen / WireImage. **274-275 Getty Images:** Visual China Group. **276-277 Alamy Stock Photo:** Imaginechina Limited. **276 Dreamstime.com:** Mohamed Ahmed Soliman (cr). **Getty Images:** Sean Dempsey / WPA Pool (tc). **277 123RF.com:** Vasilis Ververidis (b). **Alamy Stock Photo:** Imaginechina Limited (ca). **Dreamstime.com:** Ilia Burdun (crb); Teewara soontorn / Slalomp (fcr). **Getty Images:** Rafael Henrique / SOPA Images / LightRocket (cr); Anthony Kwan / Bloomberg (cla). **279 Getty Images:** Qilai Shen / Bloomberg. **281 © KeepCup**. **282 Dreamstime.com:** Dan Bar (Cups). **Getty Images:** Marc Grimwade / WireImage (tc). **283 123RF.com:** Kittisak Taramas (tr). © KeepCup: (cl). **284-285 Getty Images:** James Leynse / Corbis Historical. **286 Alamy Stock Photo:** Gordon Shoosmith (cl). **Getty Images:** Kim Kulish / Corbis Historical (tc). **288 Alamy Stock Photo:** CoinUp (b); Trevor Collens (tc). **290 Alamy Stock Photo:** John Davidson Photos. **292-293 Dreamstime.com:** Scanra **292 Getty Images:** Stephen Yang / Bloomberg (cb). **293 123RF.com:** Alhovik (tl/Masks); Jakub Krechowicz sqback (tl). **Alamy Stock Photo:** M4OS Photos (ca). **Dreamstime.com:** Draghicich (c); Ml12nan (crb). **294-295 Getty Images:** Kiyoshi Ota / Bloomberg. **29 Getty Images:** Stefano Montesi / Corbis News (br). **296 Getty Images:** Kevin Mazur. **297 Getty Images:** Larry Busacca / PW18. **298 Dreamstime.com:** Teewa soontorn / Slalomp (bl). **Getty Images:** Jamie McCart (tc). **300-301 Getty Images:** Chesnot. **300 Getty Images:** Rick Friedman / Corbis News. **302 Getty Images:** Glenn Chapman / AFP. **303 123RF.com:** Kittisak Taramas (br). **Alamy Stock Photo:** Tobias Has / Dpa Picture Alliance (tr). **305 Getty Images:** Emmanuel Dunand / AFP. **306 Alamy Stock Photo:** Jeff Gilbert